U0553502

"儒家五圣"丛书　杨朝明 主编
曲阜文化建设示范区推进办公室 组编

宗圣曾子

周海生 著

齐鲁书社
·济南·

图书在版编目（CIP）数据

宗圣曾子/曲阜文化建设示范区推进办公室组编；杨朝明主编；周海生著. -- 济南：齐鲁书社，2023.9
（"儒家五圣"丛书）
ISBN 978-7-5333-4688-1

Ⅰ.①宗… Ⅱ.①曲… ②杨… ③周… Ⅲ.①曾参（前505-前436）-生平事迹 Ⅳ.①B222.35

中国国家版本馆CIP数据核字(2023)第165253号

责任编辑　张敏敏
装帧设计　亓旭欣

宗圣曾子
ZONGSHENG ZENGZI

曲阜文化建设示范区推进办公室　组编　　杨朝明　主编
周海生　著

主管单位	山东出版传媒股份有限公司
出版发行	齐鲁书社
社　　址	济南市市中区舜耕路517号
邮　　编	250003
网　　址	www.qlss.com.cn
电子邮箱	qilupress@126.com
营销中心	（0531）82098521　82098519　82098517
印　　刷	山东成信彩印有限公司
开　　本	720mm×1020mm　1/16
印　　张	16.5
插　　页	2
字　　数	276千
版　　次	2023年9月第1版
印　　次	2023年9月第1次印刷
标准书号	ISBN 978-7-5333-4688-1
定　　价	56.00元

"儒家五圣"丛书编辑委员会

主　　任　董　冰
副 主 任　杨朝明
成　　员　朱湘华　董洪波　李学斌　吕　斌　王士虎
　　　　　昝　亮　王　路　傅光中　贺　伟

主　　编　杨朝明
副 主 编　李学斌　傅光中

总 序 一

济宁位于鲁西南地区,地处黄淮海平原与鲁中南山地交接地带,素以"孔孟之乡""运河之都""文化济宁"著称。孔孟之乡、礼义之邦的济宁是中华文明的重要发祥地,诞生了人文始祖轩辕黄帝和孔子、颜子、曾子、子思子、孟子等圣人。西周初年,周公受封建立鲁国,为儒学的诞生提供了前提。济宁辖区内有曲阜市、邹城市两个国家历史文化名城,有"三孔"和京杭大运河两处世界文化遗产,有水浒故事发源地水泊梁山、铁道游击队故乡微山湖……圣人、圣地、水乡交相辉映,优秀传统文化与红色文化在此水乳交融。

习近平总书记指出:"孔子创立的儒家学说以及在此基础上发展起来的儒家思想,对中华文明产生了深刻影响,是中国传统文化的重要组成部分。""研究孔子、研究儒学,是认识中国人的民族特性、认识当今中国人精神世界历史来由的一个重要途径。"儒学是一个博大精深的思想体系,其形成有广阔的社会背景和漫长的历史过程。中华优秀传统文化就像一棵生生不息、枝繁叶茂的参天大树,生命坚韧,历久弥新,在不同时期结出了不同的文明硕果。

孔子开创的儒家学说,不仅影响了中国古代社会的政治、经济、文化、教育等诸多方面,而且对人类现代社会依然有着重要影响。在现代社会,儒家文化所强调的仁、义、礼、智、信等人伦道德理念,仍然是我们中国人处理人际关系所遵从的基本原则。在政治方面,儒家文化讲仁爱、重民本,为国家管理者提供了治国理政方面的有益遵循。在经济方面,儒家文化强调道德修养及社会责任,有助于中国商业的健康发展。

在文化层面，儒家学说促进了人与人、国与国之间的交流与合作。在教育方面，孔子开创了民间教育的先河，成为此后中国培养人才的重要方式。可以说，儒家学说曾经长期是中国社会的主流文化，而且至今仍然在很大程度上影响着中国乃至世界儒家文化圈人民的思想观念和精神生活。

2013年11月，习近平总书记视察山东济宁，就弘扬中华优秀传统文化问题发表重要讲话，对济宁寄予殷切期望，赋予光荣使命。近年来，济宁市深入学习贯彻习近平总书记重要讲话指示精神，发挥文化底蕴厚重、资源丰富的优势，配合建设大运河、黄河等国家文化公园，把握好国际孔子文化节、尼山世界文明论坛等重大文化活动契机，倡导中华优秀传统文化"八个融入"理念，推动研究阐发"登峰"与推广普及"落地"并重，做好中华优秀传统文化"创造性转化、创新性发展"的文章，全力打造集世界文明交流互鉴高地、中华优秀传统文化"两创"先行示范区、世界文化旅游名城于一体的文化建设新高地，自觉在服务国家文化战略中担负重大使命、做出更大贡献。

习近平总书记在文化传承发展座谈会上强调，要在新的历史起点上继续推动文化繁荣、建设文化强国、建设中华民族现代文明。要坚定文化自信，坚持走自己的路，立足中华民族伟大历史实践和当代实践，用中国道理总结好中国经验，把中国经验提升为中国理论，实现精神上的独立自主。要秉持开放包容，坚持马克思主义中国化时代化，传承发展中华优秀传统文化，促进外来文化本土化，不断培育和创造新时代中国特色社会主义文化。要坚持守正创新，以守正创新的正气和锐气，赓续历史文脉，谱写当代华章。

破浪前行风正劲，奋楫扬帆正当时！济宁市将全面贯彻落实党的二十大精神，以习近平新时代中国特色社会主义思想为指引，深入推动文化繁荣发展，努力让中华优秀传统文化焕发出新的时代光彩：创新突破传播交流，推进尼山文化片区规划建设，全方位提升国际孔子文化节、尼山世界文明论坛等重大活动能级，充分运用数字技术等现代手段提升中华优秀传统文化的国际影响力；创新突破教育普及，建设全国干部政德教育基地、全国教师培训基地、全国青少年优秀传统文化传承体验基地，大力推进"领导干部学国学""优秀传统文化进校园"，以中华优秀传统文化教育影响"关键少数"，让"关键少数"影响带动社会大多数，形成宣传普及中华优秀传统文化的热潮；创新突破落地转化，推动中华优秀传统文化"八个融入"，即融入精神文明建设，融入青少年教育，融入干部政德建设，融入基层社会治理，融入文化旅游高质量发展，融入乡村振兴，融入网络建设，融入城市发展，用中华优秀传统文化涵育"人人彬彬有礼、户户和和美美、处处干干净净"的城乡文明新风尚；创新突破文旅融合发展，实施"百家景区焕新"行动，对全市100余家A级景区实行"一景区一方案"，推动经典景区"破圈突围"、传统景区"做优做强"、新兴景区"深度开发"，打响"孔孟之乡、运河之都、文化济宁"的文旅品牌。

为了弘扬以儒家文化为代表的中华优秀传统文化，围绕"四个讲清楚""两个结合"等重大论断，结合孔孟故里的区位优势，济宁市深入挖掘整理、研究阐发以儒家文化为重点的中华优秀传统文化资源，推进"儒家五圣"思想学说研究，特约请著名儒学研究专家杨朝明教授担纲主编，于国内优秀专业古籍出版社齐鲁书社编辑出版了这套"儒家五圣"丛书。本丛书分别阐述了至圣孔子、复圣颜子、宗圣曾子、述圣子思子、亚圣孟子的生平事迹、思想观点及时代价值，是一套通俗化、普及性的儒家文化宣传读本，是济宁市文化"两创"工作的标志性成果之一。希望这套丛书的出版发行，能够让更多的读者了解孔孟之乡、了解儒家文化，进而学好用好以儒家文化为代表的中华优秀传统文化。

希望有志于文化建设的社会各界人士，积极投身于中华优秀传统文化"两创"实践，为推动完成新的文化使命、建设中华民族现代文明做出新的更大贡献！

中共济宁市委常委、副市长
曲阜文化建设示范区党工委书记　董　冰

2023 年 8 月

总序二

在中华传统文化中，圣人是最为崇高的人。圣人不仅人格完美高尚，而且智慧出类拔萃、超凡脱俗。"圣人"一词虽然有时被用来美化帝王，后来也用于指称精通某事或在学问、技艺方面有超高成就的人，但通常情况下，都是指道德、智慧最为高超的理想人物。在中国，中华民族最伟大的文化圣人主要指至圣孔子、复圣颜子、宗圣曾子、述圣子思子、亚圣孟子等。欲推进文化自信，就必须文化自知；要了解中华民族文化，不了解"儒家五圣"几乎不可想象。

一

孔子把人分为五类：庸人、士人、君子、贤人、圣人。在孔子心目中，圣人的德行合于天地之道，圣人能统物通变，推究万事规律，协调万物机理，广布道艺，成就物性。圣人与日月齐辉，化行天下如同神明，普通人未必了解他的德行，见到他的人也未必能看出他的卓异。这样的人就是圣人。按照孟子的说法，圣人代表人格追求的最高标准。他说："圣人，人伦之至也。"

孔子、孟子等曾以"君子"自许，却没有以"圣人"自居。例如，有人称孔子为"圣"为"仁"时，孔子谦卑地说："圣与仁，我哪里敢当！我只不过朝着这样的方向努力而不满足，教诲别人而不觉疲倦罢了。"也许，"学而不厌，诲人不倦"正是圣人的高度，他们在追寻圣道的路上一定会发愤忘食、乐以忘忧。然而，在弟子后学心目中，孔子等人已经达到"圣"的境界，例如子贡常称孔子为"圣人"，称赞孔子"固天纵之将圣，又多能也"。

子贡所说"固天纵之将圣",很值得玩味!孔子当然不认为自己生而知之,而是说自己年少贫贱,"多能鄙事",由此成就了自己。这仅是问题的一个方面。任何人的成功都是主客观多种因素造成的。孔子及其弟子后学颜子、曾子、子思、孟子出现在衰周之际、成就于泰山之阳的洙泗之域,恰是时势所造,而这个"时势"就是子贡说的"天"。有人慨叹"天不生仲尼,万古长如夜"(《朱子语类》),天生至圣孔子,天生儒家群圣,这是中华文化之"天"培育的丰硕成果,是天地自然送给中华民族的宝贵礼物!

"儒家五圣"是儒学的创立者、定型者。基于儒学的特性及儒学在中华优秀传统文化中的地位,他们不仅属于儒家,更属于整个中华民族乃至整个人类。他们构建并承载了中华民族的价值观念。"儒家五圣"的思想孕育于邹鲁、形成在周代,历史渊源悠久,文化积淀深厚。

二

能看见多远的过去,才能看清多远的未来——往回看恰是为了向前看。如果不理解孔子"述而不作"的文化观,不理解孔子"祖述尧舜,宪章文武"的丰富内涵,就很难读懂孔子儒学。"儒家五圣"承载了他们以前中华文化的发展,其思维高度与深度联结了古代中国历史发展的长度和宽度。必须清楚,孔子继承了周代以前的王官学传统。要准确把握中国文化精神要义,就要知道它与上古三代文化的关系。

儒学产生前,"儒"早已存在。商朝甲骨文中的"儒",像以水冲洗沐浴濡身。"儒"的早期字形可隶定为"需","需"通"濡",它应该就是儒的本义。汉代有时依然把"儒"写成"濡",汉碑中就有"少以濡术"的用法。最初,在进行礼仪活动(如祭祖宗、事上帝等)时,儒要斋戒沐浴,盛服逢迎,以此致孝敬之心,故孔子说"儒有澡身而浴德"。孟子说,"虽有恶人,斋戒沐浴,则可以祀上帝",大意也是如此。孔子创立的"儒学"与原始的"儒"都有改变、教化之意，儒家则不仅通过斋戒沐浴致其诚敬，而且更关注世道人心，希望社会和谐。

关于儒学的产生，《淮南子·要略》说："孔子修成、康之道，述周公之训，以教七十子，使服其衣冠，修其篇籍，故儒者之学生焉。"西周初年，周公辅政成王。成王之后，康王继位。《史记·周本纪》记载："成康之际，天下安宁，刑错四十余年不用。"孔子研修"成康之道"，传述"周公之训"，教授生徒，创立了儒学。《汉书·艺文志》载："儒家者流，盖出于司徒之官，助人君顺阴阳明教化者也。游文于六经之中，留意于仁义之际，祖述尧舜，宪章文武，宗师仲尼，以重其言，于道最为高。""司徒之官"为"周礼六官"之一。孔子继承尧、舜、禹、汤、文、武、周公，孔子以后的儒家则以孔子为宗师，这就明确道出了儒学与官学的联系。

周文化继承了夏、商文化，正如孔子所说"周因于殷礼""殷因于夏礼""周监于二代"。周代教育有"小学""大学"之别。小学谓"小子之学"，大学谓"大人之学"。"小子之学"是教小孩子的，"大人之学"是成人教育。"小子之学"旨在学习洒扫、应对、进退之节，学习礼、乐、射、御、书、数之文；"大人之学"旨在学习穷理、正心、修己、安人之道，学习修身、齐家、治国、平天下。《大戴礼记·保傅》称"小学"是"小艺""小节"；到十五岁左右，"束发而就大学"，学习"大艺""大节"。孩子懂事了，就可以学习天地自然、社会人生的道理，故孔子说："自行束脩以上，吾未尝无诲焉。"东汉郑玄注释"束脩"，谓年十五以上。孔子所教，正是穷理正心、修己安人的"大学"，所以如有十五岁及以上年龄的青年人来求教于他，他都加以教诲，这正体现了他"有教无类"的教育思想。

孔子家学与周代官学具有直接联系。从内容看，孔子继承了周代以来的教育传统。《礼记·王制》载："乐正崇四术，立四教，顺先王《诗》《书》

《礼》《乐》以造士。春秋教以《礼》《乐》，冬夏教以《诗》《书》。""孔子以诗书礼乐教"（《史记·孔子世家》），"兴于《诗》，立于礼，成于乐"（《论语·泰伯》）。由此可知孔子家学的内容与官学基本一致。

孔子逝世后，弟子们"散游诸侯"，按照《史记·儒林列传》的说法，"大者为师傅卿相，小者友教士大夫"。在弟子们的共同努力下，孔子学说被发扬传播到各地。尤其是在齐、鲁两国，儒家之学得到了很好的传承，其中最为突出的是在齐国威王、宣王之际，"孟子、荀卿之列，咸遵夫子之业而润色之，以学显于当世"。

三

孔子是守正创新的典范。他强调要继承前代而有创新——"温故而知新，可以为师矣"。弟子有子也说"因不失其亲（新），亦可宗也"。孔子之所以可"宗"可"师"，是因为他正确处理好了继承与创新的关系。创新离不开继承，要以继承为前提；继承是为了创新，是为了更好地创新。守正不是教条主义、本本主义的保守，创新不是无原则、无基础的求新。例如，对"礼"的传承，礼的形式可以"因"，可以因循继承，也可以根据时代的变化适时"损益"，但礼的内在精神不可轻易改变，故孔子说"虽百世可知也"。

中华礼乐文化是源于天而根于心的。礼乐传统是中华文化传统的荦荦大端，在中华民族跨进文明的门槛时，礼乐文化已同时发轫并日渐成熟。夏、商、周三代礼制因革损益，周礼则具有了很高的水准。作为一种人文成果，周礼合于天地，顺乎人情，具有"别嫌疑，明是非，定犹豫"（《史记·太史公自序》）的功能。"夫礼者，理也"（《孔子家语·论礼》），"礼也者……理万物者也"（《礼记·礼器》），中华文化以爱与敬为"至德要道"（《孝经》），将爱敬精神植根于基于父子兄弟亲情的孝悌之道，推衍而贯穿于整个礼乐精神之中。

中华传统文化最重一个"正"字，讲公正、讲诚正、讲中正，主张正而刚直、正而不私、正而不阿。孔子说"政者，正也"，为政者首先要考虑"其身正"，由为政者的"正"引导全社会的"正"。儒学是"正心"之学，它要求人们"思无邪"（《论语·为政》），希望世人端身、正己、守一以止。从很早的时期开始，中华先哲就思考正义问题，"儒家五圣"也无一不致力于研究明德新民、止于至善。礼乐文化从神圣、德性、程序、器物等向度确定权力的合法性、合理性，以"天命"为参照，在整体中定位。中国古代王朝常借助一些仪式表示自己"奉天承运"，这同样源于对自身政权天命合法性的追求。在儒家的语境中，君子"贵乎天道"（《孔子家语·大婚解》），"不知命，无以为君子也"（《论语·尧曰》），所以儒家特别强调"畏天命，畏大人，畏圣人之言"（《论语·季氏》）。

中华文化像一棵生生不息的生命之树，它的根扎得很深很牢。只有准确认识和估价中国古代文明的发展水平，才能理解和把握中华先哲的深邃智慧和文化创造。中国先民认知世界，以天地为师，着眼古往今来，关注四方上下。在中华早期文化典籍中，"天下""万方""四海"之辞层出不穷，这源于中华文明的天下观、世界观、整体观、系统论。在与世界的互动中，中国先民深刻理解"道弥益而身弥损""天道成而必变"（《孔子家语·六本》）之类的哲理，特别注重天人合一、与时偕行；"注焉而不满，酌焉而不竭"（《庄子·齐物论》），当位而行，"允执厥中"。

孔子一生求道，创立了儒学，追求"道"的实现。《汉书·艺文志》说，儒学"于道最为高"。孔子教授生徒，希望成就他们的"文德"（《孔子家语·弟子行》）。他强调士人要"志于道"，自称"吾十有五而志于学"（《论语·为政》）。孔子追求的"道"一以贯之，这便是曾子概括的"忠恕"（《论语·里仁》），即"己所不欲，勿施于人""修己以敬""修己以安人"。

四

说到中华圣人，我们一定不能忘记周公。我们要知道，孔子是"接着周公说"的，这一点极其重要！周公"经天纬地""制礼作乐"，建立了中国礼乐文明的大厦。可是，孔子之时却"礼坏乐崩"，孔子希望扶礼乐大厦之将倾，但礼乐"崩坏"的局势已经无法挽回，他只好认真学习周公，研究礼乐制作，思考文明机理，阐发周公思想。孔子和早期儒家群体"述周公之训"而创立儒学。如果追问孔子最尊敬、对孔子影响最深的人，此人当然非周公莫属。孔子晚年曾说："甚矣吾衰也！久矣吾不复梦见周公！"（《论语·述而》）周公可谓是令孔子魂牵梦绕的一个人，后人尊孔子为"至圣"，而以周公为"元圣"！

曲阜周公庙元圣殿有清朝人撰写的楹联——"官礼功成宗国馨香传永世，图书象演尼山统绪本先型"，它揭示了孔子儒学与周公的密切关系，体现了周公对孔子的巨大影响。在孔子所在的鲁国，"先君周公制周礼"几乎成为人们的口头禅。孔子时，周代典籍尚在，孔子能看到更多的周代遗制，这使他有条件"法则周公"。

《论语》中两次记述孔子入太庙"每事问"（分别见于《论语·八佾》《论语·乡党》）。"太庙"即鲁周公庙。对于不懂的礼制、礼仪、文物，孔子实事求是、虚心求教。他还到洛邑（今河南洛阳）游历访问，参观了那里的重要政治文化设施，流露出对周朝制度的向往。他倾心仰慕周公，经常引用周公名言，对周公的赞美常常溢于言表。他熟悉周公事迹和"周公之制"，认为"周公之典"就是后世行事的法度。孔子"适周问礼"，至洛邑向老子请教"礼"，很可能就是学习《周礼》。《周礼》是国家层面的制度设计，不需要一般人研习阅读，为天子以及王公大臣所明、所知即可。不过，它可能是通过孔子的论述与传播而流传下来的，也有可能影响到了汉代的礼制。

作为政治家、思想家，周公奠定了周朝八百年基业，把我国的古代文明推向新的巅峰，他也是中国儒学的先驱，其"敬德保民"的思想是儒家学说的基础。周公去世后，鲁人不忘"先王之训"，追忆"周公之礼"。鲁国因是周公的封国而成为周代"文物之邦"，儒学则由于鲁国为"文物之邦"而兴盛。孔子晚年，因为自己的理想几近破灭，遂退于洙泗之滨，教授生徒，整理"六经"。由于孔子之学源于周公，所以汉代以后人们常常将周公、孔子并称为"周孔"。

鲁国为东方的宗周模式，担负着传播宗周礼乐文明的使命。在周王朝治国政策的贯彻上，鲁国堪为典范。周公的重民保民、明德慎罚、勤政任贤等主张，在鲁国当政者身上都有明显体现。当然，说鲁国为"宗周模式"，绝不是说鲁国完全排除其他文化因素而全盘周化，而是说鲁国在政治统治上是周王朝在东方的代理人，周代礼制在鲁国上层贵族中被完整存续。

"儒家五圣"全部出自"邹鲁"的深层原因正是这里文化积淀丰厚。作为地理概念，"邹鲁"本指邾国、鲁国这一地区。两周时期，邾国、鲁国相邻，鲁国是孔子故国，邾国又称邾娄、邹、驺等，为战国时期孟子所在的国家。战国时代，邾国称邹，这里受儒家文化的濡染，孔子之孙子思也到邹地讲学，孟子迁邹更增添了这里的儒学氛围，邹穆公也因此接受了孟子的进谏，施行"仁政"。这一时期，孟子四处奔走，宣传自己的思想主张，他在齐国甚至"后车数十乘，从者数百人"（《孟子·滕文公下》），浩浩荡荡，场面宏大。孟子以前，邹、鲁连称，可能仅是因地理位置相近、土地相接。孟子以后，因为孟子影响巨大，从儒家学术文化的角度，人们不仅将"邹""鲁"合称，还把"邹"放在"鲁"的前面而称"邹鲁"。

《史记·货殖列传》载："邹、鲁滨洙、泗，犹有周公遗风，俗好儒，备于礼，故其民龊龊。颇有桑麻之业，无林泽之饶。地小人众，俭啬，畏罪远邪。"这段话大致概括了邹鲁文化的基本特征或品格风貌。在儒家文化的熏染下，邹鲁之地好儒重礼，民风淳厚，百姓安居乐业，恭谨礼让，简朴本分。在儒生的宣传下，洙泗之域的邹鲁文化影响很大，传承久远。

五

"儒家五圣"当然是指孔子、颜子、曾子、子思子、孟子五位圣人。因为他们身上承载着中国思想文化,所以他们也是中华文化、中国智慧的代表。他们在中国文化中的意义或与苏格拉底在西方文化中的意义有所不同。德国哲学家雅斯贝尔斯提出了"轴心时代"理论,认为儒学代表了中国文化的"突破"。这固然没有太大问题,但他没有注意到孔孟学说在中国古代文化中的"集成"特点,低估了孔子以前中国文明的发展水平。正如李学勤先生所言:"古书里说得很清楚,在孔子以前有一个很长的学术传统。我们以前读书的人总要读《汉书·艺文志》,《汉书·艺文志》讲'诸子出于王官',诸子都是从王官而来。"诸子之学出于"王官",以孔子儒家最为明显。

孔子家学教育与周代官学教育一致。孔子说"兴于《诗》,立于礼,成于乐"(《论语·泰伯》),"儒家五圣"都十分注重个人修养,这是儒家思想的突出特色。孔孟之道是社会治理之道,孔孟之道说到底也是人之为人的修身之道。孔子说"修己以敬""修己以安人""修己以安百姓"(《论语·宪问》)。曾子说"吾日三省吾身",认为孔子学说一以贯之的是"忠恕"之道。子思学于曾子,将孔子、曾子思想发扬光大。郭店楚简的发现为我们认识子思学说提供了珍贵资料。郭店楚简中关于心性问题的论述给人留下了深刻印象。

在"儒家五圣"中,孟子殿后。"心"字在《孟子》一书中竟出现120多次,它与"身"构成了对立统一的关系。"修心"与"修身"一致,就像《大学》强调"自天子以至于庶人,壹是皆以修身为本","欲修其身者,先正其心","心正而后身修"。《庄子·天下》纵论天下学术,认为学术有"道术"与"方术"的分别。道术在"六经"之中,其内圣外王之道"邹鲁之士、搢绅先生多能明之","百家之学时或称而道之"。庄子把"百家之学"与"邹鲁之士、搢绅先生"区别开来,认为儒家是特出于百家之外、之上的!

两千多年过去了，儒家的"修己"学说愈发显现出它的价值与意义。当人们进入文明时代、形成社会共同体以后，必要的规范便应运而生。那么，"规范"或者"规则"是靠"强制执行"还是靠"自觉遵守"，这恐怕就是一个社会文明发展水平的重要体现了。在蒙昧时代，人们敬畏天命、鬼神，惧怕天命、鬼神的惩罚。随着社会文明程度的提高，"人"的因素越来越重要，人们更多地思考怎样保证"规范"或者"规则"得到执行、得到遵守。在这方面，儒家思考的结果是人们加强修养、自觉修己。儒家的有关论述很多、很丰富，而"正心修己"一直是儒家教化不变的目标。

从孔子到孟子，"儒家五圣"思考社会之"治"，从"天理"与"人欲"的关系出发，希望人们克己反躬，从而明道守礼。《礼记·乐记》谈道：人生而静，感于物而动，如果"好恶无节"，为外物所化，就会出现极其严重的后果。因此，如何使"自然人"顺利成长为合格的"社会人"，实现"自然性"与"社会性"的协调统一，就成为人们思索的中心问题。基于此，"儒家五圣"都推崇"先王"，思考"人心"与"道心"，从而要求人们持正守中。他们认为，人要区别于其他的动物，就应当明礼义、守礼仪，"无理不动"。

"儒家五圣"之学就是"仁爱"之学，就是"为己之学"，是"人之为人"的大学问。大学之教，教人穷理正心，教人明其明德，彰显人性的光辉。孟子用善的眼光观察人与世界。孟子"道性善""言性善"，以恻隐之心、羞恶之心、辞让之心、是非之心为仁、义、礼、智之端，主张放大善性。他的逻辑非常清晰：人有善性，为什么不放大善性呢？只有人成为更完善的人，社会才能走向至善。

六

将"儒家五圣"作为一个整体进行观照，是为了更好地看清中华传统文化的特性。这正如走进文庙，走进大成殿，直接走到孔子与"四配"的跟前，这里是中国儒学的"核心地带"。

"至圣"孔子,思接千载,济古维来。他"祖述尧舜,宪章文武",好学而博学,建立了中国文化的理想,指示了中国历史的进程。孔子以后,历代儒家包括颜子、曾子、子思、孟子在内,无不"宗师仲尼",继承光大了孔子的思想学说。如果说以"儒家五圣"为代表的早期儒家群体是中华传统文化的高地,那么孔子就是这块高地上的高峰。我们需要直面由于近代中国衰败给孔子儒学带来的一些认识上的迷茫,正本清源地认识中国儒学,理解孔子学说。只有这样,才能在中国融入世界的过程中,在中国文化与世界文化的对话、交流、融通中,让孔子乃至"儒家五圣"所代表的中国,愈加清晰地展现它的丰姿与魅力。

"复圣"颜子,孔子厚望所寄,可他先孔子而逝。颜子"卓冠贤科","优入圣域","无伐善,无施劳","不迁怒,不贰过"。他好学乐道,持中守仁,德性高超,境界非凡。"夫子言终日,不违若愚蕴大智;子贡论孰愈,闻一知十称弗及。"正如孔子故里的孔、颜师徒之庙宇,它们近在咫尺、如影随形,似乎暗合了《庄子》所说的"亦步亦趋"之义。颜子死,"子哭之恸"。他"天丧予!天丧予!"的哀痛中蕴含着对颜子的高度认同与期许,体现了孔子的悲伤与绝望。颜子英年早逝,但他格局之大、境界之高,让后人敬仰与景从。

"宗圣"曾子,与父亲皆入孔门,与孔子契合,得孔子真传。他领悟到孔学真谛,理解孔子"一以贯之"之道。曾子在孔子去世后主持孔门,汇聚孔子遗说,弘扬孔子之道。曾子传《孝经》,述《大学》,在学说深度、思想格局上,堪称"宗师仲尼"的典范。保存在《大戴礼记》中的"曾子十篇"近年来颇受重视,对了解曾子思想与孔子学说的关系具有十分重要的价值。曾子影响了子思和孟子,是儒家道统的传递者,在孔门弟子中具有特殊地位。二程(程颢、程颐)曾说:"孔子没,曾子之道日益光大。孔子没,传孔子之道者,曾子而已。"

"述圣"子思子,在湖北郭店楚简发现之前,他作为伟大的思想家几乎被历史尘埃湮没。但实际上，作为儒学大师，子思被尊为"述圣"毫不为过。他受孔子的直接教导，又受业于曾子，思想深邃，成就巨大。作为孔子裔孙，子思有特殊的使命担当，他搜集整理孔子遗说，把"亲闻之"和"闻之于人"（《孔丛子·公仪》）的孔子言论集辑起来，保存了孔子与弟子时人交相问答的大量论述。即使是片言只语，对于后世来说也十分珍贵，更何况这些孔子遗说数量可观，是留给中华民族乃至全人类的宝贵财富。"天不生仲尼，万古长如夜"，没有子思，灯烛何以点亮？更重要的是，《论语》《孔子家语》的撰集也都与子思有直接关系。

"亚圣"孟子，世人以"孔孟之道"代指中华圣道，彰显了孟子的历史地位。孔子之后，儒分为八，有子思之儒、孟氏之儒等。孟子学于子思之门人，传承发扬了孔子、子思的思想，因此有"思孟学派"之说。郭店楚简、帛书《五行》篇等的发现，为我们认识思孟学派提供了宝贵资料。在子思之学补缺孔孟之间的学术链条之后，孟子的思想研究也有了更好的凭依。孟子通五经，明圣道，拒斥异端邪说，光大孔子思想。司马迁说孟子"述仲尼之意"，精准概括了孟子在弘扬孔子学说方面的巨大历史功绩。

编写"儒家五圣"丛书的初衷，是希望通过系统阐述"儒家五圣"，讲清楚他们的文化传承、思想内涵与价值影响。不言而喻，对于"儒家五圣"，学者们之前无不进行过关注和研究，但由于历史的、学术的、资料的种种限制等，人们希望能有立足学术前沿、正本清源、整体系统阐发"儒家五圣"之历史文化的著作。因为"儒家五圣"代表的是中华文化，只有系统了解、深入研究、准确把握、论述到位，才能呈现出中华文化的深厚底蕴与卓越风貌。但长期以来，由于疑古思潮盛行，中国学术思想研究受到负面影响。因此，就"儒家五圣"的整体而言，其研究与呈现还不餍人望。

本丛书以"儒家五圣"为中心展现中国古代文明、中华优秀传统文化的形成与内涵，进而展现中华文化的价值意义。但这样的阐发有一定的难度，例如，如何准确理解孔子被孟子称为"集大成"；"诛少正卯""适周问礼"

等疑案的真相如何；颜子"不违如愚"对应着他对孔子思想怎样的体认；曾子对孔子所说的"吾道一以贯之"有怎样的领悟；子思对"诚者，天之道"有怎样的认识；孟子对孔子学说发展的高度与境界有何贡献，等等。回答这些问题，都需要对中华文化有系统理解、整体认知与宏观把握，要讲清楚并不容易。

  本丛书是我们探寻上述问题的一次尝试，观点是否允当，敬请读者批评指正！

杨朝明
2023 年春节于曲阜圣水苑

目　录

总序一 / 1

总序二 / 1

绪　言 / 1

第一章　曾子的家世 / 3
　　一、夏禹苗裔：从大禹到曲烈 / 5
　　二、鄫国春秋：从曲烈到世子巫 / 8
　　三、东鲁曾氏：从世子巫到曾点 / 14

第二章　青少年时期的曾子 / 21
　　一、师从孔子 / 24
　　二、笃实好学 / 27
　　三、孝亲乐友 / 35
　　四、独得其宗 / 45

第三章　传扬圣道（上）/ 55
　　一、讲学游历 / 57
　　二、纂辑《论语》/ 66
　　三、临终易箦 / 70

第四章　传扬圣道（下） / 79

一、《曾子》与《大戴礼记》"曾子十篇" / 80

二、翼赞《孝经》 / 93

三、传述《大学》 / 103

第五章　曾子的修身思想 / 111

一、曾子对君子人格的推崇 / 113

二、尊仁贵仁 / 119

三、内省修己 / 126

第六章　曾子的孝道思想 / 137

一、曾子对孔子孝道的拓展 / 138

二、曾子的孝道观 / 146

三、曾子的孝行 / 157

第七章　曾子的思想贡献与历史地位 / 163

一、曾子对儒家伦理学说的发展 / 165

二、曾子孝论的价值和贡献 / 172

三、曾子天人之学的理论创造 / 182

四、曾子的历史地位 / 188

第八章　曾子封赠与宗圣祀典 / 197

一、历代对曾子的尊崇与封赠 / 199

二、释奠礼制与曾子祭祀 / 212

第九章　曾子故里史迹 / 225

一、南武城与南武山 / 226

二、曾庙与曾子墓 / 227

三、耘瓜台与曾子琴堂 / 231

四、曾子书院与曾子故里坊 / 232

五、曾府与曾氏中兴祠 / 233

参考文献 / 234

绪 言

山东尤其是鲁西南地区，是中国古代文化发达的地方。在古史传说中，这里曾是炎、黄部族活动的区域。商代，这里还是商王朝的政治中心。西周建立后，为有效维持统治秩序，施行了分封诸侯的制度，以藩屏周室。因为这一地区地处商奄旧地，担负着管理殷民六族、镇抚徐戎淮夷的重要使命，故周王将周公的儿子伯禽封于鲁，以期"大启尔宇，为周室辅"(《诗经·閟宫》)。周初开始形成并完善起来的宗法礼乐制度，在鲁国生根发芽，铸就了鲁国根深蒂固的礼乐传统，鲁国也成为西周时期东方地区礼乐文化的中心。正如著名历史学家杨向奎在《宗周社会与礼乐文明》中所说，齐鲁文明"实为宗周文化之嫡传，而鲁为姬，齐为姜，后来结果，齐一变至于鲁，鲁一变乃至于道；周礼在鲁，遂为中心之中心"。这种深厚的礼乐文明传统使得鲁国成为儒家思想的摇篮，不仅孕育了伟大的思想家、教育家、儒家学派的创始人孔子，而且造就了先秦儒家学派的重要学术传承者与发展者——曾子。

曾子比孔子小四十六岁，属孔门后进弟子。孔子对他的印象是"参也鲁"，认为他才性鲁钝，不太伶俐。但曾子敦厚质朴、笃实好学、内省守约、弘毅躬行，对孔子学说领悟较深，能够融会贯通。曾子以"忠恕"阐释孔子一贯之道，独得孔学要旨，故宋儒程颐称誉道："参也竟以鲁得之。"孔子弟子三千，贤人七十二，"颜子得克己复礼之说，曾子与闻一贯之传"，二人均能契夫子心传、得道统正脉。然而颜子不幸早逝，能传夫子之道者，唯"曾氏之传，独得其宗"。

曾子秉承孔子"学而不厌，诲人不倦"的教诲，在鲁国传授生徒，教化于洙、泗之上。他注重修身,提出"吾日三省吾身"的思想修养方法;他传《孝经》,继承并拓展了孔子的孝道思想,并且躬行孝道;他作《大学》,阐发"三纲领"、"八条目"、内圣外王之道;他参纂《论语》,带领弟子汇辑孔子言行遗说,为《论语》的最终编定做出重要贡献;他著书立说,撰《曾子》十八篇,大力弘扬儒家学说,由此形成了颇具影响的洙泗学派,被奉为邹鲁一带儒家学派的领导者。

曾子之学,传诸子思,开启了思孟学派的端绪。清儒崔述曾言:"盖曾子于孔门,年最少而学最纯,故孔子既没,后学多宗曾子者。圣道之显多由子贡,圣道之传多由曾子。子贡之功在当时,曾子之功在后世。"孔子去世后,曾子、子思、孟子先后相继,以斯文为己任,相与共守,传道于万世。而曾子作为先秦儒家薪火传继中承前启后的重要人物,自汉代以来就备受褒扬和推重,被奉为孔学"正宗",配享孔庙,被尊为"宗圣"。"宗"者,"宗师仲尼"之意也。由此可见,曾子在儒家道统谱系中具有崇高地位。

作为孔子最忠实的弟子,曾子守心专一,深切体悟孔子之道。在孔子去世之后,他以著书立说和聚徒讲学的方式维持儒学于不坠,在继承孔子思想的基础上,构建了独具特色的孝道思想体系,并最终形成了特色鲜明的洙泗学派,为孔子儒学的传播做出了巨大贡献。生命不息,修身不止,曾子以笃实的生命践履,将生命的转化与提升深深扎根于生活实践中,以"仁以为己任"的弘毅精神和"虽千万人,吾往矣"的大勇担当,守正创新,笃行不懈,为后人树立了"高山仰止,景行行止"的典范,不愧为百代之楷模、千秋之仪范。

第一章 曾子的家世

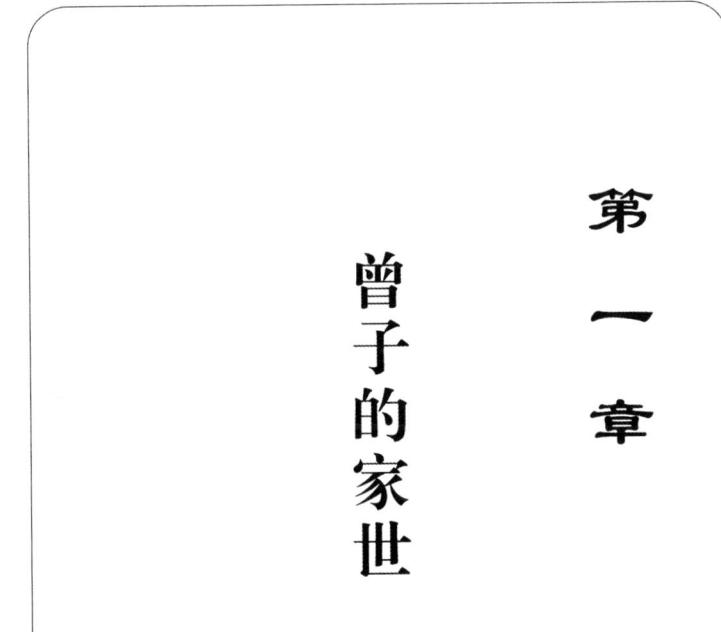

在两千多年的儒学发展史上，曾子是上承孔子，下启思、孟的重要人物；在五千多年的中华文明发展史上，曾子是尧、舜、禹、汤、文、武、周公、孔子以来，继往圣开来学、身肩道统、万世所崇的"宗圣"。孔门弟子中，对后世影响较大且得到较高尊崇者，除颜子之外，当数曾子。

唐开元中，曾子受封为"郕伯"。宋大中祥符二年（1009），晋为"瑕丘侯"（后改"武城侯"）；咸淳三年（1267），诏封"郕国公"，与颜子、子思、孟子并为四配。元至顺元年（1330），加封"郕国宗圣公"。明嘉靖九年（1530），改称"宗圣曾子"。

圣代表着人格的最高境界，也昭示着后世对曾子的尊崇。那么曾子是如何成为"宗圣"的呢？我们首先从曾子的家世说起。

图1-1 曾参像
（《孔子弟子图卷》，故宫博物院藏）

一、夏禹苗裔：从大禹到曲烈

曾子之先，出自夏禹。

夏禹又称大禹、伯禹，为中华民族人文始祖黄帝之后裔。据司马迁《史记·夏本纪》记载，"夏禹，名曰文命。禹之父曰鲧（Gǔn），鲧之父曰帝颛顼，颛顼之父曰昌意，昌意之父曰黄帝"。轩辕黄帝三传至鲧，相传鲧的妻子梦见流星陨地变成薏苡，她吞食薏苡而生禹。禹为人敏给克勤，承帝舜之命，治理洪水，"众民乃定，万国为治"。大禹治水，"三过家门而不入"，大公无私，一心为民，被后世奉为楷模。

尧舜禹时期，天下洪水泛滥。一些弥漫着神话色彩的故事传说，以夸张的手法描述了洪水遍及天下的灾难景象，如《尚书·尧典》记载："汤汤洪水方割，荡荡怀山襄陵，浩浩滔天。"《山海经》郭璞注曰："滔滔洪水，无所止极。"《史记·夏本纪》也说："鸿水滔天，浩浩怀山襄陵，下民其忧。"这次洪水持续时间很长，淹没地域广大。在滔天洪水的危害下，人民面临着巨大的环境灾难和生存危机。

帝尧在征求"四岳"（官职名，总领四方之事）的意见后，决定接受他们推荐的人选，任用崇伯鲧治理洪水。鲧用筑堤围堵的办法，企图挡住洪水，结果愈堵愈涨，堤坝被洪水冲毁，造成了更大的水患。鲧治水九年，劳而无功，被帝舜殛（jí）于羽山。

鲧死后，帝舜委派鲧的儿子禹继续治水。禹联合许多部落展开了大规模的治水工程。他总结父亲治水失败的教训，改堵水为疏导，亲自率领群众，手拿橐（tuó）耜末臿（chā），疏江决河，让洪水奔流入海。在治水过程中，禹手上的指甲被磨去了，腿上的毫毛被磨去了，虽得了偏枯之症，但是他仍然在大风暴雨中不停地工作。禹劳身焦思,历经十几年之艰辛,克服重重困难,终于治服了肆虐的洪水,使得人民能够安居乐业。禹一心为民、无私奉献的精神一直为后人所颂扬。孔子说:"禹,吾无间然矣。菲饮食而致孝乎鬼神,恶衣服而致美乎黻(fú)冕,卑宫室而尽力乎沟洫。禹,吾无间然矣。"他认为大禹俭于己身而勤于民事,是为全天下谋利的典范,是个无可挑剔、无可非议的人。禹作为治水英雄,其功绩更是备受赞誉。《韩非子·五蠹(dù)》极赞大禹治水之辛劳:"禹之王天下也,身执耒臿,以为民先,股无胈(bá),胫不生毛;虽臣虏之劳不苦于此矣。"《左传·昭公元年》载:"美哉禹功!明德远矣。微禹,吾其鱼乎!"如果没有大禹治水,我们恐怕都变成鱼了吧!司马迁也赞扬说:"唯禹之功为大,披九山,通九泽,决九河,定九州,各以其职来贡,不失厥宜。"禹凭借治水的辉煌功绩,声教讫于四海,赢得了众多氏族部落的拥戴和支持,并受舜"禅让",继任部落联盟的首领,国号曰夏后,姓姒氏。夏禹也被后世尊称为"大禹",成为黄帝部族后裔中十分显赫的人物之一。

禹死后,他的儿子启继承了夏王朝的王位,从此开始了夏王朝家天下的世袭制度。夏启即位是一件标志着国家形成的划时代的大事。启死,子太康继位。太康崩,弟中康立。中康崩,子相立。帝相崩,子少康立。自太康至少康,共经历了三世四君。

图1-2 夏禹像

在此期间，夏王朝的统治权先后被东夷有穷氏首领后羿、寒浞（zhuó）篡夺。对于这段历史，《史记·夏本纪》的记载极为简略，而《左传》《尚书》《国语》等的记载则比较曲折。这些文献记载表明，夏启已经开始腐化，太康更加尸位逸乐，终日田猎嬉戏，不理政事，致使民怨沸腾，正如《尚书·五子之歌》所说，"太康尸位以逸豫，灭厥德，黎民咸贰"。太康最终因"盘于游田，不恤民事"为有穷氏首领后羿所逐，史称"太康失国"。太康死后，传位于弟中康。中康卒，子相即位。相依靠斟灌氏、斟寻氏的支持，迁居帝丘（今河南濮阳境内），暂时立足。而后羿代夏政后，恃其善射，不修民事，沉溺于田猎，又信用东夷伯明氏寒浞。寒浞极尽谄媚之能事，深受宠信。他施展媚内赂外的手段，杀后羿并占有了后羿的妻室。后来，寒浞又命其子浇攻灭了斟灌氏、斟寻氏，杀掉了相。相妻后缗（mín）逃归有仍，生下了相的遗腹子少康。

少康长大后，为有仍氏牧正，后因被追杀，又逃到有虞氏为庖正。因"能布其德"，少康得到了有仍氏、有虞氏的支持和拥戴，势力逐渐强大起来。在夏遗臣伯靡的帮助下，他积极集合夏族余众，亲自率军消灭了寒浞及其子浇、豷（yì），重新建立了夏王朝的统治，这就是历史上著名的"少康中兴"。关于少康复国的事迹，《史记·吴太伯世家》有如下记载："昔有过氏杀斟灌以伐斟寻，灭夏后帝相。帝相之妃后缗方娠，逃于有仍而生少康。少康为有仍牧正。有过又欲杀少康，少康奔有虞。有虞思夏德，于是妻之以二女而邑之于纶，有田一成，有众一旅。后遂收夏众，抚其官职。使人诱之，遂灭有过氏，复禹之绩，祀夏配天，不失旧物。"他借助有仍氏、有虞氏的帮助，凭借一成（方30里）之田、一旅（500人）之众，与寒浞做斗争，最终恢复夏朝。

据《世本》《元和姓纂》记载，少康复国之后，为了巩固政权，分封族人到各地进行治理。少康的次子曲烈（一作曲列）封于鄫（Zēng），建立鄫国。古代因其封国而命之氏，曲烈之子孙遂为鄫姓。曾姓即肇端于此。《史记·夏本纪》云："太史公曰：禹为姒姓，其后分封，用国为姓，故有夏后氏、有扈氏、有男氏、斟寻氏、彤城氏、褒氏、费氏、杞氏、缯氏、辛氏、冥氏、斟戈氏。""缯"通"鄫",司马迁这里所说的"缯氏",即鄫国之"鄫氏"。传说,曲烈天生神异,聪慧过人,勤于思考,善于制作工具。他制作了木工用来求直角的矩尺,制造了以竹竿、木棒等为支架的方形渔网——罾,制作了拴着丝绳的用来射鸟的箭——矰,烧制了蒸饭盛菜用的陶器——甑,并教族人纺织出有多彩图案的丝织品——缯。鄫国在曲烈的治理下,人民富足,国力逐步强大,历经夏、商两代而不衰。

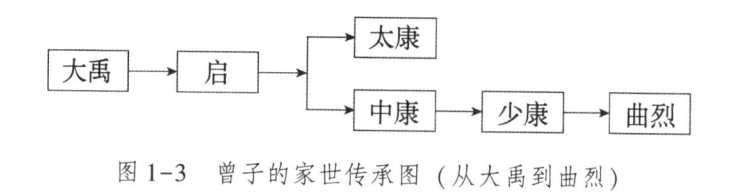

图1-3 曾子的家世传承图(从大禹到曲烈)

二、鄫国春秋:从曲烈到世子巫

周武王灭商建立周朝之后,封鄫国国君为子爵。鲁僖公十四年(前646),即周襄王六年,鄫国之名始见于《春秋》。

关于曲烈始封时的鄫国故址,文献并无明确记载。《左传·僖公十四年》载:"夏六月,季姬及鄫子遇于防。使鄫子来朝。"杜预注:"鄫国,今琅邪鄫县。"又说:"鄫,似绫反,本或作缯。"《史记·周本纪》正义引《括地志》载:"缯县在沂州承县,古侯国,禹后。"罗泌《路史》云:"缯,子爵。昭公取鄫也。曲列国,一曰缯衍,今沂之承县东八十故缯城。"高士奇《春秋地名考略》载:"鄫故城在丞县东北,今峄县东八十里有鄫城。"江永《春秋地理考实》载:"今兖州府峄县东有鄫城。"据顾栋高《春秋大事表》可知,鄫,子爵,姒姓,今山东兖州府峄县东八十里有鄫城。汉置缯县,属东海郡,后属琅琊郡。隋开皇年间置鄫城县,后并入承县。唐代复置鄫城县，后为鄫州。因此，郭沫若、谭其骧、白寿彝等学者大都认为，夏朝姒姓鄫国故址在山东省苍山县（今兰陵县）西北、枣庄市东。

在列国纷争的春秋时代，鄫国因实力弱小、地位卑微，常常被鲁、邾和莒等诸侯国欺凌，可谓腹背受敌，每况愈下。《左传·僖公三十一年》载："杞、鄫何事？相之不享于此久矣。"相为夏启之孙，杞、鄫两国都是夏的后人，有祭祀的义务，但相已经很久没有享用祭祀了，可见鄫国之衰败。为了改善与临邦的关系，鄫国与较为强大的鲁国建立了姻亲关系，希望通过政治联姻达到外依强国、保己生存的目的。但此时的鄫国国君也力图保持独立诸侯国的地位，并不愿以附庸国的身份朝见鲁国国君。鲁僖公十四年（前646），鄫国国君夫人、鲁僖公之女季姬还鲁省亲，僖公因鄫子不朝，非常恼怒，故将季姬留在鲁国。为了缓和两国的矛盾，鄫子与季姬在防地（鲁地，今山东费县东南）见面。在季姬的劝说下，鄫国国君前往鲁国朝见。第二年的九月，季姬才得以返回鄫国。鲁僖公十六年（前644）十二月，因鄫国常被淮夷侵扰，鲁僖公与齐侯、宋公、陈侯、卫侯等在淮地盟会，商量挽救的办法。为抵御淮夷的侵袭，鲁僖公征发民役，修筑鄫国城池，并企图以此为据点攻打淮夷。但因筑城百姓遭遇疠气，很多人病倒了，诸侯也纷纷离淮回国，鄫国城墙没有修成。

鲁僖公十七年（前643），春秋前期的一代霸主齐桓公去世，诸子争立，引发齐国内讧。作为齐国忠实的支持者和追随者，宋国的宋襄公不负齐桓公临终嘱托，联合卫、曹、邾等诸侯国立公子昭为齐君（齐孝公），宋襄公因此声名鹊起。鲁僖公十九年（前641）夏六月，宋襄公召集曹、邾等国在曹国南部会盟，意图取代齐桓公的盟主地位，称霸中原。曹国虽然参与盟会，但心有不服，所以不肯按照诸侯会盟的惯例致饩（xì），无地主之礼；鄫国国君也未能及时到会，致使会盟不欢而散。宋襄公为此大为恼火，当年秋天就出师围攻曹国。在这种情况下，没有抵达会盟地的鄫国国君便前往邾国，以表达结盟之意。宋襄公却以鄫国国君失大国会盟之信为借口，指使邾文公拘禁了鄫子，并令其"用鄫子于次睢之社，欲以属东夷"。"睢"指睢水，杜预注曰："睢水受汴，东经陈留、梁、谯、沛、彭城县入泗，此水次有妖神，东夷皆社祀之，盖杀人而用祭。"宋襄公指使邾文公以鄫子为牺牲来祭祀睢水的"妖神"，目的是恫吓东夷，使东夷聚众归己。无力自保的鄫国只得眼睁睁地看着国君鄫子被杀害。

不仅大国依仗霸力肆意欺凌鄫国，一些试图拓疆扩土的小国也在大国纷争的间隙中，借机侵凌鄫国。鲁宣公十八年（前591）秋七月，在晋、楚双雄争战中原之际，依附于晋国的邾国出兵攻伐鄫国。邾国的军队不仅在鄫国大肆掳掠，使鄫国百姓饱受战祸之苦，还"戕鄫子于鄫"。鄫国两任国君横遭杀身之祸，可见鄫国国势在春秋前期已十分衰弱，已经到了任人宰割的地步。

尤其严重的是，鄫国还面临着近邻鲁国、莒国的激烈争夺。鄫国国君时泰先娶鲁国公室之女，生子巫，立其为太子。而莒国为达到长期控制鄫国的目的，也采取了和鄫国联姻的方式，将女儿嫁给鄫国国君，所生之女又返嫁莒国国君，为莒国夫人。

在弱肉强食的乱局中，鄫国畏惧祸之将临，便自请成为鲁国的附庸国以自保。鲁襄公四年（前569）冬，"公如晋听政。晋侯享公，公请属鄫。晋侯不许"。襄公到晋国商讨交纳贡赋的事情，晋侯设享礼招待襄公。趁此机会，襄公向晋侯表达了希望使鄫国归属于鲁国的想法，并请求让鄫国像须句、颛臾等小国一样附属于鲁国，来帮助鲁国交纳贡赋。但晋侯不同意。鲁国大夫孟献子就向晋侯解释说，鲁国虽然与晋国的敌国齐国临界，但愿意坚决地侍奉晋国为霸主，从不耽误晋侯征发、供应的命令。鄫国对晋国没有贡赋之责，而晋国所需贡赋甚多，鲁国地少民贫，假如不能满足晋国的要求，就是大罪过，所以希望鄫国能附属于鲁国，以帮助鲁国完成向晋国交纳贡赋的任务。最后，晋侯答应了鲁国的请求。

在得知鄫国要附属于鲁国的消息后，莒国便联合邾国出兵讨伐鄫国。但此时的鄫国刚刚经过晋侯的允许成为鲁国的附庸国，对于莒国和邾国的进攻，从道义上来说，鲁国不能坐视不管，于是鲁襄公派大夫臧纥率军支援鄫国。臧纥为解鄫国之危，率兵直接攻入邾国境内，逼迫邾国军队返回救援。两军战于狐骀（今山东省滕州市东南），鲁师大败，损失惨重。狐骀之战的失利不仅使鲁国元气大伤，也削弱了鲁国保护鄫国的信心。

鲁襄公五年（前568）春，鲁国大夫叔孙豹带领鄫国世子巫前往晋国，正式完成了鄫国附属于鲁国的程序。《春秋》记载此事说："叔孙豹、鄫世子巫如晋。"杜预注："豹与巫俱受命于鲁，故经不书及，比之鲁大夫。"意思是，鄫国世子巫赴晋，不是遵奉鄫国国君之命，而是秉承鲁国国君的命令，这就把鄫国的世子当作鲁国的大夫来对待了。按照《周礼》的规定，凡诸侯的嫡长子被天子命为世子，代表他的国君朝聘天子时，就比国君的礼仪降一等；未被天子所命，朝聘天子时，就拿着用皮裹饰的束帛继子男之后行礼。巫作为鄫国世子，与鲁国大夫叔孙豹一起到晋国，却位列鲁大夫之后，显然是不合礼制的。但在礼崩乐坏、弱肉强食的春秋时代，自然是"弱国无外交"。故汪克宽在《春秋胡传附录纂疏》中说："诸侯之世子，未誓，以皮帛继子男。而亚于大夫之列，非礼也。然春秋时较强弱之势，而无君臣之分，以大国之卿当小国之君，故鄫国微弱，而其世子次于鲁大夫也。"

九月，晋侯召集鲁、宋、陈、卫、郑、曹、莒、邾、滕、薛、齐、吴、鄫等国在戚地（今河南濮阳）会盟，听取晋侯的命令，准备出兵戍守陈国，以联合抗楚。由于莒国对鄫国附属于鲁国耿耿于怀，其侵鄫的意图已十分明显。鲁国大夫叔孙豹忧惧邾、莒之强，担心鲁国如不能保护鄫国，将会招致其他诸侯的谴责，使鲁国处于不利境地，所以让鄫国仍然以独立诸侯国的身份参加会盟。但"鄫有贡赋之赂在鲁，恃之而慢莒"，最终引来亡国之祸。《春秋》载，鲁襄公六年（前567）秋，莒人灭鄫。

关于莒人灭鄫之事，文献记载多有不同。另一种说法见于《春秋谷梁传》："莒人灭缯，非灭也……家有既亡，国有既灭。灭而不自知，由别之而不别。莒人灭缯，非灭也。非立异姓以莅祭祀，灭亡之道也。"为什么说"莒人灭缯，非灭也"？范宁集解云："莒是缯甥，立以为后。非其族类，神不歆其祀,故言灭。"又云:"莒人灭鄫,似陵反;立其甥为后,异姓,故言灭也。"由此可以看出,莒人灭鄫并不是以兵灭国,而是改立异姓为鄫国国君,正所谓"家立异姓为后则亡,国立异姓为嗣则灭"。莒国通过改立异姓为鄫国国君的办法,取得了对鄫国的控制权。从此,鄫国便名存而实亡。鲁襄公八年(前565)五月,莒人伐鲁东鄙,以疆鄫田,与鲁国划定了鄫地土田的疆界。大概在此时或此后不长的时间里,莒国吞并鄫国,将鄫国划入本国之封域。20多年后,鲁国又乘莒国内乱、国势衰落之机,取得鄫地。此后,鄫地就归属于鲁国,后为楚国所吞并。

图 1-4 鄫国故城遗址

自曲烈始封国于鄫,鄫国更夏商周千有余岁,常微不显。到鄫世子巫这一代,已被迫出奔到鲁国。由于复国无望,身怀亡国之痛的世子巫叹息说,"国既灭矣,邑亦宜除",遂去"鄫"之"阝"(代表国土、食邑)而留"曾",生活在鲁国的鄫国子孙遂以曾为姓。世子巫即曾氏肇姓之始祖。

第一章 曾子的家世

关于鄫国世系之相承，因文献缺乏，难以考证。道光《济宁直隶州志·曾子世家》云曲烈"五十传至时泰"，而《武城曾氏重修族谱·武城曾氏谱源》所载曲烈至时泰则为五十三世，现录之以备参考：曲烈生炫忠，炫忠生坤仁，坤仁生录，录生浩源，浩源生富材，富材生焜，焜生伯基，伯基生锐，锐生汪，汪生志梁，志梁生煌，煌生相奎，相奎生世鉴，世鉴生政治，政治生模，模生端焕，端焕生垠，垠生锦容，锦容生洪，洪生桂茂，桂茂生照，照生培元，培元生铉，铉生允漆，允漆生杞，杞生烓熹，烓熹生埚和，埚和生成锐，成锐生一清，一清生椿，椿生焖，焖生垣，垣生销，销生福波，福波生时荣，时荣生炳，炳生均柞，均柞生铃，铃生浤仁，浤仁生一松，一松生焔，焔生墅，墅生镇玉，镇玉生洰，洰生祥栟，祥栟生炷，炷生方埕，方埕生宇銮，宇銮生沛恩，沛恩生朴，朴生世美，世美生时泰。

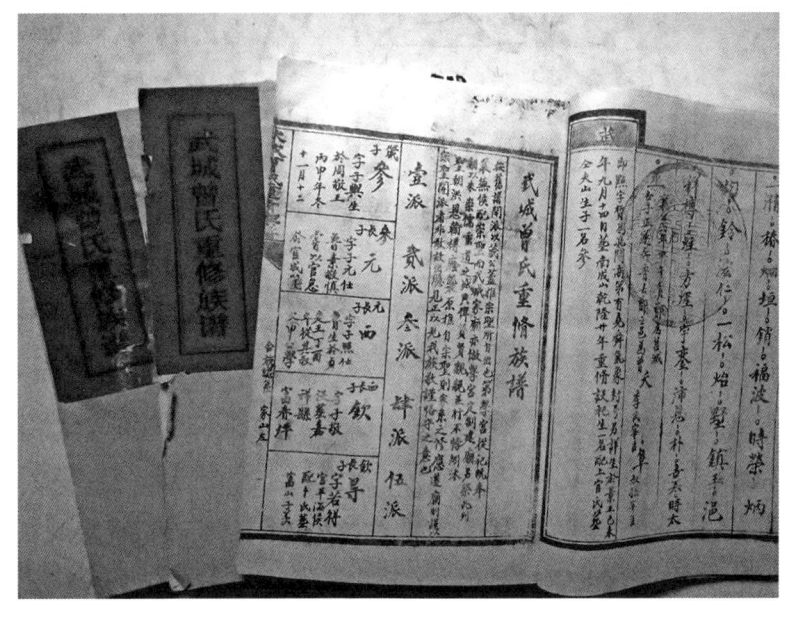

图1-5 《武城曾氏重修族谱》书影（山东嘉祥曾氏宗亲联合总会藏）

尽管这一记载的可靠性还有待进一步证实，但对我们了解曾氏家族的起源来说，仍然是一份不容忽视的资料。

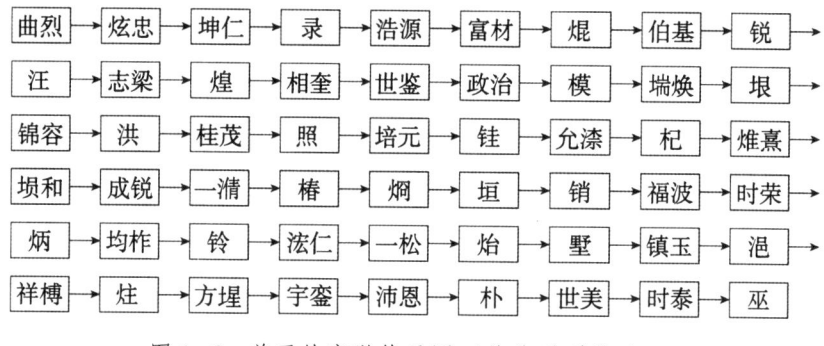

曲烈	→	炫忠	→	坤仁	→	录	→	浩源	→	富材	→	焜	→	伯基	→	锐	→
汪	→	志梁	→	煌	→	相奎	→	世鉴	→	政治	→	模	→	瑞焕	→	垠	→
锦容	→	洪	→	桂茂	→	照	→	培元	→	铨	→	允漆	→	杞	→	熉熹	→
塽和	→	成锐	→	一清	→	椿	→	炯	→	垣	→	销	→	福波	→	时荣	→
炳	→	均柞	→	铃	→	浓仁	→	一松	→	怡	→	墅	→	镇玉	→	浥	→
祥榑	→	炷	→	方埕	→	宇銮	→	沛恩	→	朴	→	世美	→	时泰	→	巫

图 1-6　曾子的家世传承图（从曲烈到世子巫）

三、东鲁曾氏：从世子巫到曾点

自鄫世子巫国亡奔鲁，以曾为姓，曾氏一脉便在鲁国瓜瓞延绵。

曾子的父亲曾点（《史记》作"蒇"），字晳（一说字子晳），又称曾晳。周灵王二十七年（前545），曾点生于鲁国。这一年，孔子七岁。从世子巫到曾点，较早的记载是"巫—阜—点"三代说。《世本》云："巫生阜，阜生晳，晳生参，字子舆，父子并仲尼弟子。"《通志·氏族略》与《世本》相同，皆以曾阜为世子巫之子。《元和姓纂》的记载与《世本》稍异："巫生阜，阜生参，字子舆，父子并为仲尼弟子。"《元和姓纂》与《通志·氏族略》关于曾氏的记载均来自《世本》，考之《论语》《史记》诸书记载，可知《元和姓纂》有脱文，实应为"巫生阜，阜生晳，晳生参"。与"三代说"有所不同，南宋邓名世《古今姓氏书辩证》载："巫生夭，为季氏宰。夭生阜，为叔孙氏家臣。阜生点，字晳。"较《世本》所载，多出一代"曾夭"。王定安《宗圣志》辑录《济宁州志·曾子世家》曰"《族谱·姓源》以巫、夭、阜、点为四世相系"，即巫生夭，夭生阜，阜生点。从鄫世子巫到曾点，共四代。现今所见《曾氏族谱》中关于曾子家世的记载均沿袭"巫—夭—阜—点"四代说。

有关曾夭、曾阜的记载，最早见于《左传》。《左传·昭公元年》记载了这样一件事，其中提到了曾夭、曾阜。

昭公元年（前541）春，鲁国大夫叔孙豹到虢（Guó）地参加晋国主持的诸侯弭兵盟会。其间，鲁国大夫季孙氏讨伐莒国，夺取郓地。莒国人告到会场，楚人告诉晋国说："弭兵的盟会还没有散，鲁国就违反了盟誓攻伐莒国，请把鲁国的使者杀掉。"但是主持盟会的晋国赵武认为叔孙豹是贤能的忠臣，坚决要求楚国"去烦宥善"，赦免叔孙豹。等到叔孙豹从虢地归国，季孙氏赶忙让曾夭驾车去叔孙豹家里慰劳他。从早晨等到中午，叔孙豹也不出来。曾夭对曾阜说："从早晨一直等到中午，我们已经知道自己的过错了。鲁国是用互相忍让来治理国家的。在外边忍让，而在国内不忍让，这可怎么办呢？"曾阜说："他在外边奔波劳苦了几个月，今天这样，有什么关系呢？就像商人想做生意赚钱，还怕人吵闹吗？"曾阜说完，进去对叔孙豹说："可以出去了。"叔孙豹指着柱子说："虽然讨厌这根柱子，难道能够去掉它吗？"于是就出去见季孙氏了。

从《左传》的记载来看，作为鲁国卿大夫的家臣，曾夭、曾阜深受季孙氏和叔孙氏的器重，属于有一定社会身份和地位的士阶层。但曾夭、曾阜是何关系，难以断定。依情理推测，假若曾夭是曾阜之父，恐怕不会直接说出"知罪矣"之类的话，而曾阜也不会有"庸何伤"之类的责备之辞。因此，就二人对话的内容及语气而言，曾夭、曾阜应该不是父子关系。而曾夭与世子巫、曾阜与曾点的关系究竟如何，更是踪迹难觅。宋代邵思《姓解》卷二"曾"条下载："《左传》有曾夭、曾阜，孔子弟子曾参，父皙。"邵思似乎并不认为曾夭是曾阜之父、曾阜是曾皙之父。明代陈士元《姓觿（xī）》卷四"曾"条下载："孔子弟子有曾点、曾参。三桓家臣有曾夭、曾阜。"二书虽然都提到了曾夭、曾阜、曾点，但并未就三人之间的关系做出说明。

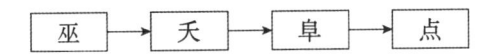

巫 → 夭 → 阜 → 点

图 1-7　曾子的家世传承图（从世子巫到曾点）

在鄫国灭亡前后，大概有许多鄫国人逃往鲁国。《左传·襄公二十九年》还记载了一位鄫鼓父。宋人邓名世《古今姓氏书辩证》"鄫"条下载："鄫子之后，仕鲁者以国为氏。"章定《名贤氏族言行类稿》"鄫"条下云："鄫子支庶，亦为曾氏。"陈士元《姓觿》"鄫"条下引《姓源》云"鄫国之后"，又引《千家姓》云"鲁郡族"，而在"曾"条下引《千家姓》则云"东鲁族"。由此可见，虽然曾夭、曾阜、曾点、曾参与鄫鼓父都是鄫国之后，但在居鲁之前后，已呈现出族群的衍化。由于年岁久远，他们之间的关系已难以分辨清楚。故明吕兆祥《宗圣志》、道光《济宁直隶州志》仅说三桓家臣曾夭、曾阜为世子巫之后，巫凡数传生点，而未明确世代之分。因此，无论是四代说还是三代说，将《左传》所记载的曾夭、曾阜与曾子家族联系在一起，并以世子巫、曾夭、曾阜、曾点为顺次父子关系，都缺乏坚实的证据，不可尽信。罗新慧认为，将曾夭、曾阜牵强地同曾子家族相连，显然是好事者的附会之辞。根据较为可靠的文献如《论语》《孟子》《史记》《孔子家语》等书的相关记载，只有曾点和曾参之间的父子关系是确定无疑的。而世子巫至曾点之间的曾氏世系传流情况，则多有模糊之处。

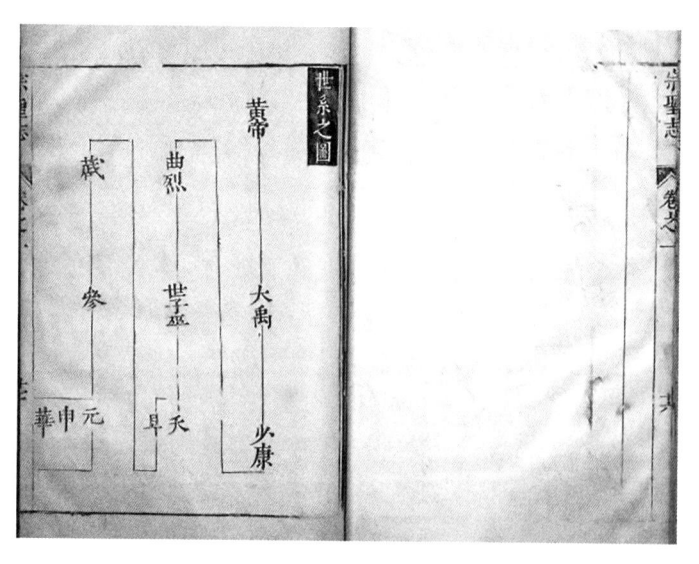

图1-8 曾氏世系图（吕兆祥《宗圣志》，辽宁图书馆藏明崇祯二年刻本）

自鲁襄公六年（前567）失国奔鲁以来，曾氏已不再具有诸侯公室和世卿世禄的贵族身份。曾夭、曾阜为鲁国三桓家臣，大致相当于士阶层。到了曾点这一代，其社会地位更低，虽拥有士的身份，但其他方面已与平民无异。

曾点是孔子开办私学时招收的第一批弟子之一。关于曾点的文献记载较少。据《孔子家语·七十二弟子解》记载，曾点"疾时礼教不行，欲修之，孔子善焉"。曾点痛心于当时的礼教不能得到推行，很想改变这种礼崩乐坏的乱象，因此孔子非常赞赏他。曾点性格疏旷，在孔门弟子中属狂放之士。孔子周游列国，希望能推行自己的政治主张，重建礼乐秩序。但是，各国国君沉迷于开疆拓土、武力攻伐等事，始终没有人肯任用他。当鲁国执政大夫季康子派人召冉求回国的时候，孔子顿生思归之情，他感慨地说："归与！归与！吾党之小子狂简，斐然成章，不知所以裁之。"（《论语·公冶长》）

图1-9 曾点像（《圣像全图·圣门七十二贤图》）

所谓狂简就是胸怀大志而阅历不足，虽然志存高远，但是视事粗浅、做事粗疏。《孟子·尽心下》指出，孔子这里所说的狂简之士，就包括曾晳、琴张、牧皮等弟子。他们尽管不如那些言行合乎中道的"中行"之士，但其学问文章都很可观，属于努力进取的人。按照王阳明的说法，"狂者志存古人，一切纷嚣俗染举不足以累其心，真有凤凰翔于千仞之意，一克念即圣人矣"。这种"狂者"胸次远超常人，距"圣人"境界已不远，故能"一克念即圣人矣"。也就是说，狂简之士若能立定人格、持守中庸之道，同样能传道于后世。如果"中行"这种恰到好处的中庸之道不能完全实现，即使有些过与不及，总体上也是好的，也远远超过那些"德之贼"的乡愿。因为乡愿做事看似符合中庸之道，实际上往往是混淆是非。由此可见，孔子对曾皙还是寄予很大期望的。

这种期望在《论语·先进》所记载的孔子弟子言志的故事中表现得极为明显。子路、曾皙、冉有、公西华在孔子面前各自言说自己的志向：子路表示自己可用三年的时间，使一个岌岌可危的诸侯邦国稳定。言辞之间，充满自信、雄豪之气，但少了几分谦让，夫子"哂之"。相比于子路的"其言不让"，冉有、公西华就比较谦虚。冉有多才多艺、精于政事，当然足以用礼乐治国；公西华熟谙礼学、精于外交，自然也是治国理政的难得之才，但孔子虽心许之却未加赞扬。而当曾点说出"莫春者，春服既成，冠者五六人，童子六七人，浴乎沂，风乎舞雩，咏而归"的志向时，夫子禁不住慨叹说："我赞成曾点的想法啊！"

图1-10 四子侍坐（《孔子圣迹图》）

在孔门七十二贤中，论才论学，曾点都算不上出类拔萃。尤其是和孔门四科中以政事著称的冉有、子路相比，曾点更是难以望其项背。但四人言志，孔子为什么更倾心于曾皙的回答？古今对此异说纷纭。朱熹对这一问题有精到的阐释，他说：

曾点之学，盖有以见夫人欲尽处，天理流行，随处充满，无少欠阙。故其动静之际，从容如此。而其言志，则又不过即其所居之位，乐其日用之常，初无舍己为人之意。而其胸次悠然，直与天地万物上下同流，各得其所之妙，隐然自见于言外。视三子之规规于事为之末者，其气象不侔矣，故夫子叹息而深许之。（《四书章句集注》）

在这里，朱熹以道德精神的最高境界，也就是仁的精神状态，来解释曾点在当时所呈现的人生境界。这种境界是曾点由鼓瑟所呈现出的"大乐与天地同和"的艺术境界。徐复观在《中国艺术精神》中指出，这种艺术境界与道德境界在最高的境界中，会得到自然而然的融合统一。孔子之所以喟然而叹，正是因为被曾点呈现的"物我合一"的艺术境界感动。

我们知道，孔子"祖述尧舜，宪章文武"，毕生都在为实现"天下大同"的理想而努力，虽然周游天下，却没能将大道推行天下。子路、冉有、公西华三人以仕进为心，欲得国而治之，但在

图 1-11　曾庙咏归门

礼崩乐坏、道消世乱的时代，其志向未必能够得以实现。杨国荣指出，曾点所言"浴乎沂，风乎舞雩"更多地展现了人与天（自然）的互动，其内在旨趣表现为在回到自然之境的过程中使人自身的情感或广义的精神得到某种寄托。曾点为孔门狂士，他用"春风舞雩"之语描绘出一种活泼生动、歌咏自适的人生意境，同时谦逊地表达了自己复礼的志向和实现人类、万物各得其所的理想，其表达的志向与孔子"老者安之，朋友信之，少者怀之"的理想是一脉相承、契合无间的。因此，孔子骤闻其言，有感于往日"浮海居夷"之思，故不

觉喟然兴叹，深表嘉许。正如宋儒程明道所言："孔子与点，盖与圣人之志同，便是尧舜气象也。"

汉代以来，随着儒学正统地位的确立，历代统治者大都提倡儒家伦理道德，尊崇孔子，加强教化，在对孔子进行封谥的同时，对孔门弟子也给予了极大的优遇。曾点作为孔门七十二弟子之一、"宗圣"曾子之父，也受到了格外的礼遇和尊崇。从东汉明帝永平十五年（72）开始，曾点就作为儒家的重要人物之一配享孔子。唐开元二十七年（739），唐玄宗下诏封赠曾点为"宿伯"。宋大中祥符元年（1008），宋真宗下诏追封曾点为"莱芜侯"。明嘉靖九年（1530），明世宗嘉靖皇帝下令礼部会同翰林院详加商议孔子祀典，尊称曾点为"先贤曾子"。清雍正元年（1723），追封孔子上五代祖先为王，将供奉孔子父亲叔梁纥的家庙改为崇圣祠（或称五代祠），将曾点（曾子之父）与颜路（颜子之父）、孔鲤（子思之父）、孟孙激（孟子之父）配享崇圣祠。

图1-12 莱芜侯章服像
（王定安《宗圣志》）

曾点娶妻上官氏，生子曾参。曾点服膺孔子之道，在儿子曾参年幼时就以儒家思想教育他，后来又让曾参也拜孔子为师。父子二人同为孔门弟子，传扬儒家学说，被传为千古美谈。

第二章

青少年时期的曾子

曾子，名参，字子舆，春秋末年鲁国南武城（今山东嘉祥）人。《史记·仲尼弟子列传》载，曾子"少孔子四十六岁"。据《史记·孔子世家》记载，孔子生于鲁襄公二十二年（前551）。依此推算，曾子生于公元前505年，即周敬王十五年、鲁定公五年。

相传曾子生有异相。汉代《论语摘辅象》载："曾子珠衡犀角。"珠衡是说眉间骨隆起如连珠。犀角则指额骨突出如犀角。古人以为这是圣贤之相。曾点中年得子，对儿子十分珍爱，对孩子的未来也寄予了无限希望，于是以天上二十八宿之一的"参"星为儿子命名。参宿为西方白虎七宿的末一宿（奎、娄、胃、昴、毕、觜、参）。参宿有七星，中间三星排成一排，参星即以三星相连得名。《宋史·乐志》言："斗转参横将旦，天开地辟如春。"意思是，"斗转参横"之后，就将迎来天明。其寓意是曾参的出生将使曾氏焕发新貌、光明在前。

图 2-1 宗圣曾子像（明《圣贤像赞》）

《说文解字》"槮"字下云，"读若曾参之参"，则参、森同音。其字"子舆"，则取三人同舆之义。也有一种说法，古人常将星象与地理相联系，《周易·系辞》云："仰以观于天文，俯以察于地理。"因星有星野，按春秋列国时的分野，与参宿相对应的地理区域就是晋国，而那里曾是夏朝统治的中心区域。曾姓是夏禹之后，以"子舆"为字，也含有光大夏禹功业的寓意。

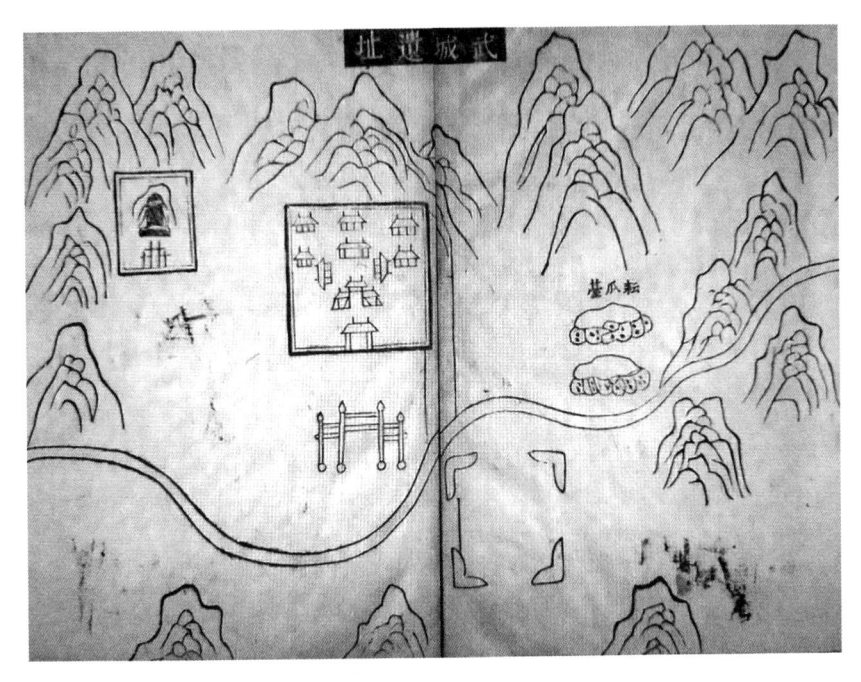

图 2-2　武城遗址图（吕兆祥《宗圣志》）

到了曾参生活的时代，其家境已经相当贫困。其母上官氏居家纺织，操持家务，《战国策·秦策》《新语·辨惑》有曾母织布的记载，其父曾点躬耕于田亩以维持生计。因家境贫穷，曾参在年少之时，就参与生产劳动，随父亲耕种于故里。从《孔子家语·六本》"曾子耘瓜"、《说苑·立节》"曾子衣弊衣以耕"以及《论衡·感虚篇》称曾子"出薪于野"等记载来看，少年时的曾参真可以说是衣不蔽体，家徒四壁！其家境之贫寒，由此可见一斑。

然而，正是这种日复一日的耕作劳苦，锻造了曾子坚韧的意志品质。他幼年在父亲的启蒙教育下，对儒家学说有了一些基本了解。长大成人后，曾参奉父命师从孔子，力学不懈，修身事亲，成为孔子晚年最为杰出的弟子之一。孔子去世之后，门下弟子或散游诸侯，或隐而不见，但都以弘扬孔子学说为己任，从不同角度对孔子思想予以阐释和发展。在孔门诸弟子中，曾子年少学纯，笃实勇毅，阐扬师说，传播儒学，成为孔门后学宗法的榜样。

一、师从孔子

曾参的父亲曾点在孔子创办私学时就跟随孔子学习,属于孔子的早期弟子。曾点在农忙之余,诵诗习礼,并把自己从孔子那里学来的知识传授给曾参,使曾参产生了浓厚的文化情结。在父亲的教育引导下,曾参读书启蒙,逐渐成长为一名好学上进、意气风发的青年。为了让儿子受到更好的教育,曾点决定让儿子拜孔子为师。曾点、曾参父子先后受教于孔子,孜孜以求,惟圣依归,为后人留下了一段津津乐道的佳话。

图2-3 退修诗书(《孔子圣迹图》)

孔子是中国历史上影响最为深远的思想家和教育家,他自三十岁左右收徒讲学,以"有教无类"为办学理念,将文化传播于一般大众,期望培养一批德才兼备的君子,以改变"礼崩乐坏"的社会乱局,重建充满仁爱之风的"大同"世界。随着孔子办学的声名远播,孔门规模逐渐扩大,《史记·孔子世家》曾以"弟子弥众，至自远方，莫不受业"来描述其私学盛况。

孔子在五十一岁的时候，踏上从政的道路，曾在鲁国担任过中都宰、司空、大司寇，由于政绩卓著，深受鲁定公器重。鲁定公十年（前500），孔子在齐鲁夹谷之会上挫败了齐国企图挟持鲁君的阴谋，维护了鲁国的权益，孔子也因此获得了空前的政治声望。孔子五十五岁时（鲁定公十三年，前497年），因与鲁国执政季桓子政见不合，便带领弟子离开鲁国，开始了周游列国的颠沛生涯。此时，曾参年仅九岁，为了照顾幼小的孩子、维持一家的生活，曾点只得留在故里南武城。

鲁哀公六年（前489），孔子在陈。鲁国新任执政季康子感到缺乏辅政的人才，很想遵从父亲季桓子的临终嘱托迎孔子回国，但又顾忌到国内一些势力的反对，便决定派使臣先召冉求回鲁。孔子这些年来奔走于各诸侯国，四处碰壁，如今看到弟子成才，能为国效力，内心十分欣喜。在冉求临行之际，孔子对他说，鲁国现在召你回国，"非小用之，将大用之也"，勉励他回去之后努力干出一番事业来。此时此刻，孔子也想起昔日跟随自己求道问学的弟子们，思归之情不禁油然而生，感叹道："归乎归乎！吾党之小子狂简，斐然成章，吾不知所以裁之。"（《史记·孔子世家》）由于担心那些留在鲁国的弟子志于大道而妄作穿凿，文采斐然却过中失正，因此孔子还是希望自己能够返回鲁国培育他们。

冉求回到鲁国之后，留在鲁国的孔门弟子急切地询问老师的消息。当听到孔子发出"归乎"之叹时，弟子们也深切感受到孔子的关怀与"成就后学，以传道于来世"的期望。得知孔子行踪的曾点回到家，看着翻阅竹简、攻读诗书的曾参，做出了一个影响曾参一生的重大决定，那就是：让儿子投师孔门！这时的曾参已是十七岁的小伙子，意气风发，好学上进，听到父亲想让他师从孔子的话语，马上兴奋起来。第二天，曾参就打点行装，不惧路途遥远，踏上了寻师之路。

在冉求回鲁之后不久，陈国因为遭到吴国的侵扰，陷入一片混乱，孔子便带领弟子们前往楚国。师徒一行走到陈、蔡之间的时候，经历了绝粮的危难,随行弟子饥馁不堪,但孔子依然"讲诵弦歌不衰",以坚定的信念为精神支柱,鼓励着弟子们战胜困厄,取道南下到了楚国的负函(今河南信阳)。而此时,一路跋涉、风餐露宿的曾参也赶到了楚国。当风尘仆仆的曾参来到孔子面前,说明来意之后,孔子得知远道而来的年轻人竟然是弟子曾点的儿子,惊喜不已,欣然接纳了这个比自己小四十六岁的学生。

图 2-4 在陈绝粮(《孔子圣迹图》)

《颜氏家训·勉学》云:"曾子七十乃学,名闻天下;荀卿五十,始来游学,犹为硕儒。"宋人曾慥《类说》"七十"作"十七",孙志祖《读书脞录》亦疑"七十"为"十七"之讹。曾子少孔子四十六岁,其从学孔子,必在少年。但对于曾子何时进入孔门受业,后世学者也有不同看法。有人认为在十六七岁,有人认为在二十多岁。明吕元善《圣门志》、夏洪基《孔门弟子传略》、吕兆祥《宗圣志》以及清沈德潜《圣门志考略》、冯云鹓《圣门十六子书》等认为是十六岁。明包大燴《圣门通考》则说"曾子十七岁,鲁曾点遣子从学孔子",明熊赐履《学统·正统》、清王定安《宗圣志》均沿其说,云曾子"十七岁,以父命从学孔子于楚"。近人钱穆亦称:"曾子年十七,乃孔子自楚返卫之岁,岂曾子是时始从孔子于卫乎!"把曾参进入孔门学习的时间定为孔子离楚适卫之时。罗新慧在《曾子生平考析》一文中则提出，将曾参入孔门之年定于孔子返鲁之后的鲁哀公十一年（前484）较为合理，曾参时年二十二岁。如果是十六七岁入孔门，曾子就会随孔子游于列国；如果是二十多岁入孔门的话，那就是孔子返鲁之后的事情了。

那么，曾子是否可能在孔子周游列国之时就从学于孔门呢？据文献记载，曾子在孔子周游列国的后期从师问道，是毋庸置疑的。一是《孔丛子·居卫》记载了曾子和弟子子思的一段对话，曾子对子思说"昔者吾从夫子游于诸侯"，既然跟随孔子"游于诸侯"，则其从学于孔门当在返鲁之前。二是孔子周游列国的后期，曾子已年满十五岁，正是孔子所谓"志于学"之年，也与孔子收徒"自行束脩以上，吾未尝无诲焉"的原则相合。三是孔子周游列国虽然居无定处，且交通不便，但在当时孔子声名已闻于诸侯各国的情况下，其行踪谅不难确知。因此，可以肯定，曾子是在孔子周游列国的过程中，加入到孔门行列中的。

自鲁哀公六年（前489）从孔子问学，至鲁哀公十六年（前479）孔子辞世，曾参这个憨厚、质朴的学生，随侍孔子长达十年之久。十年之中，追随孔子，从师问道，勇毅前行，在学问及德行修养上突飞猛进，终成"孔门之传，独得其宗"的一代圣哲。

二、笃实好学

孔子对曾参的最初印象是"参也鲁"，认为他质朴、憨厚，在受业学习方面的表现略显迟钝，所以在教育曾参的过程中，着重启发诱导，教之以"敏求"之道。而在孔门弟子中属于青年一代的曾参，虽然年龄小，却勤学好问，善于思考。明吕元善《圣门志·四配列传》称曾子"资质笃实，力学纯固"，始终如一地贯彻孔门"好学不厌""学而时习"的好学精神，下学而上达，学问日渐精纯。

孔子是博学多识的大教育家，基于"性相近也，习相远也"的认识，孔子强调习能移性。比如本来愚昧的，通过学习可以变得聪明；本来顽劣的，通过学习可以变得优秀、驯良。因此，他特别注重学习，强调立志向学。《论语·为政》记载孔子自述明志、立身、求道的人生经历："吾十有五而志于学，三十而立，四十而不惑，五十而知天命，六十而耳顺，七十而从心所欲，不逾矩。"正因为志学早，通过持之以恒的学习和磨炼，才逐步实现立、不惑、知天命、耳顺，最终达到"从心所欲，不逾矩"的人生境界。显然，"志于学"是人生修养的起点，也是达于人生理想境界的起点。孔子授徒设教，本着"有教无类"的伟大教育理念，故三千之徒慕道而来。七十贤人多有不远千里而至者。十七岁的曾子自鲁入楚，负笈千里，追随孔子的足迹，拜师孔子，其向学之志蔚然可见。

"志学"对一个人的成长成才有奠基性作用。《韩诗外传》卷八记载了鲁哀公和冉有的一段对话。鲁哀公问冉有："凡人之质而已，将必学而后为君子乎？"冉有回答说："臣闻之，虽有良玉，不刻镂则不成器，虽有美质，不学则不成君子。"鲁哀公接着问："何以知其然也？"冉有举例说："夫子路，卞之野人也。子贡，卫之贾人也。皆学问于孔子，遂为天下显士。诸侯闻之，莫不尊敬。卿大夫闻之，莫不亲爱。学之故也。"冉有在孔门以政事著称，多才多艺，但为学常觉力有不足，所以时常受到孔子的批评，他在这里对子路、子贡"学然后成君子"的赞扬，可谓满怀钦敬之情。

中国古人不仅将"学"视为成为君子的重要途径，更将"学"视为通向圣人境界的必由之路。只有向学的心志还远远不够，还必须具备"敏而好学"的学习精神。因为每个人的性格特点、资质禀赋、兴趣爱好都存在着明显的差别，只有以"好学"为凭借，学思结合，才能弥补天生的钝拙，将所学知识融会贯通；才能充分发挥个人特长，扬长避短，全面发展，拾级而上。

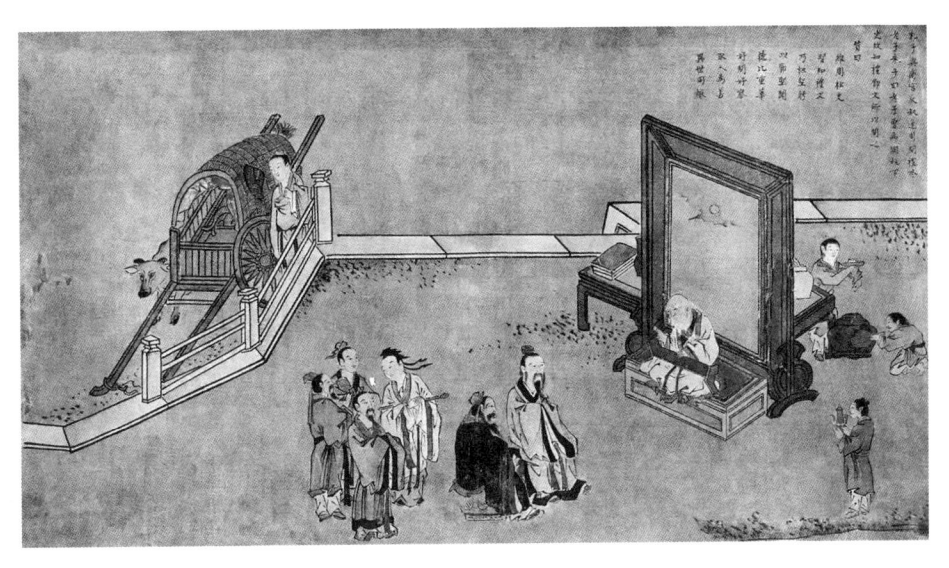

图 2-5 问礼老聃（《孔子圣迹图》）

尽管孔子说过"生而知之者上也，学而知之者次也"，把人分为生而知之者、学而知之者、困而学之者、困而不学者四个层次，但在孔子看来，世间并没有"生而知之者"。他明确表示："我非生而知之者，好古，敏以求之者也。"又说："十室之邑，必有忠信如丘者焉，不如丘之好学也。"这都是为了说明，一切知识的获得、德性境界的提升，皆源于勤奋学习，而学习是人人都能够做到的。《史记·孔子世家》载："孔子以诗书礼乐教，弟子盖三千焉，身通六艺者七十有二人。"由不明一经而身通六艺，这固然与孔子的因材施教、循循善诱有不可分割的关系，但如果不是本人"好学"，没有内在的学习追求，怎么会有"身通六艺"的成就？从这个角度来说，"好学"可谓孔门的一贯精神。

当然，"好学"也有深浅之分，有贯彻始终与中道而废之别。在孔门弟子中，颜子以"好学"最为孔子所称道。孔子认为颜子达到了"不迁怒，不贰过"的道德修养境界。而名列"四科"、名扬诸侯的子贡，却有"倦学"之意。《荀子·大略》记载了这样一则故事，子贡对孔子说："赐倦于学矣，愿息事君。"子贡，姓端木，名赐。子贡对孔子说："我对学习感到疲倦了，想停止学习，去侍奉君主。"孔子告诉他："事君难，侍奉君主哪有停息的时候呢?"子贡说:"那我可以去侍奉父母、朋友或者从事农耕。"孔子告诉他:"做这些事情也都没有停息的时候。"子贡问道:"那我岂不是永无停息的时候?"孔子谆谆告诫他:"望其圹,皋如也,嶏如也,鬲如也,此则知所息矣。"这句话的意思是,你远远望着那个坟墓,好似高高的堤岸,好似山巅,又好似一个鬲,看到它,你就知道什么时候才是停止学习的时候了。子贡听了,犹如醍醐灌顶,感慨地说:"大哉死乎!君子息焉,小人休焉。"虽然子贡拥有货殖"亿则屡中"的才智,但仍倦学而殆,与孔子"学而不厌"之教,不免有相当距离。

再如,孔门弟子中的佼佼者冉求,因擅长政事,多受孔子称赞,但冉求信道虽笃,志不坚实。据《论语·雍也》记载,冉求对学习孔子学说产生了畏难情绪,对孔子说:"非不说子之道,力不足也。"他认为自己的能力不够,在学习过程中感到非常吃力。孔子则说:"力不足者,中道而废。今女画。"孔子批评他,这不是能力不够的问题,而是中途而废、知难而退,是画地为牢、自甘堕落。至于昼寝之宰予,孔子更是直斥"朽木不可雕也,粪土之墙不可圬也",对这种"饱食终日,无所用心"的行为给予了严厉批评。

人之为学,有思虑苦而志气倦怠者,有惮其难而止步者。与子贡的倦学、冉求的中道而废相比,年轻的曾子则以"人一能之,己百之;人十能之,己千之"的勤学坚韧,在学问的道路上,笃志力行。《礼记·曾子问》《大戴礼记·主言》等留下了许多孔子与曾子师徒二人对话答疑解难的记录。

孔子是三代礼乐文化的继承者,礼是孔子思想最重要的内容之一。在礼崩乐坏的春秋时代,孔子将礼治作为实现王道盛世的不二法门,倡导"为国以礼"。我们从《礼记·曾子问》的记载中可以看到,曾子向孔子求教的礼制问题涉及冠昏、朝聘、丧祭等内容,其中也包括很多出于意度之外而当时的礼制没有载明的礼仪难题。对于这些特殊礼仪,曾子总是预揣以为问,反复穷究,务求明白;孔子则随事而剖析,详细解说,以释其疑。比如,曾子问到出使的使臣在别国公馆去世应该如何行丧礼的问题:

曾子问曰:"为君使而卒于舍,礼曰:'公馆复,私馆不复。'凡所使之国,有司所授舍,则公馆已,何谓私馆不复也?"孔子曰:"善乎问之也!自卿大夫之家曰私馆,公馆与公所为曰公馆。公馆复,此之谓也。"

孔子认为他比别人思考得更为深入,因而特别称赞他问得好。这些事例告诉我们,曾子对"礼"确实有很细致的思考和钻研。正如朱熹所说:"观《曾子问》中问丧礼之变,曲折无不详尽,便可见曾子当时功夫是一一理会过来。"

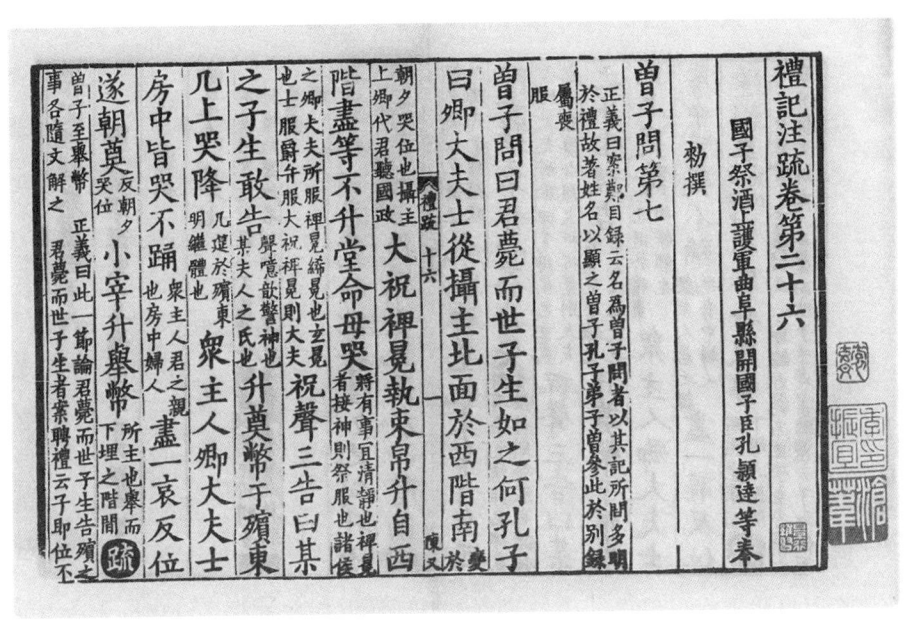

图2-6 《礼记正义》书影

但是,也许是曾子年龄较小的缘故,社会上一些人或者孔门弟子对曾子懂礼的情况不太了解,所以孔子对曾子再三褒扬,以纠正人们的这种认识。据《孔子家语》记载,曾子认为,过分亲近就会显得轻贱,过分庄重就显得不亲热。所以,君子应该做到:亲近,只要能结交朋友并取得对方的欢心就足够了;庄重,只要能保持礼仪就足够了。孔子听到曾参关于礼的一番议论后,认为天资鲁拙的曾参已有壁立千仞的气象,感慨良多,严肃地对身边的弟子们说:"你们要记住这些话,谁说曾参不懂礼制呀!"曾参以一言得到孔子的肯定,不难想见,随侍孔子的诸弟子自然无不钦羡,而年轻的曾参亦必引以为荣。孔子宽厚仁爱的温暖话语和奖掖后进的热情鼓励,无疑大大增强了曾参勉力向前、研求新知、自我提升的信心。

此后,曾参秉承孔子的好学精神,以"三省吾身"的诚笃态度,更加广泛地学习各种知识,积累了丰富的学习经验。他说:

> 君子攻其恶,求其过,强其所不能,去私欲,从事于义,可谓学矣。君子爱日以学,及时以行,难者弗辟,易者弗从,唯义所在,日旦就业,夕而自省思,以殁其身,亦可谓守业矣。君子学必由其业,问必以其序。问而不决,承闲观色而复之,虽不说亦不强争也。君子既学之,患其不博也;既博之,患其不习也;既习之,患其无知也;既知之,患其不能行也;既能行之,贵其能让也。君子之学,致此五者而已矣。(《大戴礼记·曾子立事》)

曾子认为,君子改正不好的行为,反求自己的过错,勉力去做能力不及的事情,摒除自私的情欲,做符合义的事情,就可以称得上好学了。而治学最重要的就是爱惜光阴,随时按照所学的道理踏实去做,遇到困难的不逃避,遇到简单的不苟从,只要做正确就可以,每天早晨起来依着所学的去做,晚上自我省察反思自己这一天的行为,一直到死都坚持这样的态度,也可以称得上守业了。君子为学必须从阅读先王典籍开始,有疑惑不明的事情,也要按照次序向老师请教。假若问后疑难仍然没有解决,就要把握住机会,趁着老师空闲的时间,观察着脸色,再向老师请教,如果老师不再解说,也就不要强争了。最后曾子强调说,君子既然学了,唯恐学得不够渊博;既然渊博了,唯恐不能时时温习;既然温习了,唯恐还有不甚明了的地方;既然明了了,唯恐不能照着去做;既然照着去做了,更希望能做到礼让。君子为学,能做到这五个方面就可以了。

古人说"非知之艰，行之惟艰"，一个人不仅要博学于文，更要学而时习，温故知新，笃行善道，只有这样，才能学有所成。曾子的这段话实际上系统阐述了博学、审问、慎思、明辨、笃行的治学之道，这应当是曾子长期在孔子身边耳濡目染、对孔子思想自然而然消化吸收的结果。而曾子后来之所以能够对孔子的学说融会贯通，成为孔门的传道者，与此也有极大的关系。

孔门弟子多博学异能之士。如孔子赞冉求："求也艺，于从政乎何有？"足见冉求之多才多艺。子贡货殖，"亿则屡中"，七十子之徒，子贡最为饶富，其鬻财之技能尤其突出。公冶长能辨鸟语，虽因此被疑杀人，逮系下狱，"在缧绁之中"，但亦可见公冶长的特殊技艺。而孔门弟子因受孔子礼乐文化之熏陶，故于音乐多有较高造诣。曾子好学，敦行孔子乐教化民之道，对音乐也有很强的理解力。据《韩诗外传》卷七记载，有一天，孔子鼓瑟，曾子、子贡侧门而听。曲终，曾子说："唉！老师弹奏的瑟声中，似乎有同狼一般贪婪狠毒的心志、邪僻的行为，为什么这么没有仁心、只追求利益呢？"子贡以为然，没有回答，就进入房中。孔子见子贡脸上有谏过的颜色、诘责的表情，便放下瑟等着他说话。子贡把曾子的话告诉了孔子。孔子听了，慨叹道："好啊！参是天下有贤德的人，他很了解音律啊！刚才，我鼓瑟，看到有只老鼠从洞里出来，屋里的狸猫看到后，循着房梁轻轻爬行，没想到老鼠逃走了，狸猫弓起脊背，想抓老鼠却抓不到。我把狸猫捉鼠的情景浸渍在瑟声里，参认为我有像狼一般贪婪狠毒的心志、邪僻的行为，不是很恰当吗！"像曾子这样，能够从瑟声中领悟到蕴含的情感，没有对孔子乐教的深刻理解和知之、好之、乐之的长期实践，是很难达到这种听声辨情境界的。《盐铁论》载"曾子倚山而吟，山鸟下翔"，由此可见曾子自身的素养之高。

《孔丛子·刑论》还记载了曾子学习"听狱之术"的故事。孔子提倡德治，希望通过教化使民众晓仁义、讲诚信、遵礼法，无争无讼，安乐和谐地生活。《论语》所言"听讼，吾犹人也。必也使无讼乎"，就是孔子以德化民的为政思想的表达。曾子对此极为关注,所以向老师请教审理狱讼的方法。孔子告诉他:"大的原则有三个方面:治理百姓一定要宽厚,对待百姓宽厚的方法在于体察民情,体察民情的根本在于义。因此,裁决诉讼不宽容是破坏法纪,有宽容之心却不体察民情是轻慢法纪,体察民情却不合乎道义,断案就不公正,裁决不公,百姓就会有怨恨。所以,善于裁断的人审理诉讼时不会偏离讼辞,详察讼辞不脱离实情,以实情决讼不违背道义。"听讼断案,坚持客观公正的立场,听取双方的陈述,做出正确的判断固然重要,但更为重要的是听讼者秉持道义,这样才能使民众化于德,从而心悦诚服,自觉地遵礼守道,真正实现天下大治。曾子对孔子"道之以德,齐之以礼,有耻且格"的德政观更为精熟。

图 2-7　赦父子讼(《孔子圣迹图》)

曾子在日常的学习中,把孔子的教诲牢记于心,常引述孔子之言来评论世事人物。如《论语·学而》中有孔子论孝的一段话:"父在,观其志;父没,观其行;三年无改于父之道,可谓孝矣。"鲁国大夫孟庄子(仲孙速)在他的父亲孟献子(仲孙蔑)去世之后,还能用父之臣、守父之道,孔子认为孟庄子的行为实属难能可贵。曾子在讨论孝道的时候,就转述孔子之语来称赞孟庄子的孝行,他说:"吾闻诸夫子:孟庄子之孝也,其他可能也;其不改父之臣与父之政,是难能也。"

对于孔子的思想,曾子能够在理解的基础上进行解释发挥,深入阐发孔子学说的内在意蕴。如,孔子论述为政原则时说过"不在其位,不谋其政",曾子进一步提出了"君子思不出其位"的观点,强调君子所思虑的问题不能超出自己在社会上的名分和职责。又如,孔子在劝诫年轻人要趁着年富力强多学习知识和本领时,这样说道:"后生可畏,焉知来者之不如今也?四十、五十而无闻焉,斯亦不足畏也已。"时光似流水,逝者如斯夫,学贵不失时。如果在年轻时不能勤学求知、丰富学识,那么结果只能是"时过然后学,则勤苦而难成"。因此,曾子说:"三十四十之间而无艺,即无艺矣;五十而不以善闻矣,七十而无德,虽有微过,亦可以勉矣。"孔子曰"无闻",曾子云"不以善闻",我们从中不难发现曾子对孔子思想的理解是深刻的,同时有创新和发展,体现了曾子的"笃实好学"。

三、孝亲乐友

清初理学名臣熊赐履在《学统·正统》中赞扬曾子"资禀笃实,天性至孝"。在曾子的观念里,孝亲是做人的第一要义。曾子出身平民家庭,师从孔子之前,就随父亲从事农业劳动,亲见母亲终日纺织的辛苦,对《诗经·蓼莪》所言"哀哀父母,生我劬劳"有着深刻体会。他对父母的爱敬孝养,也就成为贯彻终身的生命实践。

孝是中华民族的传统美德。《尚书·尧典》中就有舜帝"克谐以孝"的记载,这说明孝观念在中国出现很早。孔子继承了这一优良传统,对孝悌特别重视,认为孝悌是一个人从小就应当具备的基本品德。因此,孔子非常注重对弟子的孝道教育,强调"立爱自亲始",倡导"弟子入则孝,出则悌,谨而信,泛爱众，而亲仁"。孔门中，以孝道著称的弟子有很多，而曾子就是其中最著名的一个。宋代张齐贤在《宗圣赞》中就说，"孝乎惟孝，曾子称焉"。

孝源于血缘亲情，是一种亲情之仁。父母子女之间的爱，出于天然的真情实感。据东汉蔡邕《琴操》记载，曾子"居贫无业，以事父母，躬耕力作，随五土之利，四时惟宜，以进甘脆。尝耕泰山之下，遭天霖泽，雨雪寒冻，旬月不得归，思其父母，乃作忧思之歌"。曾子外出务工，仍时时思念父母，因雨雪天寒，不能常回家探望，于是作《梁山操》，将对父母的敬爱和怀恋之情发之于歌咏。这也说明父母子女之间的爱带有原始自然情感的特点，不因山水阻隔而改变。

《论衡·感虚篇》还记载了"扼臂心痛"的故事：曾子少年时，有一次到野外砍柴。家有客人来，看他不在家就想走。曾子的母亲说，请留步，曾参马上就回来。她便用右手掐了一下自己的左臂。正在打柴的曾子忽然感到手臂疼痛，就放下柴火，飞跑归家，到家后问母亲："为什么我的左臂忽然疼痛呢？"母亲就说："今天有客人来访想要走，我掐臂叫你回来。"因为曾子非常孝顺，与父母感情深厚，达到了息息相通的程度，虽与母亲相隔很远，却能产生心灵感应。

图 2-8　臂痛堕薪图（王定安《宗圣志》）

所以，传书上说："曾子之孝，与母同气。"这虽然有点神话的意味，但也说明了曾子对父母的孝顺程度。

曾子跟随孔子在楚国的时候，孔子和楚国大夫叶公有过一次谈话。叶公对孔子说："我的家乡有个正直的人，他的父亲偷了人家的羊，他告发了他的父亲。"孔子则说："我家乡正直的人和你讲的正直人不一样：父亲为儿子隐瞒，儿子为父亲隐瞒。正直就在其中了。"孝是孔子仁学的基础，"亲亲"是仁爱的立足点。《中庸》记孔子说："仁者，人也。亲亲为大。"原始儒家提倡的仁爱便是从"亲亲"之情不断扩充而来的。就家庭而言，各个成员都是靠亲情联系起来的，任何一个家庭成员在家庭中都承担着一定的"角色"，都要尽其伦理义务，比如父慈子孝、兄友弟恭之类，唯有人人尽到自己的人伦本分，处理好家庭内部各成员之间的关系，家庭才有凝聚力。如果一个人连最起码的亲情都没有，就谈不上修身、齐家，更谈不上治国、平天下。

孔子和叶公这段很著名的对话反映了不同的价值选择。尽管孔子"父为子隐，子为父隐"的选择有一定的适用范围和局限性，但对防止人性扭曲有非常重要的意义。曾子在楚随侍，每次见到孔子，"未尝不问安亲之道也"，由此可见孝观念对曾子的影响之深。

有一天，曾子忽然心有所动，于是马上动身从楚国返回鲁国。到家后，他便探问缘由。母亲告诉他，我太想你了，"思之啮指"。孔子听说后，赞叹说："参之至诚，精感万里。"这种"通于神明"的孝凸显了血浓于水的骨肉亲情之爱，毫无疑问，可以称得上"至孝"。因此，他的至诚孝心受到孔子的大力褒扬。山东省嘉祥县武梁祠汉代石刻画像中有"曾母投杼图"，图左上方榜题写道："曾子质孝，以通神明。贯感神祇，著早来方。后世凯式，以正模纲。"从汉画像石对曾子的赞誉来看，曾子孝感的故事在汉代就已广为流行。到了元代，郭居敬编《二十四孝》的时候，就将曾子的孝行故事收录进去，作为孝敬父母的典型事例。

图 2-9　曾参啮指心痛图（《二十四孝图》，清王素绘）

鲁哀公十一年（前484），曾子时年二十二岁，随孔子自卫返鲁，一边力耕养亲，一边随孔子学习诗书礼乐。这时候，曾参的母亲已经去世，尽管后母对他没有恩德，但曾参仍然供养她，丝毫没有懈怠；对六十多岁的父亲更是尽心尽力。《孟子·离娄上》说："曾子养曾皙，必有酒肉；将彻，必请所与；问有余，必曰有。"曾子奉养他的父亲，每餐一定有酒有肉；要把剩菜撤走的时候，一定问要拿给谁吃；如果父亲问还有没有多余的，曾子一定说有，使他安心受用。因为曾子侍奉父母"能竭其力"，并且能做到顺适父母的心意，所以孟子推崇曾子的孝心、孝行，认为事亲做到像曾参这样，才算可以。

为了取悦父母，曾参可以说是做到了极点。《孔子家语·六本》记载了一则曾参"耘瓜受杖"的故事。曾参在瓜地里除草，不小心把瓜苗的根斩断了。曾皙很生气，拿起大棍子打他的背。曾参晕倒在地，过了好长时间才醒过来。他赶忙爬起来，上前对曾皙说："刚才得罪了父亲大人，父亲大人用力教训我，没有伤着吧？"他对父亲的杖责不仅毫无怨言，回到家还心平气和地弹琴唱歌，想让父亲知道他身体安然无恙。然而，孔子听说这件事之后很生气，告诉他的弟子说："曾参来了，不要让他进门。"曾参自认为没有过错，托人询问孔子。孔子批评曾参说："你没有听说过吗？从前瞽瞍有个儿子叫作舜，舜侍奉瞽瞍，父亲要使唤他时，他没有不在旁边的；父亲想要杀掉他时，却从未得手。父亲用小棍子打他，他就等着受挨打；用大棍子打他，他就逃跑。因此，瞽瞍没有犯不行父道之罪，而舜也不失厚美的孝道。如今你侍奉父亲，舍身承受暴怒，死也不躲。自己死了又

图2-10 耘瓜受杖图（王定安《宗圣志》）

让父亲陷于不义之地，有哪种不孝比这个更严重呢？你不是天子的百姓吗？杀死了天子的百姓，这应该是什么样的罪行呢？"

　　孔子的严厉批评使曾参恍然大悟。曾参于是诚心诚意地检讨了自己的过错。经过这一番教训，曾子对孝的真义体会更深。此后，他以安身处世、奉养双亲为出发点，时刻把父母的冷暖挂在心上，尽量守在父母身边，就连一个晚上也不轻易离开。《战国策·燕策一》赞扬曾子说："且夫孝如曾参，义不离亲一夕宿于外。"这可以说是对孔子"父母在，不远游"的实践。据《孔子家语·七十二弟子解》记载，齐国曾经聘请他，想让他为卿，他没有接受，说："我父母年事已高，享用别人的俸禄，就得替别人操心做事，我不忍心远离亲人而去被人差使。"正是因为曾子志存孝道，孜孜以求，孔子认为他能通孝道，所以把《孝经》传授给他。儒家的孝道思想也经由曾子而发扬光大。

图 2-11　孝经传曾（《孔子圣迹图》）

人生世间，除了亲人、师长，关系最为亲密的恐怕就是朋友了。《论语》开篇就说："有朋自远方来，不亦乐乎！"什么是朋？汉代大儒郑玄注曰："同门曰朋，同志曰友。"也就是说，朋指在一个师门里学习的同学，友则指志同道合的人。当然，同门弟子间也可互称"友"。人类以群居为生活的基本样态，无论是达官显贵，还是平民百姓，个人德行之提升、学业之精进、家庭之安宁，都离不开朋友之间的切磋琢磨、支持帮助。与品德高尚、思想端正的人交朋友，则德业日新；反之，心性就会逐日淫靡，识见就会逐日卑下，德行就会渐趋败坏。《毛诗序》说："自天子至于庶人，未有不须友以成者。"由此可见朋友在人际关系中的重要性。内无贤父兄，外无严师友，而能修身齐家、做出大成就的人极为少见。因此，孔子特别强调"交友"，告诫弟子要分清益友和损友。

对于什么样的人是益友、什么样的人是损友，孔子提出了判断的标准。

　　益者三友，损者三友。友直，友谅，友多闻，益矣。友便辟，友善柔，友便佞，损矣。（《论语·季氏》）

孔子认为，使人受益的交友有三种，使人受害的交友也有三种，与正直的人、诚信的人、见闻广博的人交朋友，对自己是有益的；与善于阿谀奉承的人、当面恭维而背后诽谤的人、巧言谄媚的人交朋友，对自己是有害的。对于朋友之间应该如何相处，孔子反对"饱食终日，无所用心"，认为如果"饱食终日，无所用心"，要成就德行会非常困难，所以他主张"朋友切切偲偲"，要互相督促勉励，切磋琢磨道义。孔子提出的这些有关交友的主张，作为"七十子之大义"，为孔门弟子所持守。

年轻的曾参遵循孔子的教导，尤其注重交益友。特别是对早已登堂入室、被孔子赞为"仁者"，并视作学术事业继承人的颜回以及勇于实践、闻过则喜的子路，青年时期的曾参可谓亦步亦趋，把他们作为自己的榜样，时时处处激励自己修身立德，笃志于大道。

《孔子家语·六本》中有一段关于曾子侍学于孔子的记载。孔子论弟子颜回和卫国大夫史鰌的优点，认为颜回具备君子的四种品德：实行道义时很坚强，接受劝谏时很虚心，得到官禄时戒惧而警惕，立身行事时很谨慎。史鰌具备君子的三种品德：不做官却尊敬身居上位的人，不祭祀却能敬事鬼神，严格要求自己正直却能宽以待人。在旁陪侍的曾子听了老师这番话，深有感触地说："我曾听老师您说过三句话，我却没能够践行。老师您见到别人一处优点就忘掉了他所有的缺点，因此您容易与人相处；看到别人身上有好的东西，就好像自己也有了，因此您不与人争胜；见到善行就亲自践行，然后引导别人，因此您能吃苦耐劳。学习了您的这三句话，却未能践行，因而我知道自己最终也赶不上颜回、史鰌他们两人。"曾子想到颜回力行实践、慎于持身的人生态度，而自己常常聆听夫子教诲却没能够做到躬行践履，也更加认识到自己和颜回的差距。

关于颜回谈交友，《韩诗外传》中有一句非常著名的话："人善我，我亦善之；人不善我，我亦善之。"颜回去世之后，曾子仍然念念不忘他的优点，极力称颂颜回的德行，赞扬他："以能问于不能，以多问于寡；有若无，实若虚；犯而不校——昔者吾友尝从事于斯矣。"言语之间，流露出对颜回仁智双修的景仰与叹服。有能力而向没有能力的人请教,知识丰富向知识贫乏的人请教,这是说颜子有高超的智慧;有像没有一样,充实像空虚一样,别人侵犯而不去计较,这是说颜子有高尚的德行。常言道:"泰山不让土壤,故能成其大;河海不择细流,故能就其深。"在曾子看来,颜子心胸宽广,学养深厚,道德境界高远,足为世人之楷模。颜回的言行对曾子的影响是巨大而深刻的。《大戴礼记·曾子疾病》记载,曾子在临终之际,还对儿子说:"微乎!吾无夫颜氏之言,吾何以语汝哉!"曾子认为,有德者必有言,而自己和颜回相比,德行相去甚远,故没有像颜回所说的那种高明之语来嘱咐儿子。曾子显然是把颜回当作终生效法的楷模来看待的。

子路追随孔子四十余年,无论是在孔子早年办学从政时期,还是在周游列国期间,子路始终伴随在孔子身边,忠贞不贰。子路虽然性情粗犷,却具有坦荡之胸襟、坚毅之精神、勇于改过之品质。当他认为孔子言行不妥的时候,总是直言劝谏。对于这样一位质朴忠厚的孔门学长,曾子内心充满敬重。这种尊敬之情不仅表现在曾子与子路的交往中,也体现在曾子后来的教学活动中,因而深刻地影响了曾子的后辈和弟子。《孟子》一书记载了这样一个故事,有人问曾子的儿子曾西:"你和子路相比,谁更贤能一些呢?"曾西听了,非常不安地说道:"那是我父亲都敬畏的人啊!"言谈话语之间将曾子对子路的敬重表露无遗。

在与同门师友切磋学问的时候,曾子总是追根求源,随事精察,以求详尽。有一次,有若询问曾子:"你向夫子请教过丧失禄位之后如何自处的原则吗?"曾子说:"我倒是听老师提起过:丧失了官职禄位,最好是赶快变得贫穷;死后,最好是快点腐朽。"有若听了之后,认为这不像仁爱君子说的话。曾子对他说:"这是我从夫子那里听到的啊!"但有若仍然不相信,曾子告诉他:"我和子游都亲耳听到了。"有子说:"如果是这样,那一定是夫子为了什么特定的事情而讲的。"曾子不明白有若怎么会有这样的想法,就把有若的话对子游说了。子游很感慨地说:"甚哉!有子之言似夫子也。"然后,他对曾子解释说:"从前,夫子住在宋国，见司马桓魋为自己造石椁，匠人花了三年功夫，还没雕琢完。夫子就说：'一个人死了，如果像这样奢侈，还不如让他快点腐朽好些。'人死了最好快点腐朽的话，是专为司马桓魋说的。南宫敬叔丧失官职之后，每一回朝，必定带上许多宝物来活动疏通。夫子见了就说：'像他这样用许多财宝从事不正当的活动，丧失官位以后还不如快点贫穷好些。'丧失了官位最好快点贫穷的话，是针对南宫敬叔说的。"

曾子把子游的话原原本本地告诉了有若。有若说："这就对了，我本来就认为这不是夫子的言论。"曾子很奇怪，就问道："你是怎么知道的啊？"有若说："以前，老师在做中都宰时制定过法度，棺厚四寸，椁厚五寸，就凭这一规定，我知道老师是不希望人死后就快点腐朽的。当年老师失去鲁国司寇的职位，打算到楚国去，我记得是先让子夏去安排，接着又派冉有去联络，因此我知道老师是不主张丧失官位以后就快点变得贫穷的。"有若的一席话消除了曾参内心的疑惑。而有若对孔子了解之深刻、对孔子思想领悟之透彻，都使曾参由衷地佩服。

孔子谈论交友之道，曾提出"朋友信之"的主张。《论语·公冶长》记子路、颜回、孔子各言其志：

颜渊、季路侍。子曰："盍各言尔志？"
子路曰："愿车马衣轻裘与朋友共敝之而无憾。"
颜渊曰："愿无伐善，无施劳。"
子路曰："愿闻子之志。"
子曰："老者安之，朋友信之，少者怀之。"

"朋友信之"就是朋友间要相互信任。信就是诚实不欺。诚实守信是立身之基，也是交友的基本要求。一个人言而无信、表里不一，就像自行车没了气门芯胎瘪难行一样。孔子认为朋友之间能否相互信任，关系到能否形成良好的社会秩序。因此，将其与"老者安之""少者怀之"作为他所追求的理想社会境界的表征。而“朋友信之”的关键在于自己能否以诚待友。比如孔子赞扬齐国大夫晏婴，说他“善与人交，久而敬之”。“久而敬之”首先是因为他能以诚待人，所以人们与他交往越久，就会对他越敬重。这种诚信交友的观念对孔门弟子有极大的影响，孔子的学生子夏讲究“与朋友交，言而有信”，而曾子则把“与朋友交而不信乎”作为“吾日三省吾身”的内容之一，忠实地践履孔子思想。从此，“信”作为友德，相沿至今。

曾子不仅强调交友要诚信，更强调朋友之间要相互砥砺、帮助。他认为“君子有三乐”，把“有友可助”作为人生三大快乐之一。《韩诗外传》卷九记载了这样一个故事：有一次，子夏访问曾子。对谈的时候，曾子说：“君子有三件快乐的事情，欣赏钟磬琴瑟却不在其中。”子夏就问：“这三件快乐的事情是什么呢？”曾子侃侃而谈：“有父母可以敬畏，有君主可以事奉，有儿子可以把学问德行传下去，这是第一件快乐的事。有父母，在他们犯错的时候，可以劝阻他们；有君主，在他不行正道时，可以离开他；有儿子，在他做坏事时，可以责备他，这是第二件快乐的事。有君主，可以告诉他治国的道理；有朋友，在他遇到困难的时候，可以帮助他，这是第三件快乐的事。”

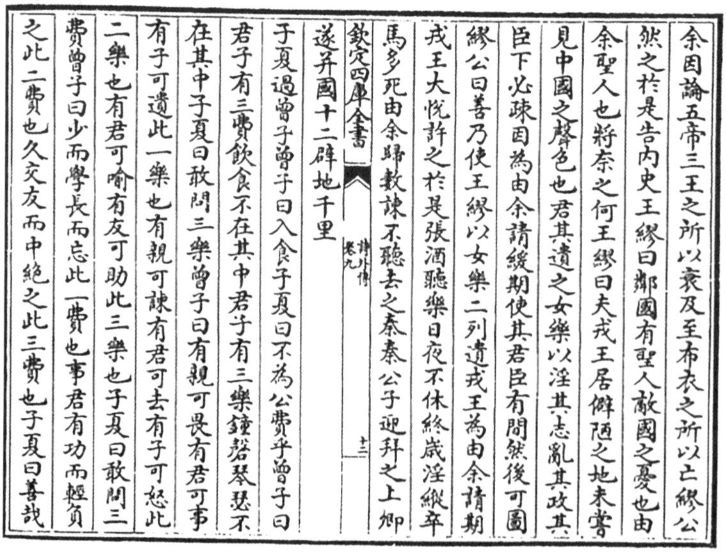
余因論五帝三王之所以衰及至布衣之所以亡繆公
然之於是告內史王繆曰鄰國有聖人敵國之憂也由
余聖人也將柰之何王繆曰夫戎王居僻陋之地未嘗
見中國之聲色也君其遺之女樂以淫其志亂其政其
臣下必疏因為由余請緩期使其君臣有間然後可圖
繆公曰善乃使王繆以女樂二列遺戎王為由余請期
戎王大悅許之於是張酒聽樂日夜不休終歲淫縱卒
馬多死由余歸數諫不聽去之秦秦公子迎拜之上卿
欽定四庫全書 韓詩外傳 卷九 十三
遂并國十二辟地千里
子夏過曾子曾子曰入食子夏曰不為公費乎曾子曰
君子有三費飲食不在其中君子有三樂鐘磬琴瑟不
在其中子夏曰敢問三樂曾子曰有親可畏有君可事
有子可遺此一樂也有親可諫有君可去有子可怒此
二樂也有君可喻有友可助此三樂也子夏曰敢問三
費曾子曰少而學長而忘此一費也事君有功而輕負
之此二費也久交友而中絕之此三費也子夏曰善哉

图 2-12 《韩诗外传》书影

对朋友之过视而不见,对朋友之难充耳不闻,甚至对朋友口蜜腹剑、落井下石,这种现象古今都有。但曾子强调,朋友最可贵的地方在于患难时能够相互帮助。

曾子有一句名言:"以文会友,以友辅仁。"意思是,君子以文章学问来结交志同道合的朋友,并依靠朋友切磋琢磨的互助来培养仁德。曾子认为,交友的目的在于相互勉励以进德修业。只此一言,已足见曾子立身处世的风貌。故而蔡仁厚在《孔门弟子志行考述》中称,曾子是孔门中最能体现师友风义的人。

四、独得其宗

孔门有传道之儒,有传经之儒。《二程遗书》卷十一记录宋儒程颢之言,曰:"颜子默识,曾子笃信,得圣人之道者,二人也。"陆九渊也说:"孔门惟颜、曾传道,他未有闻。"但是颜子已先于孔子去世,故朱熹在《大学章句序》中说:"三千之徒,盖莫不闻其说,而曾氏之传独得其宗。"

《论语·先进》中有一段评论孔门弟子的话:"柴也愚,参也鲁,师也辟,由也喭。"这里虽然没有"子曰"二字,但对四人都是直呼其名,显然是长者的口吻,应是孔子之语无疑。孔子的弟子很多,来自不同的诸侯国,他们性格各异,资质有别,兴趣不同。孔子善于因材施教,正是因为他对学生的性格特点了如指掌。他指出这四个学生的性格特点:高柴愚笨,曾参迟钝,子张偏激,仲由鲁莽。那么,曾子是何以"独得其宗",承传孔子之道的呢?

首先,曾子有笃实的品格。孔子所言"参也鲁"中的"鲁"究竟是何意?汉代许慎《说文解字》解释说:"鲁,钝词也。"《论语注疏》曰:"鲁,钝也。曾子性迟钝。"朱子在《四书章句集注》中也说:"鲁,钝也。"熊赐履在《学统·正统》中将“鲁”理解为“资禀笃实”。李启谦在《孔门弟子研究》一书中，则以现代心理学上的“气质学说”来解释，认为“鲁”是指曾子性情沉静、动作迟缓，属于“粘液质”性格的人，并强调指出，曾子这样的性格只是不太活泼，但不能说他脑子愚笨。这些说法皆有道理，但未尽允当。曾参入学孔门时，年仅十七，学业根基未深，对孔子博大深邃的思想学说一时不能贯通理解，所以孔子“参也鲁”的评价也属正常。年轻的曾参以此自励，在学习过程中努力克服其偏处，深入钻研，认真思考，以鲁钝之质，深造自得，展现出笃实勇毅的品格。正如朱熹在《四书章句集注》中引尹氏语说的那样：“曾子之才鲁，故其学也确，所以能深造乎道也。”

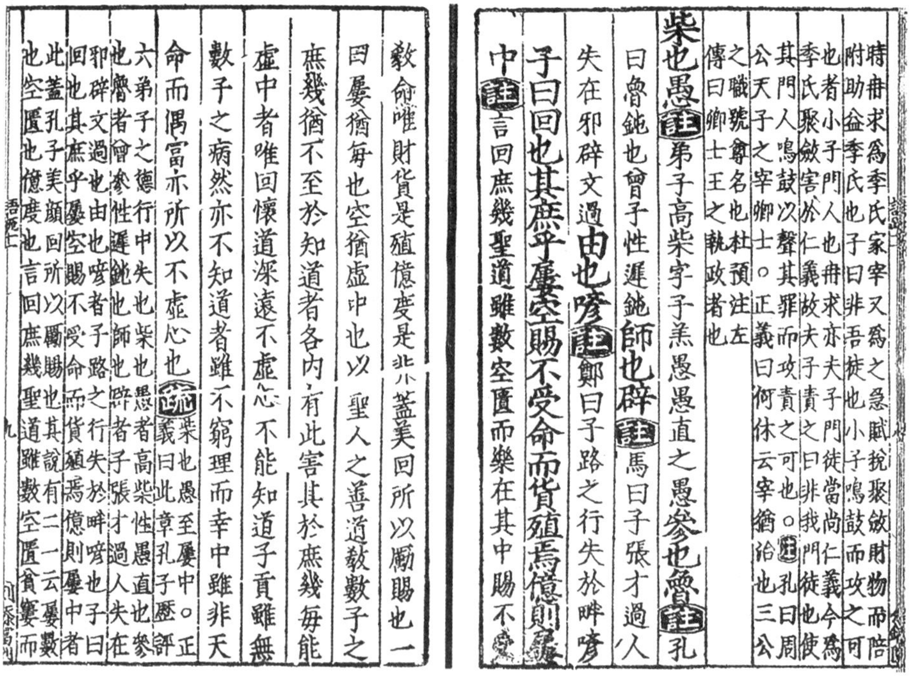
時冉求爲季氏家宰又爲之急賦稅聚斂財物而陪附助益季氏也子曰非吾徒也小子鳴鼓而攻之可也者小子門人也冉求亦夫子門徒當尚仁義今爲季氏聚斂害於仁義故夫子責之曰非我門徒也使其門人鳴鼓以聲其罪而攻責之可也。注孔曰周公天子之宰卿士。正義曰何休云宰猶治也三公之職號尊名也杜預注左傳曰卿士王之執政者也
柴也愚注弟子高柴字子羔愚愚直之愚參也魯注孔曰魯鈍也曾子性遲鈍師也辟注馬曰子張才過人失在邪辟文過由也喭注鄭曰子路之行失於畔喭
子曰回也其庶乎屢空賜不受命而貨殖焉億則屢中注言回庶幾聖道雖數空匱而樂在其中賜不受教命唯財貨是殖億度是非蓋美回所以勵賜也一曰屢猶每也空猶虛中也以聖人之善道教數子之庶幾猶不至於知道者各內有此害其於庶幾每能虛中者唯回懷道深遠不虛心不能知道子貢雖無數子之病然亦不知道者雖不窮理而幸中雖非天命而偶富亦所以不虛心也疏柴也愚至屢中。正義曰此章孔子歷評六弟子之德行中失也柴也愚者高柴性愚直也參也魯者曾參性遲鈍也師也辟者子張才過人失在邪辟文過也由也喭者子路之行失於畔喭也子曰回也其庶乎屢空賜不受命而貨殖焉億則屢中者此蓋孔子美顏回所以勵賜也其說有二一云屢數也空匱也億度也言回庶幾聖道雖數空匱貧窶而

图 2-13 《论语注疏》书影

其实，虽然“鲁”者有鲁钝的缺点，但有其病则有其善。程树德在《论语集释》中引《四书诠义》说：“有其病则有其善，愚者必厚重，鲁者必诚朴，辟者才必高，喭者性必直，此皆圣门气质有偏而未为习染所坏者。”孔子这样评价的本意亦在指出弟子个性之偏，使其自警以发挥其优长。朱子

和弟子讲习时曾多次谈到"参也鲁"的问题。据《朱子语类》卷三十九记载，朱子说："曾子只缘鲁钝，被他不肯放过，所以做得透。若是放过，只是鲁而已。"这句话的意思是，正因为曾子鲁钝，遇到问题不肯放过，所以才理解得透彻。如果遇到问题，不求甚解或者轻易放过，最终也没有什么进步，那才是鲁钝。朱子又说："曾子鲁钝难晓，只是他不肯放过，直是捱得到透彻了方住；不似别人，只略绰见得些小了便休。今一样敏底见得容易，又不能坚守；钝底捱得到略晓得处，便说道理止此，更不深求。惟曾子更不放舍，若这事看未透，真是捱得到尽处，所以竟得之。"聪敏的人头脑反应快，看似伶俐，却不专一，浮皮蹭痒，没有毅力和决心来坚守；愚钝的人浅尝辄止，不往深处钻研。而曾子则是遇到问题，就下一番功夫，从不矫揉造作，不明白的一定要弄明白，不理解的一定会深入思考真正理解，"只从日用间应事接物上积累做去，及至透彻"，这一点是其他人比不上的。因此，朱子不无感慨地说："鲁却正是他一般病，但却尚是个好底病。就他说，却是得这个鲁底力。"可见，"鲁"虽有弊端，但只要善加利用，事事见得通透，则能反过来成为优势，故明代嘉善孝廉周丕显在《宗圣颂》中曰："维彼鲁者，天亶聪明。"颜子既亡，而曾子"竟以鲁得之"。鲁而能闻道，则其诚笃专一之学、真积力久之功，自非他人所及。

其次，曾子有坚贞的志节。长期艰苦生活的磨炼使曾子养成了坚韧不屈的志节。《孔子家语·在厄》记载了这样一个故事：

> 曾子敝衣而耕于鲁，鲁君闻之而致邑焉。曾子固辞不受。或曰："非子之求，君自致之，奚固辞也？"曾子曰："吾闻受人施者常畏人，与人者常骄人。纵君有赐，不我骄也，吾岂能勿畏乎？"孔子闻之曰："参之言，足以全其节也。"

曾子在随孔子归鲁之后，回到家乡南武城，穿着破旧的衣服力耕事亲。鲁国国君听说他生活窘困，特意赠送封地以助其改善生活。值此进退义利之际，我们当做何种选择？与其富而畏人，不若贫而无屈！曾子以自己的实际行动为我们提供了答案，也因此受到孔子的褒奖。孔子赞扬说："曾参的这番话，足够保全他的气节了。"这种志节贯穿于曾子一生的生命践履。

《论语·泰伯》载：

> 曾子曰："士不可以不弘毅，任重而道远。仁以为己任，不亦重乎？死而后已，不亦远乎？"

"曾子论士"这一章最为有名。弘指弘大宽广，毅指刚毅坚韧。这句话的意思是，士不可以不弘大刚毅，担子沉重而道路遥远。把实现仁德于天下作为自己的责任，不是很沉重吗？到死才能停止，不是很遥远吗？曾子认为，士应该为国家社会勇担重任，至死方休，所以必须具有宽广的胸襟、恢弘的志气、刚毅的精神。《二程遗书》卷十四记程明道之言，曰："弘而不毅，则难立；毅而不弘，则无以居之。"弘而且毅，才能承重任而勇毅前行，毫不畏惧任重而道远。"仁以为己任"，一方面是自己要努力践行孔子的仁道，另一方面则是要力行仁道于天下。这虽然是曾子论士的观点，但毫无疑问，也是在自言其志。《礼记·表记》载孔子言："仁之为器重，其为道远。举者莫能胜也，行者莫能致也。取数多者，仁也。夫勉于仁者，不亦难乎？"曾子"仁以为己任"的弘毅之说实得孔子之真精神，故康有为在《论语注》中说："曾子之言皆守身谨约之说，惟此章最有力，真孔子之学也。"曾子又说：

> 可以托六尺之孤，可以寄百里之命，临大节而不可夺也，君子人与？君子人也。（《论语·泰伯》）

在这里，曾子论君子之德之才。他说："可以将幼主托付给他，可以把国之命脉寄托给他，在生死存亡关头而能保持志节，这样的人是君子吗？是君子啊。"朱子《四书章句集注》曰:"其才可以辅幼君、摄国政,其节至于死生之际而不可夺,可谓君子矣。"《朱子语类》卷三十五又做了更详细的解说:"若无其才而徒有其节,虽死何益。如受托孤之责,自家虽无欺之之心,却被别人欺了,也是自家不了事,不能受人之托矣。如受人百里之寄,自家虽无窃之之心,却被别人窃了,也是自家不了事,不能受人之寄矣。自家徒能'临大节而不可夺',却不能了得他事,虽能死,也只是个枉死汉!济得甚事!"受托孤之责,受人百里之寄,责任甚重,故处境也往往险象环生,危难常有而又临节不夺,非才节兼全之君子,如何能担此重任?

《周易·说卦》言:"立人之道曰仁与义。"《大戴礼记·曾子制言中》载曾子语,同样强调"君子思仁义"。君子平日看起来好像和众人无甚差别,但在面临危难的重大关头,君子能立得住、守得定,便和众人迥乎不同。因为君子"仁以为己任""义以为上",而"仁者必有勇",志于义理则左右逢其源,能在生死存亡之际,坚守节操,不为所夺。《孟子·公孙丑上》记曾子之言,曰:

> 吾尝闻大勇于夫子矣:自反而不缩,虽褐宽博,吾不惴焉;自反而缩,虽千万人,吾往矣。

这是孟子论勇引用曾子的话,实际上是在言说曾子之勇。朱子注:"缩,直也。……惴,恐惧之也。往,往而敌之也。"曾子对弟子子襄说:"我曾经听过夫子谈论'大勇',假如自己认为理屈,对方虽然是穿着粗布衣的平民,我也不畏惧害怕;假如认为自己理直,即使对方有千万人,我也会勇往直前。"理直则气壮,理不直则中心愧怍,自然气先沮丧。人先要有所守,然后才能临节不夺,成其大勇。勇之所以为大,正在于它根于义理。君子义之与比,做任何事情,都应以义为依据,唯理是从。孟子论浩然之气,认为首要的事情就是"养勇",认为孟施舍的"养勇"和曾子相仿,但"孟施舍之守气,又不如曾子之守约也"。为什么守气不如守约呢?朱熹的解释是,孟施舍之所守,"乃一身之气",而曾子之所守,是"反身循理",能得义理之要。曾子被程子称赞为"明理守约者",能明理,而后能无以利害义,"耻辱亦无由至矣";能守约,而后能志节坚贞,"卒然临之而不惊,无故加之而不怒",坚如磐石,不可撼动。这正是介如金石、重如山岳的弘毅大勇。

由此来看,曾子不仅是《中庸》所说的"庸德之行,庸言之谨,有所不足,不敢不勉,有余不敢尽。言顾行,行顾言"的笃实君子,更是一位具有坚贞志节、"当仁不让"精神的智勇豪杰。

最后,曾子注重"内省"工夫。想必大家都知道曾子"吾日三省吾身"的名言,这句话出自《论语·学而》,原文是:

吾日三省吾身:为人谋而不忠乎?与朋友交而不信乎?传不习乎?

关于"三省"中的"三",学者一般认为是泛指,释为"多次"。也有学者认为,这里的"三"具体指以下所言的三件事,突出曾子省察的侧重点。当然每天行事不一,不必天天都有替人谋划或者与朋友交往的事情,这也在情理之中。其言"日省",为"有则必省"之意。曾子的意思是:"我每天在以下三方面反省自己:替人谋划事情是不是尽心竭力了?与朋友交往是不是做到诚实可信了?老师传授的学业是不是复习了?"曾子以此三者日省其身,有则改之,无则加勉。朱子称赞曾子"得为学之本"。曾子就是这样,在"日旦就业,夕而自省思"的过程中,不断提高自己的知识水平和道德境界。

一个人的成长,不仅仅是身体、年龄、知识的增长,更重要的是修养、德行、境界的提高。在这个过程中,"思察己之所行"的自我反省是一个很重要的前提,也是儒家倡导的"为己"之学的切要工夫。《论语·宪问》载:"子曰:'古之学者为己,今之学者为人。'"所谓"为己"就是修己,指的是为了提高自己的修养,完善自己的人格。所谓"为人"则是为了标榜自己,向别人炫耀。钻研学问,修养德性,成就仁德,是孔子关注的重点。

所以，他在教育中特别强调"为己"之学，以培养道德高尚、具有真才实学的君子。而要达成这一目标，在前进的道路上不断省思就非常关键。孔子对此极为重视，他说："君子求诸己，小人求诸人。"在孔子看来，君子与小人在省思上也有高下之分，君子遇事能"反求诸己"，能多从反省自身开始；而小人则正好相反，往往一味地苛责他人。君子常常自我省察，"见其过而内自讼"，反思自己的过失，努力向道德、学问都很好的贤者看齐。"内省不疚"，则心胸坦荡、光明磊落，面对世事沧桑、风云变幻，就没有什么可忧愁、可惧怕的。"君子不忧不惧"，就能在患难之时、生死之际，巍然挺立自己的道德生命。

曾子继承了孔子的"反思"精神，也十分注重内省体察的工夫。《大戴礼记·曾子立事》载曾子曰：

> 君子之于不善也，身勿为能也，色勿为不可能也；色也勿为可能也，心思勿为不可能也。

君子对于不善的事，克制己身不去做是可能的，但在容色上表现出不去做是不大可能的；在容色上表现出不去做是可能的，但让自己从内心想着不去做是不大可能的。一个人对于不善之事，虽强制于外，但难强制于中。要禁止自己做不善的事，必须从内心做起。所以曾子强调说："君子见利思辱，见恶思诟，嗜欲思耻，忿怒思患，君子终身守此战战也。"这里的"思"便有"反思"的意思。只有狠下功夫反思省察，如《尚书·伊训》所言"检身若不及"，如孔子所言"见善如不及，见不善如探汤"，认真检束自身的不足与缺点，清醒认识自我，进而对症下药，"思而后动，论而后行，行必思言之，言之必思复之，思复之必思无悔言"，努力改过迁善，克己复礼，通过艰苦的道德磨炼，才能成己成德。

曾子专用心于内，"难者弗辟，易者弗从，唯义所在"，因此在学习的过程中表现出非凡的悟性。《论语·里仁》记载了这样一个故事：

> 子曰："参乎！吾道一以贯之。"曾子曰："唯。"子出，门人问曰："何谓也？"曾子曰："夫子之道，忠恕而已矣。"

贯，通也，即贯穿之意。孔子对曾子说："参啊，我的学说有一个中心思想贯穿其中。"曾子说："是的。"孔子出去后，门人问曾子："这话是什么意思？"曾子说："老师的道，只是忠恕而已。"朱熹《四书章句集注》曰："尽己之谓忠，推己之谓恕。""尽己"是从自家心上发出而及于别人，"推己"是以己心推人之心而及于别人。曾子认为，"忠恕"就是孔子的一贯之道。在孔门弟子中，曾子属于那种积极践履老师思想的人，他对孔子之道的领悟已达到心领神会的境地，所以经孔子一言点醒，便对一贯之道豁然晓悟，应声回答道："唯。"朱子说："唯者，应之速而无疑者也。圣人之心，浑然一理，而泛应曲当，用各不同。曾子于其用处，盖已随事精察而力行之，但未知其体之一尔。夫子知其真积力久，将有所得，是以呼而告之。曾子果能默契其指，即应之速而无疑也。"这也显示出曾子对孔子思想精髓的准确把握。绍定三年（1230），宋理宗撰《道统赞》，曰："圣德正传，意会神领。一唯忠恕，门人深省。"

同是"一以贯之"，相较于曾子的随声而应，智慧过人、聪敏善辩的孔门高足子贡在听后却无所表示。《论语·卫灵公》载："子曰：'赐也！女以予为多学而识之者与？'对曰：'然，非与？'曰：'非也，予一以贯之。'"孔子在一次谈话中，对子贡说："你认为我是博学而强记的人吗？"子贡答道："是啊，难道不是这样吗？"孔子说："不是的，我是用一个最基本的东西贯通它们的。"孔子在这里所讲的"一以贯之"，应该与对曾子所说的"一以贯之"同义，即有一个根本的道贯穿始终；但是二者的落脚点有所不同。与曾子言说的"一以贯之"，落脚在为人处世上，即曾子所说："夫子之道，忠恕而已矣。"与子贡言说的"一以贯之"，则侧重于认知事物的方法。孔子告诉子贡自己博学的原因，即在学习过程中善于用一个根本内容贯穿始终。因为"吾生也有涯，而知也无涯"，知识是追求不完的，但所有知识、事物都有一个一以贯之的根本之道，只要把握了这个普遍的道，知其源则可推知其流，知其本则可推知其末，不必一一学之。所以，孔子说："吾有知乎哉？无知也。有鄙夫问于我，空空如也。我叩其两端而竭焉。"虽然对别人问我的问题没有专门的研究，但我根据所掌握的普遍的道，"叩其两端"，明晓其疑问之所在，然后尽我所能地告诉他。

图2-14 一贯心传坊

因为子贡不晓"一以贯之"的含义，孔子便进一步用恕道来启发他。《论语·卫灵公》载："子贡问曰：'有一言而可以终身行之者乎？'子曰：'其恕乎！己所不欲，勿施于人。'"当子贡问孔子，有没有一个字可以终身奉行的时候，孔子说："那大概就是恕吧，自己不想要的，不要强加给别人。"恕的意思与"仁"相近。"己所不欲，勿施于人"，也就是推己及人，将内在的仁爱之心推延于外，使仁爱之心充满全社会，以实现天下大同的理想境界。子贡名列孔门十哲，子贡之学，多而能识，孔子对其屡有启发之语，寄予厚望。陆九渊说："子贡在夫子之门，其才最高，夫子所以属望，磨砻之者甚至。如'予一以贯之'，独以语子贡与曾子二人。"然而，与曾子相比，子贡毕竟逊色不少。《四书章句集注》引尹氏曰："孔子之于曾子，不待其问而直告之以此，曾子复深谕之曰'唯'。若子贡则先发其疑而后告之，而子贡终亦不能如曾子之唯也。二子所学之浅深，于此可见。"与子贡必待孔子言说而后知不同，曾子则能以"忠恕"二字，阐发孔子的一贯之旨。孔子曾称赞颜回"退而省其私，亦足以发"。曾子和颜子一样，都达到了意会神领、默识心通的境界。因此，宋儒认为，颜子没后，终得圣人之道的弟子，唯有曾子一人。

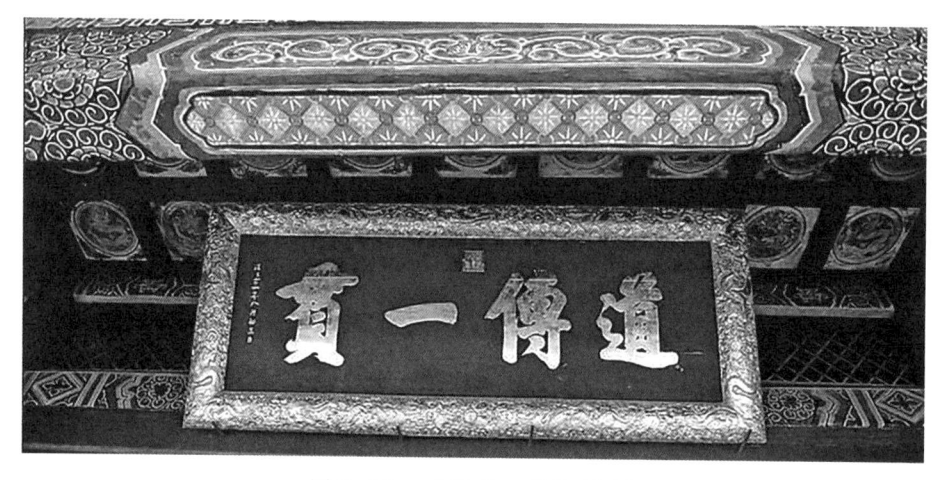

图 2-15 "道传一贯"匾额

曾子之所以得圣人传心之要，和他注重内省的工夫是分不开的。明代山东巡抚都察院右副都御史陈凤梧在《圣贤道统赞·曾子赞》中所说"圣门之传，独得其宗。一贯之旨，三省之功"，可谓切中肯綮。曾子不仅对孔子之道有透彻的领悟，而且注重运用、发挥，传授于弟子，使得儒家学说更加发扬光大。"道传一贯"的说法则体现了后世对曾子传道之功的赞颂和推崇。

第三章 传扬圣道（上）

《史记·儒林列传》载:"自孔子卒后,七十子之徒散游诸侯,大者为师傅卿相,小者友教士大夫,或隐而不见。故子路居卫,子张居陈,澹台子羽居楚,子夏居西河,子贡终于齐。"司马迁在这里所举子路、子张等人,多为在孔子去世之后,离开鲁国传播儒学的弟子。鲁国是儒学的发祥地,孔门弟子中的鲁国人为数众多,《史记·仲尼弟子列传》记载的著名鲁国弟子就有颜回、闵损、冉耕、冉雍、冉求、仲由、宰予、曾参、有若、曾晳、原宪、南宫括、商瞿、公西赤等20余人。正是由于这些弟子在齐鲁大地研习传播儒学,儒学在鲁国一直流传不息,所以司马迁说,"后陵迟以至于始皇,天下并争于战国,儒术既绌焉,然齐鲁之间,学者独不废也"。

图3-1 宗圣曾子像
(《蒙学报》1897年第2期)

身居鲁国的曾子在孔子去世之后,专心从事授徒讲学活动,并游历于诸侯国,致力于传播和弘扬孔子儒学。曾子同时参与纂辑孔子遗说,在《论语》的编纂成书过程中,起到了重要作用,为保存师说、垂训后世做出了不可磨灭的贡献。

一、讲学游历

鲁哀公十六年（前479），孔子去世。这一年，曾子二十七岁。孔子去世后，弟子为老师服丧三年。三年心丧毕，相诀而去。年届而立的曾子回到南武城，一边务农耕作，孝养双亲，一边授徒讲学，光大师说。

在诀别之际，因思慕老师，而"有子之言似夫子"，遂有子夏、子张、子游等人希望共立有若为师，"师之如夫子"的提议。但曾子对于此事，持明确反对态度。《孟子·滕文公上》载：

> 子夏、子张、子游以有若似圣人，欲以所事孔子事之，强曾子。曾子曰："不可。江汉以濯之，秋阳以暴之，皜皜乎不可尚已！"

有子、子夏、子张、子游等人年龄与曾子相仿，都属孔子晚期弟子中的佼佼者。孔子去世之后，孔门可谓群龙无首。子夏、子张、子游诸弟子思慕恩师，而欲复活孔子，希望孔子的人格精神能通过有若的言行体貌具象化，以期重温师门之乐。有若，鲁人，字子有，少孔子三十六岁。《孔子家语·七十二弟子解》说他博闻强识，崇尚古代的节操风义。《论语》记载有子言论四处，如"孝弟也者，其为仁之本与""礼之用，和为贵""信近于义，言可复也。恭近于礼，远耻辱也""百姓足，君孰与不足"等。在孔门弟子中，其学识可谓卓越。故子游对有若十分钦敬，赞扬说："甚哉！有子之言似夫子也。"由此可知，当时孔门弟子对有若确实相当敬重。但是，如果对有若以"所事孔子事之"，则不免失之草率。虽然说此举出于对孔子的深挚之情，但孔子岂是他人可取而代之的？而且师尊有若似乎也隐含着树立孔门新权威的意思,而不知自昧于理。尽管孔门前期弟子中较有影响的颜子、子路、冉伯牛等人已不在世,但孔子甚为器重的子贡极力推崇孔子为"圣人",可谓尽人皆知。不论当时在世的孔门前期弟子对子夏等人推举有若的行为有何看法,就是在孔门晚期弟子中,以所事孔子事有子,恐怕也未必服众。所以,对于这种极不严肃的做法,曾子认为实属不识大体,断然加以拒绝,坚决地制止了他们的行为。

曾子说:"我们的老师就像用江汉之水洗濯后,又经夏日的阳光暴晒过的素缟一样,洁白光辉无以复加。有若虽然学养深厚,但怎么能比得上老师呢?"他对孔子人格精神的认识远超众弟子之上。正如宋儒陆九渊所说:"曾子见得圣人高明洁白如此!"这几句"自曾子胸中流出"的话语,对子夏等人不啻当头棒喝,促其猛醒。正因如此,子夏等人听了曾子的意见后,也就不再提师事有若之事。而子夏、子张诸人对于师事有若的提议,认为一定要征询曾子的意见,这毫无疑义地表明,曾参因为透彻了解孔子的思想,并能躬行践履,在孔门弟子中具有相当高的学术地位和较大的影响力。我们能够直观地感受到曾子绝不随波逐流,固守孔子无可取代的坚定信念。

曾子秉承孔子"诲人不倦"的教诲,将毕生精力贯注于授徒讲学、传扬孔子之道的教育事业。但曾子是从什么时候开始授徒设教的呢?我们来看一下文献的相关记载。

《孟子·离娄下》记载了曾子避寇的故事:曾子居武城时,有越寇将来。有人说:"敌寇要来了,何不离开这里呢?"曾子说:"不要让别人住在我这里,毁坏薪草树木。"敌人退了,曾子说:"把我的墙屋修理修理吧,我要回来了。"敌寇退走了,曾子也回来了。他旁边的人说:"武城的官员对您是这样忠诚恭敬,敌人来了,您便早早地走开,给百姓做了个坏榜样;敌人退了,您马上回来,恐怕不可以吧。"对于这些非议,曾子的弟子沈犹行说,先生的行为不是你们这些人能够知晓的,"昔沈犹有负刍之祸,从先生者七十人,未有与焉"。曾子作为老师,以师道自尊,自然与臣子不同,无论去留,于道都没有什么亏缺。

《说苑·尊贤》的记载与《孟子》略有不同。据《说苑》记载,鲁国人攻打鄪邑,曾子向鄪君辞行,说:"我现在要离开这里,等敌人退了以后,我再回来,请不要让猪狗进入我的房子。"鄪君说:"我怎样对待先生的,没有人不晓得;现在鲁人要攻打我,先生您却要离开我,我为什么还要守护您的房舍呢?"鲁人果然攻下鄪邑,并罗列了鄪君的十条罪状,其中有九条都是曾子劝诫过他的。鲁国的军队撤退后,鄪君重修了曾子的房舍,然后恭敬地迎回了曾子。

图 3-2 武城避寇图(王定安《宗圣志》)

曾子"居武城,有越寇"以及"鲁人攻鄪"的事件,大约发生在什么时间呢?

《左传·哀公二十一年》载:"夏,五月,越人始来。"鲁哀公后期,因为与三桓的矛盾加剧,鲁国与越国修好,试图借越国之力驱逐三桓。鲁哀公二十一年(前474),越国遣使适鲁。次年,越灭吴,横行江淮,欲霸中国。鲁哀公二十七年(前468),"越子使后庸来聘",鲁、越盟于平阳,哀公欲借助越国兵力讨伐三桓。鄪邑就是鲁国三桓季孙氏的封邑,之所以称为"鄪君",大概是因为季孙氏势力扩张,规模、地位已同于封国。曾子所居之"武城",当在鄪地之内。如果《孟子》所言"有越寇"之事发生在鲁哀公二十七年(前468),那么曾子这时候已三十八岁。从沈犹行所言"从先生者七十人"之语可知,曾子的学生已经为数不少,其授徒设教的时间必早于此时。而公明宣跟随曾子学习的故事，则为我们提供了一点线索。

《说苑·反质》记载，公明宣学于曾子，三年不读书，曾子很疑惑，就问他："你在我门下，三年不见你读书，为什么？"公明宣回答说："我怎么敢不学呢？我看老师在家里，只要有父母在，您连犬马也不曾呵斥过，我很敬慕老师这样，便努力去学，却还没做到；我看老师您接待宾客，谦恭谨慎，从来没有懈怠过，我很敬慕老师这样，便努力去学，却还没做到；我看老师在朝廷上，严格治理下属却从不伤害他们，我很敬慕老师这样，便努力去学，却还没做到。我敬慕老师这三样，便努力去学，却还没做到，我怎么敢不学习而待在老师门下呢？"曾子离开座位，向他道歉说："我实在不如你啊，学了一点便停止了。"

按照明人包大燧《圣门通考》和清人熊赐履《学统·正统》的说法，在曾子回到南武城的第二年，即鲁哀公二十年（前475），曾子之父曾点去世，曾子时年三十一岁。"公明宣学于曾子"的故事中，有"宣见夫子居宫庭，亲在，叱咤之声未尝至于犬马"的话，那么公明宣应该见过曾子侍奉父母。而此时，公明宣在曾子之门已有三年。由此推测，曾子大概在孔子去世之后不久，便开始授徒讲学。

授徒讲学的同时，贫困而孝顺的曾子为了使父母生活舒适，曾两次出仕以求禄养亲。一次是出仕于齐。《庄子·寓言》载曾子曰："吾及亲仕，三釜而心乐。"《韩诗外传》卷七载曾子曰："吾尝仕为吏，禄不过钟釜，尚犹欣欣而喜者，非以为多也，乐其逮亲也。"一釜为六斗四升，三釜合十九斗二升，这样的俸禄还是十分微薄的。尽管只是担任低级小吏，但曾子不计俸微而心欢乐，因为有这份俸禄可以用来侍奉双亲。一次是出仕于莒。《韩诗外传》卷一载："曾子仕于莒，得粟三秉。方是之时，曾子重其禄而轻其身。"曾子在莒，俸禄是"粟三秉"。一秉十六斛，三秉则为三十六斛，合三百六十斗。这份俸禄在当时应该不算少，但年轻的曾子不因其多而沾沾自喜，唯求养亲尽孝而已。

图 3-3　禄三釜而喜图
（吕兆祥《宗圣志》）

图 3-4　禄三十斛而悲图
（吕兆祥《宗圣志》）

曾子尝言："往而不可还者亲也。至而不可加者年也。是故孝子欲养，而亲不待也。木欲直，而时不待也。是故椎牛而祭墓，不如鸡豚逮亲存也。"在家贫亲老的情况下，他为了奉养双亲，不管职位大小，哪怕俸禄微薄也从不计较。所以，后人称誉他这种"不择官而仕"的举动，是"重其禄而轻其身"。亲没之后，曾子则"重其身而轻其禄"，不再轻易出来做官。据《韩诗外传》记载，齐国欲迎以相，楚国打算让他做令尹，晋国则想尊其为上卿，但曾子不为所动，一概力辞不就，致力于培育弟子、传承孔子思想。

除在鲁国设帐授徒外，曾子还到齐、楚等国游历讲学，传播孔子之道。曾子尝言："入是国也，言信于群臣，而留可也；行忠于卿大夫，则仕可也；泽施于百姓，则富可也。"在鲁国政局混乱不堪的局面下，鲁悼公元年（前466），曾子率领弟子来到了相对安定的卫国，在此居住达十年之久。据《庄子·让王》记载，曾子在卫国的生活非常清贫，"缊袍无表，颜色肿哙，手足胼胝"，生活拮据到了三天吃不上熟食、十年不制新衣的地步，以至于"正冠而缨绝，捉衿而肘见，纳履而踵决"。但曾子仍然坚守孔子安贫乐道的本色，"曳縰而歌《商颂》，声满天地，若出金石"，守志不挠，讲学不辍。

鲁悼公十一年（前456），已届天命之年的曾子返回鲁国，仍以授徒讲学为业。在教学上，曾子承袭孔子的教育方法，注重言传身教，于日常生活中为后学树立楷模。由于教育得法，曾子的弟子中有成就者不乏其人。据《孟子·离娄下》记载，曾子门下有弟子70多人，因年代久远，其名多不可考。明人于慎行编纂的《兖州府志》记曾子门人，列举了公明仪、阳肤、子襄、公明宣、乐正子春、单居离、孟仪、公孟子高、公明高、沈犹行10人。清曾国荃重修、王定安编辑的《宗圣志》亦记曾子门人，列举了子思、公明仪、乐正子春、沈犹行、阳肤、公明高、子襄、单居离、公明宣、公孟子高、孟仪、檀弓、吴起13人。在这些弟子当中，子思和乐正子春最为著名。

子思名伋，孔子裔孙，是先秦儒学谱系中至关重要的人物之一。《韩非子·显学》记"儒家八派"，其中就有"子思之儒"。关于其身世生平，《史记·孔子世家》有一段简约的记载："孔子生鲤，字伯鱼。伯鱼年五十，先孔子死。伯鱼生伋，字子思，年六十二。尝困于宋。子思作《中庸》。"子思年幼丧父，幼年时曾受业于孔子，深具家学传统。孔子去世之后，孔门弟子担当起教育培养子思的任务，尤其是在鲁为孔子服丧的几年中，孔门弟子对子思给予了极大的关爱。子思的早期教育也经由孔门弟子而得以完成。

图3-5 东配述圣子思子像
（王定安《宗圣志》）

关于子思的师承，《孟子》一书云"曾子、子思同道"，由此可略见曾子、子思关系之不同寻常。到了唐代，韩愈在《送王秀才序》一文中，提出了"孟轲师子思，子思之学盖出曾子"的观点。这一说法经过宋儒的进一步发挥，发展为从孔子、曾子到子思再到孟子的儒学道统谱系。子思师承曾子的说法也为后世所认同。

乐正子春也是曾子弟子中成就较大的一个。《礼记·檀弓上》载："曾子寝疾，病。乐正子春坐于床下。"郑玄注曰："子春，曾参弟子。"按照《韩非子·说林》的记载，乐正子春是以守信闻名于世的人物。有一次，齐国攻伐鲁国，索讨谗鼎，鲁国就把一件赝品送给齐国。齐国人看到后，说："这是假的。"而鲁国使者坚持说是真的。齐国人对鲁国使者说，你们还是派乐正子春来吧，他如果说是真的，我们就相信你的话。鲁国国君请乐正子春出使齐国。乐正子春问："为什么不把真鼎送去呢？"鲁国国君说："我爱惜真鼎。"乐正子春说道："我也爱惜我的诚信。"在确定谗鼎真伪上，齐国人要凭乐正子春一言裁决，可见乐正子春在当时以守信著称于世。

图 3-6　西庑乐正子春像
（王定安《宗圣志》）

乐正子春承袭了曾子的孝道思想并有所发扬。他言说孝道，往往以"吾闻之曾子，曾子闻诸夫子"之语彰明其思想渊源，足见其是以曾子嫡传自居的。据《大戴礼记·曾子大孝》记载，乐正子春有一次扭伤了脚，痊愈之后几个月没有出门，而且表现出很烦恼的样子。他的弟子问道："先生的脚不是好了吗，为什么还这样烦恼呢？"乐正子春说："你问得真好啊！我的老师曾子从孔子那里听说：天之所生，地之所养，世间万物再没有比人更伟大的了。父母给我们一个完整的身体，我们至死都应该保持完好，不损毁自己的身体，不辱没自己的形象，才可称得上孝。君子每走一步路都不能忘记孝。现在我伤了脚，是忘孝之道啊，所以才烦恼。"今传《大戴礼记》"曾子十篇"中有多篇属于乐正子春学派的著作，如《曾子本孝》《曾子立孝》《曾子大孝》《曾子事父母》等，记述了乐正子春的孝道理论。总体上看，乐正子春基本上继承了曾子的孝论，并做了进一步发展。颜炳罡在《"儒分为八"的再审视》一文中认为，乐正子春与曾子共同开创了儒家系统的孝行派。这一派以谨慎的处世方式和高尚的孝行，赢得了世人的高度认同，具有很高的威望。

曾子的其他弟子，事迹可考者，还有如下数人：

公明仪，典籍关于公明仪的记载较多，《礼记·祭义》有公明仪问曾子"夫子可以为孝乎"的记载，郑玄注曰："公明仪，曾子弟子。"《礼记·檀弓上》又载"子张之丧，公明仪为志焉"，唐孔颖达认为公明仪既是子张的弟子，又是曾子的弟子。《大戴礼记·曾子大孝》《孟子》等书也记载有公明仪的事迹。

沈犹行，姓沈犹，名行。赵岐《孟子》注曰："沈犹行，曾子弟子也。"沈犹氏，为鲁国大族，《荀子·儒效》载："仲尼将为司寇，沈犹氏不敢朝饮其羊。"根据《孟子·离娄下》的记载，沈犹行似是曾子在楚国所收的弟子。

阳肤，南武城人，相关文献记载只见于《论语·子张》，包咸注："阳肤，曾子弟子。"因孟氏让阳肤做管司法的官吏，阳肤特向曾子请教，曾子教其乱世典狱之法。曾子说："在上位者不按正道办事，人们早就离心离德了。你如果能够审查出犯人的案情来，应该可怜他们、同情他们，千万不要沾沾自喜！"曾子认为下民犯法是在上位者失道所致，所以教育阳肤要体恤民情，如果审问出案情，应哀怜、同情下民。

公明高,《孟子·万章上》记载公明高教导弟子只有大孝才能"终身慕父母",赵岐注:"公明高,曾子弟子。"

子襄,《孟子·公孙丑上》中有曾子与其论勇的记载,赵岐注:"子襄,曾子弟子。"

单居离,《大戴礼记·曾子事父母》记载单居离向曾子请教侍奉父母之道。卢辩注:"单居离,曾子弟子也。"

公明宣,《说苑·反质》记载"公明宣学于曾子"。

公孟子高、孟仪,《说苑·修文》记有曾子与公孟子高、孟仪关于"君子之礼""礼有三仪"的问答。

除以上诸人外,清《宗圣志》又列檀弓、吴起等人。南宋胡寅认为檀弓是曾子门人,但信从这种说法者极少。朱熹说,"《檀弓》恐是子游门人作,其间多推尊子游",怀疑檀弓也可能师承子游。

吴起,卫人,战国时期著名的军事家。《吕氏春秋·当染》载:"子贡、子夏、曾子学于孔子,田子方学于子贡,段干木学于子夏,吴起学于曾子。"这里把曾子与子贡、子夏并举,言"吴起学于曾子","曾子"当指曾参。然而《史记·孙子吴起列传》又载,吴起"尝学于曾子……其母死,起终不归。曾子薄之,而与起绝"。这里的"曾子",据钱穆考证,应是曾参之子曾申,而非曾参。吴起虽学于曾申,但母丧不归,其思想显然已经脱离了儒学传统。

曾子作为孔子最忠实的弟子之一,在继承孔子孝道思想的基础上,创建了独具特色的孝道思想体系,并最终形成了特色鲜明的洙泗学派。王钧林在《中国儒学史 先秦卷》中说,曾子在孔子去世之后,继续修道鲁卫之间,教化洙泗之上,以著书立说和聚徒讲学的方式维持儒学于不坠,为孔子儒学的传播做出了巨大贡献。

二、纂辑《论语》

孔子继承上古三代文化，发掘、提炼了中国传统道德观念，创立了以注重人生、崇伦尚德、经世致用等为特色的儒家学说。记载孔子言行事迹的《论语》不仅是了解和研究孔子思想的最重要文献，而且是儒家和中华文化最重要的经典之一。自西汉一直到20世纪初，在长达两千多年的历史长河中，《论语》一直是中国人的必读之书，对中国人的影响已经融入民族的血脉之中，成为中华民族精神的源头活水；并向海外广泛传播，为人类文明贡献了独特智慧。

虽然《论语》是一部对中国政治、社会、文化诸领域产生了深远影响的经典著作，但对于编撰者是谁这一问题，却存在着孔子弟子、孔子再传弟子、孔子弟子与再传弟子等不同的说法。

据《汉书·艺文志》可知，《论语》这部书记载的是孔子应答弟子、时人及弟子相与言而接闻于夫子之语，"当时弟子各有所记，夫子既卒，门人相与辑而论纂"。这就说明，《论语》是在孔子去世之后才开始纂辑的。因此，后世学者多认为《论语》是由孔子弟子编撰完成的。汉代刘向校书秘府，整理典籍，对《论语》的编撰有个基本的判断。何晏在《论语集解序》中引刘向的话说："鲁《论语》二十篇，皆孔子弟子记诸善言也。"王充《论衡·正说篇》、赵岐《孟子题辞》、陆德明《经典释文》等都持这种看法。《论衡·正说篇》曰："夫《论语》者，弟子共纪孔子之言行。"《孟子题辞》说："七十子之畴，会集夫子所言，以为《论语》。"唐代陆德明在《经典释文》中对《论语》的编撰做了进一步说明："夫子既终，微言已绝。恐离居已后，各生异见，而圣言永灭，故相与论撰，因辑时贤及古明王之语，合成一法。"以上各家几乎众口一词，认为《论语》定是由孔子弟子编撰、结集而成。这种说法当然有它的道理。因为《论语》所记为孔子教弟子或与弟子相问答之语，外人难以知晓，自当为孔门弟子所亲闻，然而孔门弟子三千，不可能人人都参与其中，所以汉代大儒郑玄认为《论语》为仲弓、子夏、子游等撰定，王肃认为是子贡、子游所编。实际上，参与编撰《论语》的弟子不会只有郑玄、王肃所说的仲弓、子夏、子游、子贡这么几个人。综合起来看，《论语》一书中出现的主要弟子除先于孔子逝世的冉耕、颜渊、子路等，其余大多都有参与纂辑的可能。

《论语》的最初纂辑时间，当在夫子既卒，弟子奔丧聚首期间。皇侃在《论语义疏·自序》中说：

> 哲人其萎……门人痛大山长毁，哀梁木永摧，隐几非昔，离索行泪，微言一绝，景行莫书。于是弟子佥陈往训，各记旧闻，撰为此书。成而实录，上以尊仰圣师，下则垂轨万代。

可以想象，孔门众弟子借为老师守丧的机会，各述所闻，各言所记，汇辑孔子嘉言懿行流传于后世，以作为对老师最好的纪念，是完全有可能的。黄立振在《〈论语〉源流及其注释版本初探》中指出，从常情而论，"这时倡议纂辑《论语》，时机最为成熟，汇集资料最为方便"。就《论语》的最初纂辑而言，《汉书·艺文志》关于《论语》结集的记载，其历史真实性应该很高。从《论语·卫灵公》所载子张听到孔子的谆谆教导后，唯恐忘记，匆忙之间"书诸绅"的情景来看，孔门弟子是十分珍视孔子之言的，有随时记录孔子言语的习惯，这也是孔门弟子能够纂辑《论语》一书的基础。

《论语》的原始素材是孔门弟子的所见所闻，其结集涉及对孔子言行的收集以及对众多材料的选择等一系列工作，进行这样一项活动自然需要统一的组织者。组织者的作用显然要大于其他弟子。在最初编撰《论语》的过程中，起到较大贡献的应当是子贡、冉求、闵损等这些中年弟子，曾参、有子、子夏、子张、子游等孔门后进弟子当是协助编撰。在颜渊、子路先于孔子而逝的情况下,深受孔子期许、对孔子无比崇敬的子贡有可能是纂辑《论语》的最初倡议者和主持者。子贡能言善辩,在孔门弟子中以"言语"著称。孔子曾感叹"赐之敏贤于丘也"。而子贡对孔子之推崇与维护,孔门弟子无出其右。孔子对子贡有很高的期望,陆九渊就说"夫子所以磨砻子贡者极其力"。因此,当守丧三年后,众弟子离去,而子贡则在孔子墓前筑室,再守三年,以报夫子教诲之深恩。在守丧期间,处事通达的子贡很可能组织众弟子各述所闻、各言所记,对《论语》进行结集和编次工作,这当是《论语》的首次纂辑。基于此种认识,我们认为,去孔子未远的汉代学者称《论语》是"门人相与辑而论纂""弟子共纪孔子之言行",应是符合事实的。这也说明《论语》的最初纂辑是在孔门弟子的广泛参与下进行的,也反映了孔门弟子对孔子思想的认同和理解。

图 3-7　治任别归(《孔子圣迹图》)

在当时,最有条件辅助子贡编撰《论语》的弟子,自然是已有较高学术影响力且与子贡情意甚笃、居于鲁国便于往来交流讨论的曾参。按照黄怀信的说法,初编本的执笔定稿人最有可能是原宪、曾参等人。公元前 473 年,庐墓六年的子贡离开鲁国，如果《论语》的初编本已经完成，子贡离开之时，自然会将其交给笃实谨慎且参与整理的曾参收而藏之。

《论语》的初辑本可能仅仅是以类相从的孔子语录，包括孔子与君主、弟子、时人的问对，以及描述孔子日常生活及行为举止的章节。从《论语》的内容来看，有些篇章中有"曾子""有子""冉子"的称呼，这样的称呼显然不可能出自同门弟子之口，而只能是再传弟子对曾参、有若、冉有的尊称，这些篇章自然也是由孔子的再传弟子记录的。由此来看，《论语》当是由孔门七十子共同纂辑、七十子之门人增订而成的。

那么，《论语》的增订工作是由谁主持的呢？在《论语》中，有子、曾子二人被尊称"子"（冉求、闵损也偶尔称"子"），可见有子、曾子在儒家内部的重要地位。自宋代以来，已有学者提出，《论语》一书实成于有子、曾子门人之手。朱熹《四书章句集注·论语序说》引程子曰："《论语》之书，成于有子、曾子之门人，故其书独二子以子称。"这一说法虽然不尽准确，但也道出一部分事实。综观《论语》全书，称"有子"者三处，记有若之言一处，而称"曾子"者十七处，记曾子之言十四处，远远多于有子、冉子等人。这说明曾子在孔门中的地位得到了极大的肯定。因此，柳宗元在《论语辩》中认为，《论语》的增订工作是由曾子的弟子完成的。他说："孔子弟子，曾参最少，少孔子四十六岁。曾子老而死。是书记曾子之死，则去孔子也远矣。曾子之死，孔子弟子略无存者矣。吾意曾子弟子之为之也。"从《论语》对于"曾子"的记载来看，此说颇有见地。

首先，《论语·泰伯》中有两章涉及"曾子有疾"临终时的情况，这只能是当时在场的曾子门人所记。其次，《论语·宪问》载："子曰：'不在其位，不谋其政。'曾子曰：'君子思不出其位。'"这突出了曾子对孔子思想的阐释。最后，《论语》的内容和编排在一定程度上反映了修身、治国、平天下的理念，在主旨与逻辑方面与相传为曾子所作的《大学》存在着一致性。《论语》注重修身、孝亲，正是曾子学派的特征。所以，柳宗元所谓《论语》的最终编订者为曾子的弟子应该是比较正确的说法。

曾子的弟子中，较为著名者有子思、乐正子春、单居离等人。《论语》究竟是由谁最后整理编订的呢？黄怀信认为，乐正子春在曾子门下具有特殊地位，是曾子最为亲信的弟子，《论语》的最终编定者以乐正子春的可能性最大。杨朝明则结合新出文献指出，《论语》最后是由子思主持、纂辑完成的。无论何种说法，《论语》为曾子弟子编撰完成是没有疑问的。

据《圣门通考》载，曾子寿七十，卒于周考王五年（前436）。曾子弟子增订《论语》，大概在曾子去世后不久就开始了。现存直接提到《论语》其书并引用的文献是《礼记·坊记》："《论语》曰：'三年无改于父之道，可谓孝矣。'"《坊记》是子思所记孔子言论，而子思卒于公元前403年。所以，郭沂认为，《论语》当结集并命名于公元前436至公元前403年这30多年之间。

《论语》所记诸多关于曾子的言行给世人留下了深刻印象，这显然是曾子弟子对曾子的着意推崇。相较于其他孔门弟子而言，曾子年龄较小且长寿，在《论语》的编撰过程中，起到了至关重要的作用，为保存孔子遗说、传承孔子之道做出了重大贡献。

三、临终易箦

曾子一生矢志不渝，笃实践履孔子教诲。在道德修养方面，终身贯彻"吾日三省吾身"的修身原则，事事反求诸己，时时深刻省察，"戒慎乎其所不睹，恐惧乎其所不闻"，以强烈而真切的道德自觉，秉持守约慎独的工夫，循理而行，让人生在喧嚣的世界中呈现出清澈庄严的生命之光。

《论语·泰伯》载，曾子得了重病，鲁国大夫孟武伯的儿子孟敬子来看望他。曾子对孟敬子说："鸟在快死的时候，它的叫声悲哀；人在快死的时候，他的言辞善良。君子应该重视的礼义之道有三点：注重容态体貌，就会远离粗暴怠慢；端正自己的脸色，就会近于诚信；注意言辞语调，就会远离鄙俗背理。至于笾豆之类等礼器陈设的事，自有主管人员在那里操持。"在病重之际，曾子不言己身之病，却告诉孟敬子君子之道，其爱人以德之意，竟是如此恳切！动容貌远暴慢，是说自己的容态体貌应远离粗暴怠慢，而不是远离他人对我的暴慢之行；正颜色斯近信，是说自己正身待人应近于信实不妄，而不是使别人待我以诚信；出辞气远鄙倍，是说自己的言辞语调应远于鄙俗背理，而不是远于他人对我的鄙俗背理。曾子认为这三者是修身的要诀、为政的根本，都是应当"反身内求"而非"外求"的。即使身处挫折困顿之中，也应时时、事事省察，须臾不可违背。

曾子之所以告诉孟敬子君子之道，和孟敬子平日与人交往容貌、脸色、辞气多不中礼有关。《礼记·檀弓》记载了孟敬子和季康子之孙季昭子的一段对话。鲁国国君鲁悼公去世，季昭子问孟敬子说："为国君的丧事，三餐该吃什么？"孟敬子说："该喝稀粥，这是天下通行的礼。但我们孟孙氏、叔孙氏、季孙氏三家向来不能以事君之礼侍奉国君，四方邻国、百姓没有不知道的，要我勉强节食喝稀饭，变成消瘦的样子我也办得到，但那不是让人觉得我并不是真心悲哀，只不过是外表消瘦了吗？我还是照常饮食算了。"由此可见孟敬子这个人举动任情、出言鄙倍。所以，曾子针对其弊病，告诉他修身的方法，让他明白为政之本在修身的道理。己身不修，如何齐家治国？至于笾豆之事，则有司之职，哪里用得着掌理国政的卿大夫来操心？曾子以此告诫他不要在细小处计较，以显示自己精明，要努力提高自身修养，"养于中则见于外"，做到内在修养和外在礼容的统一。曾子之语虽是对孟敬子来说的，但毫无疑问，这也是他在长期的道德实践中得出的修身诀窍。他这种克己约身的工夫，至死不苟。

《论语·泰伯》还记载了曾子临终时的一个故事：

曾子有疾，召门弟子曰："启予足！启予手！《诗》云：'战战兢兢，如临深渊，如履薄冰。'而今而后，吾知免夫！小子！"

曾子病重，将门下弟子召来，说道："看看我的脚，看看我的手！《诗经》里说：'战战兢兢，如同面对深渊，如同脚踩薄冰。'从今以后，吾知免夫！"在生命垂危之时，令曾子欣慰的是"而今而后，吾知免夫"。曾子所说的"免"，究竟是免于什么呢？

有学者说，是使身体免于毁伤。曾子强调孝道，认为身体受于父母，不敢毁伤，所以让弟子开其衾而视之，"以其所保之全示门人"，使弟子们知道保全之难。这和《孝经》中所说"身体发肤，受之父母，不敢毁伤"的意思是一致的。也有学者说，是免于祸害刑戮。孔子谈及处世原则，曾称赞弟子南容"邦有道，不废；邦无道，免于刑戮"。南容在国家政治清平之时，能不被罢黜；在政道昏乱之际，能够免遭刑罚。孔子十分欣赏他，还将自己的侄女嫁给他。曾子在临终时犹存谨慎之念，以免遭刑戮为幸。

图 3-8 宗圣启手足图（吕兆祥《宗圣志》）

这两种说法都有一定的道理。但是如果曾子在临终之际让弟子视其手、足，只不过是让弟子看看身体有无毁伤，那么曾子的一生似乎仅仅以保护一己之身为重。身体为行道之器，不随意损伤自己的身体，难道只是为了确保手、足完整吗？假若一个人志行有亏，绝仁弃义，动辄违礼，即使身体侥幸免于毁伤、免于刑戮，又怎能称得上孝呢？《礼记·祭义》记有曾子弟子乐正子春的一段话：

> 吾闻诸曾子，曾子闻诸夫子曰：天之所生，地之所养，无人为大。父母全而生之，子全而归之，可谓孝矣；不亏其体，不辱其身，可谓全矣。

显而易见，这里的"全而归之"不仅包括"不亏其体"的形体之"全"，还包括"不辱其身"的德性之"全"。而要做到"不辱其身"，必应时常检束自身，谨言慎行，戒慎戒惧，怎么会只限于使身体发肤免于毁伤呢？曾子"吾日三省吾身"，可以说是终身贯彻守约慎独工夫的。视听言动，一切遵礼而行，深恐悖义失度，所以他说"十目所视，十手所指，其严乎"，曾子严肃的道德自觉意识灼然显现。因此，曾子所说的"吾知免夫"，除了包含手足形体免于毁伤的意思，还包含免于罪戾而行可寡过的意思。如果曾子在临终时，唯知启予手、启予足而曰"吾知免夫"，其气象则有失弘大。实际上，主张"仁以为己任"、强调"临大节而不可夺"的曾子，又何尝不弘大？故而蔡仁厚说，后人把免而全归之意看得太狭小了，又乌足以知曾子哉！他认为，曾子之临终"知免"，正是子张所说"君子曰终，小人曰死"、子贡所说"君子息焉，小人休焉"之所谓"终"、所谓"息"的现实表现。这是经过严肃艰苦的道德实践后，松口气而撒手归去的慨叹。所以，面对死亡，曾子所说的"而今而后，吾知免夫"当是对人生的一种总结，包含了免于各种是非祸患的意思。

《荀子·法行》记载了曾子的一段话。曾子说："不要疏远家人而亲近外人，不要自己不好而埋怨别人，不要刑罚降临才呼喊上天。疏远家人而亲近外人，不是违背情理吗？自己不好而埋怨别人，不是舍近求远吗？刑罚已经降临才呼喊上天，不是悔之已晚吗？"就像《诗经》里说的那样："涓涓细流源头水，不加堵截就不绝。车毂已经全破碎，这才加大那车辐。事情已经失败了，这才深深长叹息。"如果一个人对自己的过错总是漠然视之，不从源头上下功夫，即使在出了问题之后，尽力补救，这样做又有什么益处呢？

《荀子·大略》还记载了这样一个故事：有一天，曾子吃鱼，吃过后还有剩余。他指着面前的淘米水，吩咐弟子用这些水把鱼浸渍起来。弟子却告诉他："这样掺和起来，鱼会腐烂变质，吃了会伤害人的身体，不如加点盐，腌起来会更好。"曾子听了，竟然难过得掉下泪来，很自咎地说："我说错了话，差点坏了事。难道我有意伤害别人吗？"从曾子为自己太晚听到这种话而感到悲伤来看，曾子临终时所说的"免"，实际上是综括修身而言的。联系《大戴礼记·曾子立事》中曾子的言论，我们更可体会到曾子修己的规矩与标准。曾子说：

> 少称不弟焉，耻也；壮称无德焉，辱也；老称无礼焉，罪也。过而不能改，倦也；行而不能遂，耻也；慕善人而不与焉，辱也；弗知而不问焉，固也；说而不能，穷也；喜怒异虑，惑也；不能行而言之，诬也；非其事而居之，矫也；道言而饰其辞，虚也；无益而食厚禄，窃也；好道烦言，乱也；杀人而不戚焉，贼也。

这段话的意思是：一个人在少年时被人说不尊敬长上，是羞耻啊；在壮年时被人说没有德行，是侮辱啊；在老年时被人说不守礼法，是罪过啊。有了过错不知改正，是倦怠啊；去实行而不能达到目的，是羞耻啊；羡慕善人而不和他们在一起，是羞辱啊；不知道也不主动去问，是固陋啊；经过解说还是不明白，是不明理啊；喜怒不定，是困惑啊；做不到还轻易说出口，是诬妄啊；与己无关而插手干预，是矫诈啊；道听途说还大肆渲染，是虚伪啊；没做什么而享受丰厚的俸禄，是偷窃啊；好言而说话繁杂，是纷乱啊；杀了人还没有丝毫忧戚，是盗贼啊。曾子在这里不厌其烦地罗列了日常生活中常见的各种弊病，处处都落脚在教人如何修身、如何做人、如何修养上，以此来告诫世人要时刻约束自身、检点言行。常言道"细行不矜，终累大德"，自身的修养如何，在每一时、每一事上都能表现出来。唯有经过持久的道德磨炼，修德行仁，严格约束自己的言行，才能培养自身的德性，最终成就自己。

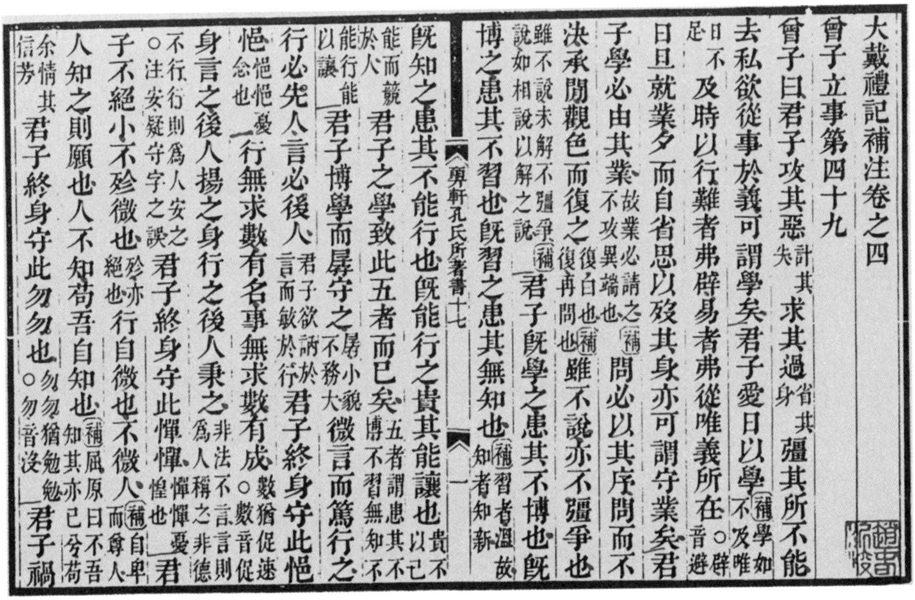

大戴禮記補注卷之四

曾子立事第四十九

曾子曰君子攻其惡計其失求其過省其身彊其所不能去私欲從事於義可謂學矣君子愛日以學補學如不及唯日不足及時以行難者弗辟易者弗從唯義所在○辟音避日旦就業夕而自省思以殁其身亦可謂守業矣君子學必由其業故業必請之不攻異端也補問必以其序問而不決承閑觀色而復之復白也復再問也補雖不說亦不彊爭也雖不說未解不彊爭補說如相說以解之說君子既學之患其不博也既博之患其不習也既習之患其無知也補習者溫故知者知新

《顨軒孔氏所著書十七》　一

既知之患其不能行也既能行之貴其能讓也貴不以己不能而競於人君子之學致此五者而已矣五者謂患其不博不習無知不能行不能以讓君子博學而孱守之孱小貌不務大微言而篤行之行必先人言必後人君子欲訥於言而敏於行君子終身守此悒悒悒悒憂念也行無求數有名事無求數有成○數猶促速數音促身言之後人揚之身行之後人秉之非法不言則為人稱之非德不行行則為人安之○注安疑守字之誤君子終身守此憚憚憚憚憂惶也君子不絕小不殄微也殄亦絕也行自微也不微人補自卑而尊人人知之則願也人不知苟吾自知也補屈原曰不吾知其亦已兮苟余情其信芳君子終身守此勿勿也○勿勿猶勉勉勿音沒君子禍

图 3-9　《大戴礼记补注》书影

孟子以“守约”二字概括曾子注重内省的修身工夫，以此作为曾子精神的代表。在孟子看来，名列孔门“文学科”的子夏就不如曾子。子夏不如曾子的原因正在这个“守约”上。《二程遗书》载程子之语，“子夏，笃志力行者也；曾子，明理守约者也”，“子夏之学虽博，然不若曾子之守礼为约”。朱熹则认为，“子夏笃信圣人，曾子反求诸己”。由此可见，后儒对曾子的“守约”极为钦仰。正因为曾子“守约”，所以他“动必求诸身”，提倡“为善必自内始”，强调“无失其所守”。曾子临终而启手足，其缘由亦在此。故宋代学者尹焞称颂曾子说：“非有得于道，能如是乎？”

注重实践、不尚空言、志向远大而有毅力的曾子毕生坚持“守约”。这种“守约”精神在《礼记》记载的曾子临终易箦一事中有更加鲜明的体现。

据《礼记·檀弓上》记载，曾子病重的时候，静静地躺在床上。弟子乐正子春坐在床下，曾元、曾申坐在他的脚边，一个童子拿着烛坐在角落里。童子看到曾子身下铺的席子很漂亮，禁不住说道：“多么漂亮的席子啊，那是大夫用的吧？”乐正子春赶紧轻轻地说：“不要出声！”尽管他的声音很小,但还是被曾子听到了。曾子忽然惊醒过来,对儿子曾元说:"这是大夫用的席子啊,是当年季孙氏送给我的,但我没有力气换掉它。元啊,赶快把席子换掉!"曾元说:"您老人家的病已经很危急了,还是不要马上换了吧。您耐心等到天亮,我再给您换好吗?"曾子听了,很不高兴,强打起精神,撑起身子对儿子们说:"你们爱我的心还不如那小孩子。一个有才德的君子,他爱别人就要成全别人的美德,小人的爱才是苟且取安。我现在还有什么需求呢?我只盼像个君子那样循礼守法,死得规规矩矩。"于是,他们抬起曾子,给他更换了席子。他们刚换好席子,还没来得及把曾子放平稳,曾子就去世了。

这个故事讲的是曾子在临死时仍坚持守礼不变,慎终如始。曾子晚年主要在鲁国活动,与鲁国三桓交往颇多,《论语》中有"曾子有疾,孟敬子问之"的记载。曾子虽然没有在鲁国出仕,但在"服儒者之礼,行孔子之术"的鲁国,深受鲁国君臣的尊重,执掌鲁国国政的卿大夫季孙氏也赠予他床笫用具。因是季孙氏所送,曾子平时也偶尔用之。但在临终之时,寝于大夫之席不符合礼的要求。所以,曾子在听到童子的话后,即使疾病危重,也一定让其子扶而易之,唯求"得正而毙",不陷于恶。宋儒程颐论曾子易箦说:"人苟有'朝闻道夕死可矣'之志,则不肯一日安其所不安也。何止一日?须臾不能。如曾子易箦,须要如此乃安。"又说:"如曾子易箦之际,其气之微可

图3-10 宗圣易箦图(吕兆祥《宗圣志》)

知，只为他志已定，故虽死生许大事，亦动他不得。盖有一丝发气在，则志犹在也。"这和孔子弟子子路在卫国内乱中"结缨而死"一样，都是不以生死之变易平日所守，都是固守志节、终生坚守。程颢对此有相当精到的总结："曾子易箦之意，心是理，理是心，声为律，身为度也。"牟宗三称赞程明道之说："确是千古绝唱。"如果没有对孔子之道的精纯理解，没有真实的笃实践履，放眼天下，又有几人能达到这样的境界！

关于曾子的卒年，史无详载。《史记·仲尼弟子列传》只言"死于鲁"，没有说曾子于何年去世。《礼记·檀弓下》记有"子张死，曾子有母之丧，齐衰而往哭之"。钱穆《先秦诸子系年》引《掘坊志》云"子张卒年五十七"，时为鲁悼公二十一年（前447）。《史记·仲尼弟子列传》说，子张少孔子四十八岁，比曾子还小两岁，子张卒时，曾子已年近花甲。《礼记·檀弓上》又记"穆公之母卒，使人问于曾子"之事，据《世本》所载，"宋生哀公蒋，蒋生悼公宁，宁生元公嘉，嘉生穆公不衍"，穆公则是鲁哀公的曾孙。由此推测，曾子必老寿。熊赐履《学统·正统》言，曾子卒于周考王五年，即鲁悼公三十二年（前436），享年七十岁。清孔继汾《阙里文献考》也说曾子"年七十，学名闻天下"。

图3-11 宗圣曾子墓

按照《礼记·檀弓上》的说法，"曾子之丧，浴于爨室"。《周礼·亨人》郑玄注曰："爨，今之灶。"依周代丧礼，士丧当"死浴于适室"，曾子通达礼仪，为什么"浴于爨室"呢？郑玄解释说，这是因为曾子"见曾元之辞易箦，矫之以谦俭也"。大概在反席之前、欲易之后，曾子对其子有所规诫,"故为非礼,以正其子"推辞易箦之事。曾子此举看似是在矫正其子之失,其实更突出体现了他一丝一毫也不放松的"守约"精神。曾子就这样走完了他"仁以为己任"、死而后已的一生。曾子死后,其子将他安葬在今山东省嘉祥县南武山西南的元寨山之东麓。

刘宗周在《论语学案》中对曾子的一生有极高的评价,他说:"曾子一生精神,息息反躬,循顶至踵,彻体承当,都无放过处。"曾子以毕生孜孜矻矻的道德践履,自始至终,坚不可易,真正实现了"死而后已"的生命承诺。元明以来,天下共尊曾子为"宗圣",的确是实至名归。

第四章 传扬圣道(下)

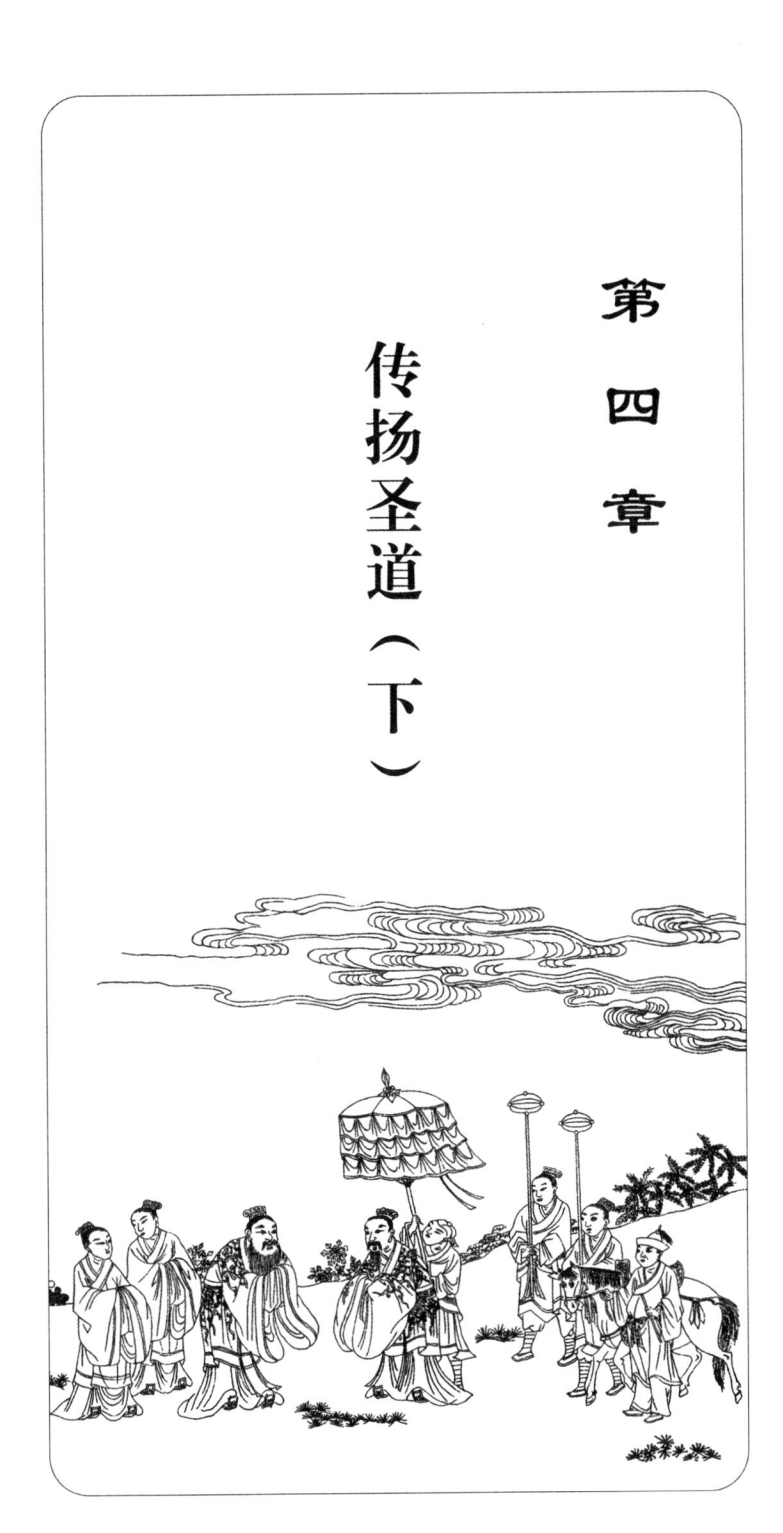

自孔子去世之后，学有所长、术有专精的孔门弟子各以其所闻，成一家之言，从不同方面彰扬光大孔子学说。曾子作为谨遵师说的忠诚弟子，不仅秉承孔子"诲人不倦"的教诲，传授生徒，形成了在当时颇具影响的洙泗学派，被奉为邹鲁一带儒家学派的领导者，而且以弘毅之精神，肩承道脉，著书立说，传承儒家薪火。王定安《宗圣志·述作》云："孰谓参鲁，乃荷斯文。《孝经》《大学》，万祀所尊。《大戴》十篇，坠绪若存。"相传《大戴礼记》"曾子十篇"以及儒家重要的学术经典《孝经》《大学》，都是曾子的著述。孔子逝世后，曾子成为儒家学说的主要传播者，在发展诠释儒学方面做出了卓越贡献。

一、《曾子》与《大戴礼记》"曾子十篇"

《曾子》一书最早见于《汉书·艺文志》儒家类文献的著录。《汉书·艺文志》云"《曾子》十八篇"，班固注曰"名参，孔子弟子"，指明这是孔子弟子曾参所撰。这也是传世文献关于《曾子》一书的最早记录。

从今人的视角来看，《曾子》这部书应当是了解曾子思想的重要文献。但遗憾的是，东汉以降，至南北朝时期，典籍关于《曾子》一书的记载都付诸阙如。直到《隋书·经籍志》才重新有了对《曾子》一书的著录，《隋书·经籍志》载："《曾子》二卷，目一卷，鲁国曾参撰。"但只记卷数，没有说明具体篇数。《旧唐书·经籍志》《新唐书·艺文志》《宋史·艺文志》《崇文总目》《郡斋读书志》《文献通考》均承袭《隋书·经籍志》作"《曾子》二卷",但未提及"目一卷"。这说明,在班固之后,可能有人对《曾子》一书进行过分卷整理。而在这一过程中,《曾子》十八篇可能已经有部分篇目亡佚。所以,唐朝初年魏徵等奉命纂修《群书治要》时,所录《曾子》只有十篇,与《大戴礼记》"曾子十篇"相关篇章的文字除个别字词有异外,其他均同。

宋代,随着"道统说"的盛行,曾子传道之功为世所公认,学者对曾子学说给予了更多的关注,对《曾子》一书的流传情况也进行了考索。晁公武《郡斋读书志》曰:"今世传《曾子》二卷,十篇本也,有题曰'传绍述本',岂樊宗师欤?视《隋》亡《目》一篇。考其书已见于《大戴礼》。"晁公武发现,当时流传的二卷本《曾子》,除了第一篇篇名"修身"与《大戴礼记》的"曾子立事"不同,二者在内容方面是相同的。此外,晁氏所见本题曰"传绍述本"。"绍述"是唐朝人樊宗师的字。据《新唐书·樊泽传》可知,樊泽的儿子宗师,字绍述。这样看来,晁公武所见应该是唐代樊宗师的传抄本。其首篇篇名与魏徵《群书治要》所引相同,二者可能同出一源。由于《曾子》一书在宋代以前不为学林所重,世人久不读之,文字谬误甚多。晁公武将家藏《曾子》与司马光所藏《大戴礼记》参校,"其所是正者,至于千有余字"。尽管文字舛误较多,但其主体内容与《大戴礼记》是一致的。

高似孙、王应麟所见《曾子》一书,其卷、篇与晁公武所见《曾子》书相同。高似孙《子略》云:

《曾子》者,曾参与其弟子公明仪、乐正子春、单居离、曾元、曾华之徒,讲论孝行之道,天地事物之原,凡十篇。自《修身》至于《天圆》,已见于《大戴礼》,篇为四十九,为五十八。他又杂见于《小戴礼》,略无少异。是固后人掇拾以为之者欤?

他见到的这个《曾子》十篇本与《大戴礼记》"曾子十篇"的内容基本

相同，所以猜测可能是后人的辑本。王应麟的观点与高氏类似，也认为两卷十篇本的《曾子》大概是后人从《大戴礼记》中"撮出为二卷"。从高似孙所言《曾子》书十篇的篇名及其在《大戴礼记》中的篇第可知，其见到的《曾子》一书，已不出《大戴礼记》"曾子十篇"的范围。

那么，《汉书·艺文志》所载"《曾子》十八篇"大约是在何时散佚的呢？钟肇鹏详细考察了古籍中引用"曾子"的情况及《曾子》佚文，发现唐代以前所引，有的见于《大戴礼记》"曾子十篇"，有的不见于这十篇，如《孟子》引《曾子》三则，《荀子》引《曾子》六则，《吕氏春秋》引《曾子》五则，董仲舒《春秋繁露》引《曾子》二则，晋张华《博物志·杂说上》引"曾子"二则，南朝梁萧绎《金楼子·立言》引"曾子"一则等，在"曾子十篇"中或见或不见；但唐代书籍如《意林》《群书治要》所引，则并系"曾子十篇"中的文字。所以钟肇鹏认为《曾子》十八篇亡佚于六朝之末。刘红霞对《曾子》一书散佚的时间进行了详细分析，就此观点提出了补充说明。她认为《曾子》一书在六朝以前已残缺不全，最后剩下二卷十篇本，被《七录》《隋书·经籍志》著录，其内容即《大戴礼记》"曾子十篇"，也就是唐初魏徵和南宋晁公武见到的《曾子》十篇本。这个二卷本《曾子》明确肯定有《修身》一篇，其内容也和今本《大戴礼记·曾子立事》相同。由此推测，《群书治要》中所保存的应是《汉书·艺文志》所著录"《曾子》十八篇"最初的篇题。

据陈振孙《直斋书录解题》记载，宋儒杨简曾为《曾子》书作注，可见宋时仍有《曾子》书行世。但唐宋人所见的《曾子》二卷本在《元史》《明史》等史籍中未见著录。这基本可以说明，时至南宋时期，二卷十篇本的《曾子》也亡佚了。由于二卷本《曾子》和《大戴礼记》的"曾子十篇"相似，因此《曾子》原书虽亡，但其内容尚存。所以，自南宋时期开始，就有人陆续重新辑录《曾子》书。最早的当属南宋理学家刘清之集录的《曾子内外杂篇》，他将杂见于《论语》《孟子》及其他传、记诸书中的曾子言行，辑为"《曾子》七篇"，包括"《内篇》一，《外篇》《杂篇》各三"。据

《宋史·刘清之传》记载，刘清之生平著述甚多，此书即其一。朱熹认为该书"于其精粗纯驳之际，尤致意焉"。因此书已经亡佚，故我们已难以详知其内容。到了庆元嘉泰年间（1195—1204），安徽绩溪人汪晫重辑《曾子》（又作《曾子全书》）一卷，凡十二篇。因其所编"别为标目，未免自我作古"，又"往往割裂经文，以就门目"，致使"文义殆为乖隔"，故遭到清儒的批评。

图 4-1　《曾子全书》书影

鉴于《曾子》一书佚而不传，清代著名学者阮元将《大戴礼记》的四十九至五十八篇单独抽出，径名曰《曾子》，并加以注释，"正诸家之得失，辨文字之异同"，成《曾子注释》四卷。阮元整理《曾子》时保留了《大戴礼记》"曾子十篇"的篇题：一、《曾子立事》，二、《曾子本孝》，三、《曾子立孝》，四、《曾子大孝》，五、《曾子事父母》，六、《曾子制言》上，七、《曾子制言》中，八、《曾子制言》下，九、《曾子疾病》，十、《曾子天圆》。阮元认为《曾子》一书的文献价值极高。他在《曾子十篇注释序》中这样说道：

今读《事父母》以上四篇，实与《孝经》相表里焉……惟孰复曾子之书，以为当与《论语》同，不宜与记书杂录并行……窃谓从事孔子之学者，当自《曾子》始。

在阮元看来，《曾子》一书的文献价值不在《论语》之下。他甚至提出，学习孔子儒学应当从读《曾子》开始，由此可见其对《曾子》一书的重视。

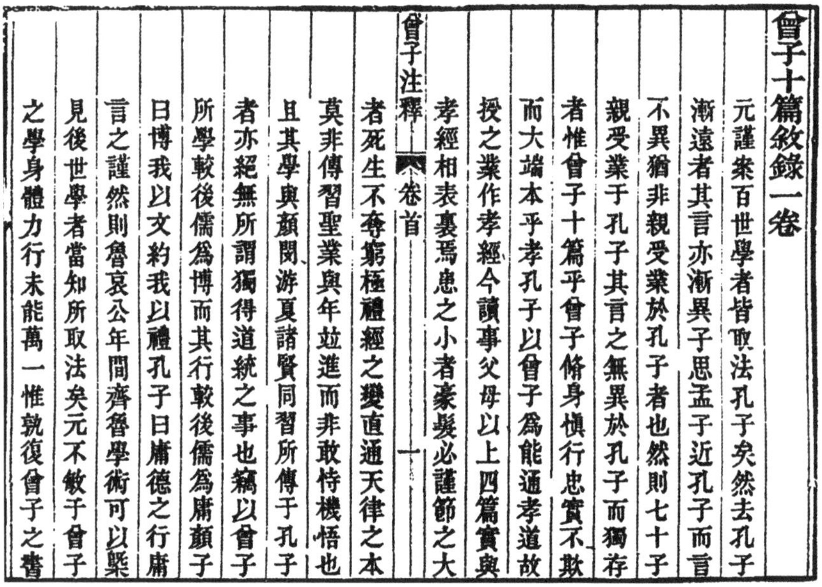
曾子十篇敘錄一卷
元謹案百世學者皆取法孔子矣然去孔子漸遠者其言亦漸異子思孟子近孔子而言不異猶非親受業於孔子者也然則七十子親受業于孔子其言之無異於孔子而獨存者惟曾子十篇乎曾子脩身慎行忠實不欺而大端本乎孝孔子以曾子為能通孝道故授之業作孝經今讀事父母以上四篇實與孝經相表裏焉忠之小者豪髮必謹節之大
曾子注釋　卷首　一
者死生不奪窮極禮經之變直通天律之本莫非傳習聖業與年並進而非敢恃機悟也且其學與顏閔游夏諸賢同習所傳于孔子者亦絕無所謂獨得道統之事也竊以曾子所學較後儒為博而其行較後儒為庸顏子曰博我以文約我以禮孔子曰庸德之行庸言之謹然則魯哀公年間齊魯學術可以槩見後世學者當知所取法矣元不敏于曾子之學身體力行未能萬一惟孰復曾子之書

图 4-2 《曾子注释》书影

总体上看，《汉书·艺文志》著录的《曾子》十八篇，在六朝时期已有亡佚。后来的二卷十篇本与《大戴礼记》“曾子十篇”的内容相同，而二卷十篇本又亡佚于南宋末年。其后，《曾子》一书又被重新辑录、整理。我们今天见到的《曾子》一书，主要是依靠《大戴礼记》的记载而得以保存、流传下来的。

《曾子》一书的作者是谁呢？《汉书·艺文志》《隋书·经籍志》等指出是曾参所撰。但因为《曾子》一书的复杂性，自宋代以来便不断有学者对这一说法提出质疑。如晁公武在《郡斋读书志》中说:"旧称曾参所撰,其《大孝》篇中乃有乐正子春事,当是其门人所纂尔。"晁公武明确指出《曾子》一书是由曾子门人纂辑而成的。朱熹云:"世传《曾子》书者,乃独取《大戴礼》之十篇以充之。其言语气象,视《论》《孟》《檀弓》等篇所载,相去远甚。"朱熹虽然怀疑《曾子》书并非曾子所撰,但又认为《曾子》一书可能出于"从之游者"所记闻。朱熹解释说:"窃以谓曾子之为人,敦厚质实,而其学专以躬行为主,故其真积力久,而得以闻乎一以贯之之妙。然其所以自守而终身者,则固未尝离乎孝敬信让之规,而其制行立身,又专以轻富贵、守贫贱、不求人知为大。是以从之游者,所闻虽或甚浅,亦不失为谨厚修洁之人,所记虽或甚疏,亦必有以切于日用躬行之实。盖虽或附而益之,要亦必为如是之言,然后得以自托于其间也。"阮元对《大戴礼记》"曾子十篇"极为推崇,将其视为孔门弟子的著作得以流传后世的硕果仅存者。他说:"百世学者,皆取法孔子矣。然去孔子渐远者,其言亦渐异。子思、孟子近孔子而言不异,犹非亲受业于孔子者也。然则七十子亲受业于孔子,其言之无异于孔子而独存者,惟《曾子》十篇乎?"他认为《曾子》一书由曾子弟子纂辑而成,约形成于战国时期。

不过,也有学者认为"曾子十篇"为晚出之伪书。如宋人黄震在《黄氏日抄》中说:"曾子之书,不知谁所依仿而为之。"他还提出该书并非曾子所作的四点证据:一是书云"与父言,言畜子"等,"皆世俗委曲之语";二是所言"良贾深藏如虚",又近于老子之学,殊不类曾子弘毅气象;三是若乐正子春下堂伤足之事尊其所闻则高明,行其所知则光大之说;四是"天圆地方之说",虽务博而未必然。明人方孝孺也说:"《曾子》十篇一卷,其词见《大戴礼》,虽非曾子所著,然格言至论杂陈其间,而于言孝尤备。意者出于门人弟子所传闻,而成于汉儒之手者也,故其说间有不纯。"他认为"曾子十篇"虽然有可能源于曾子弟子所传闻,但其成书却晚至汉代。近代梁启超也说:"大戴所载十篇,文字浅薄,不似春秋末的曾子所作,反似汉初诸篇,虽题曾子之名,却未敢定。"虽然也有学者对伪书说提出质疑(如钱大昕认为"《曾子》十篇,皆古书之仅存者",王聘珍认为"盖曾子之后学者,论撰其先师平日所言立身孝行之要,天地万物之理,同在《古文记》二百四篇之中,并出于孔氏壁中者也"),但"曾子十篇"为晚出伪书的说法仍是近代学界的主流观点。

《曾子》的成书情况究竟怎样?要解决这个问题,首先要理清《大戴礼记》"曾子十篇"与《汉书·艺文志》所著录之"《曾子》十八篇"的关系。

大、小戴《礼记》是先秦至秦汉时期的礼学文献汇编。《汉书·艺文志》"礼类"载:"《礼》古经五十六卷,《经》十七篇,后氏、戴氏,《记》百三十一篇,七十子后学者所记也。"郑康成《六艺论》说:"戴德传《记》八十五篇,则《大戴礼》是也。戴圣传《礼》四十九篇,则此《礼记》是也。"至于大、小戴《记》篇数的差别,陆德明在《经典释文·序录》中引晋陈邵《周礼论序》曰:"戴德删古《礼》二百四篇为八十五篇,谓之《大戴礼》;戴圣删《大戴礼》为四十九篇,是为《小戴礼》。"《隋书·经籍志》中也有类似的说法,此为"小戴删大戴"说。但此说颇受清代学者的怀疑,如钱大昕在《二十二史考异》中说:"《记》本七十子之徒所作,后人通儒各有损益,河间献王得之,大、小戴各传其学。"但黄怀信认为,大戴所受及原传皆四十九篇,而后自增成八十五篇。小戴并未删大戴,《大戴礼记》所佚四十六篇主要为《小戴礼记》之篇。"其之所以佚,盖因其文同而抄书者省之也。古者抄书不易,小戴书既有其篇,则于大戴无需更抄,故抄者省之,自是情理中事。"

如此看来,大、小戴所传均出自孔门七十子后学有关古礼的《记》,这些《记》是儒生在传习古礼过程中,搜集的经师之著述、言语或师徒间的问答资料。这也说明大、小戴《礼记》依据的原始材料是大体相同的。当然,由于其内容十分庞杂,间有古礼经含于其中。洪业在《礼记引得序——西汉礼学源流考》中说:"且立于学官之礼,经也,而汉人亦以'礼记'称之,殆以其书中既有经,复有记,故混合而称之耳。"如大、小戴《礼记》的

《投壶》篇。《记》中也有些是子书的单篇，如《大戴礼记》中有《千乘》《四代》《虞戴德》《诰志》《小辨》《用兵》《少闲》七篇。清人沈钦韩《汉书疏证》引刘向《别录》曰："'孔子见鲁哀公问政，比三朝，退而为此记，凡七篇，并入《大戴记》。"又引《蜀志》秦宓曰："昔孔子三见哀公，言成七卷。"这是《大戴礼记》抄录他书的明证。

那么，《曾子》十八篇是否杂存于这些《记》中呢？晁公武《郡斋读书志》云："汉有《礼经》十七篇，后氏、戴氏，《记》百三十一篇，七十子后学者所记。是时未有大、小戴之分，不知《曾子》在其中欤否也？"虽然晁氏未能肯定《曾子》十八篇就在这些《记》中，但他显然认为《曾子》十八篇与这些《记》存在着某种联系。阮元认为，《大戴礼记》"曾子十篇"都有"曾子"二字，是因为"戴氏取《曾子》之书入于杂记之中，识之以别于他篇也"。阮元的看法深有见地。据古书通例，篇名往往摘取首章要语，以识篇第或据文章内容而定，大抵以二字名篇，很少有再标以人名的。也就是说，"曾子"二字原是书名，而非篇名，"立事""本孝""立孝""大孝""事父母""制言""疾病""天圆"可能是其原篇名，被编入《大戴记》之后才形成现在的篇题。蒋伯潜也指出《大戴礼记》可能从古《记》中收录了《曾子》十八篇的全部内容，在流传过程中因简文散脱而有所佚失。他说："魏徵《群书治要》中之《曾子》，见引于马总《意林》者，均与《大戴记》合。似《大戴记》之十篇原在《曾子》十八篇中。……殆《汉志》所录之十八篇，亡其八篇，仅存十篇，而此十篇即为大戴录入记中者也。"这也说明保存在《大戴礼记》中的"曾子十篇"确实源于《曾子》书，而曾子门徒及再传弟子辑录《曾子》十八篇的时间要早于《大戴礼记》的成书时间。

既然"曾子十篇"源于《曾子》，那么接下来要明确的一个重要问题就是："曾子十篇"究竟是否是先秦文献？就古籍征引《曾子》书的内容来看，《吕氏春秋》《孟子》《荀子》等先秦诸书多次征引《曾子》，其成书年代当早于《吕氏春秋》。《吕氏春秋》的最后编定时间在公元前241年左右，则《曾子》的成书时间至迟不晚于公元前241年。王铁从文体、语言、战国和西汉前期文献的引述以及《曾子》书表现的思想等方面对《曾子》十篇进行了详细考察，认为其为战国中期以前的作品，成于曾子弟子或再传弟子之手，成书时间大约在公元前400年前后的数十年间。

上博简《内礼》的一些内容与保存在《大戴礼记》中的"曾子十篇"部分篇章有关，这为我们探讨《曾子》的成书问题提供了新的线索。上博简《内礼》篇共有10支竹简，1~6简记：

君子之立孝，爱是用，礼是贵。古为人君者，言人之君之不能使其臣者，不与言人之臣之不能事其君者；古为人臣者，言人之臣之不能事其君者，不与言人之君之不能使其臣者。古为人父者，言人之父之不能畜子者，不与言人之子之不孝者；古为人子者，言人之子之不孝者，不与言人之父之不能畜子者。古为人兄者，言人之兄之不能慈弟者，不与言人之弟之不能承兄者；古为人弟者，言人之弟之不能承兄者，不与言人之兄之不能慈弟者。古曰：与君言，言使臣；与臣言，言事君。与父言，言畜子；与子言，言孝父。与兄言，言慈弟；与弟言，言承兄。反此乱也。

这段文字和《大戴礼记·曾子立孝》的文辞稍有差别。《大戴礼记·曾子立孝》载："曾子曰：君子立孝，其忠之用，礼之贵。故为人子而不能孝其父者，不敢言人父不能畜其子者；为人弟而不能承其兄者，不敢言人兄不能顺其弟者；为人臣而不能事其君者，不敢言人君不能使其臣者也。故与父言，言畜子；与子言，言孝父；与兄言，言顺弟；与弟言，言承兄；与君言，言使臣；与臣言，言事君。君子之孝也，忠爱以敬，反是乱也。"二者相较，除《大戴礼记·曾子立孝》第一句作"君子立孝，其忠之用，礼之贵"及最后一句多出"君子之孝也，忠爱以敬"九字外，《大戴礼记·曾子立孝》还略去了"古为人君者……""古为人父者……""古为人兄者……"等内容。

值得注意的还有以下两个方面：一是《内礼》与《大戴礼记·曾子立孝》都强调君子应当践行孝道，但略微不同的是《内礼》认为君子之孝以"爱"为基础，而《大戴礼记·曾子立孝》则突出了"忠"的作用。廖名春以《吕氏春秋·权勋》高诱注"忠，爱也"及《韩非子·十过》"故竖谷阳之进酒，不以仇子反也，其心忠爱之，而适足以杀之"为据，指出"忠""爱"义近，此处应该是"同意换读"。"爱"侧重于亲爱之心，"忠"则凸显"尽己"之义，但无论是《内礼》的"爱"还是《大戴礼记·曾子立孝》的"忠"，强调的都是内在的情感，最后都要归结到"礼"所规范的君臣、父子、兄弟等社会人伦秩序上面，都体现了曾子强调内修的思想。

图4-3　上海博物馆藏楚竹简（《战国楚竹书》四）

二是《内礼》对君臣、父子、兄弟等人伦关系的论述蕴含了君与臣、父与子、兄与弟双方的责任和义务，文中的"爱"是双向的互"爱"，"礼"也是双向的互"礼"；而《大戴礼记·曾子立孝》则略去了《内礼》中有关君、父、兄的内容，更加突出了臣、子、弟等在下位者对在上位者片面的伦理责任。"古为人君者……"这几句应是在后来的流传过程中被删除的，这可能与后来儒家君臣父子关系被绝对化有关。但《大戴礼记·曾子立孝》又强调"忠爱以敬"，并没有回避伦理双方的责任担当。从对孝道原则的阐述来看，应当说，《内礼》和《大戴礼记·曾子立孝》的主旨是契合的。

《内礼》接着又说:

> 君子事父母,亡私乐,亡私忧。父母所乐乐之,父母所忧忧之。善则从之,不善则止之;止之而不可,怜而任(第6简)不可。唯至于死,从之。孝而不谏,不成孝;谏而不从,亦不成孝。君子孝子,不食若才,腹中巧变,古父母安。(第7简)

《大戴礼记·曾子事父母》中有与这段文字相关的内容:"单居离问于曾子曰:'事父母有道乎?'曾子曰:'有。爱而敬。父母之行,若中道则从,若不中道则谏,谏而不用,行之如由己。从而不谏,非孝也;谏而不从,亦非孝也。孝子之谏,达善而不敢争辨。争辨者,作乱之所由兴也。……孝子无私乐,父母所忧忧之,父母所乐乐之。孝子唯巧变,故父母安之。'"儒家提倡孝道,但在父母有过的时候,儒家更注重"谏亲"。上博简《内礼》与《大戴礼记·曾子事父母》都强调了谏亲之道,二者内容基本一致。

总体上看,《大戴礼记·曾子立孝》《大戴礼记·曾子事父母》对孝道的论述,较《内礼》更为完善、精炼。二者文字的差异,可能是曾子弟子在记录时各自有所选择的缘故。上博简《内礼》的发现使前人关于《曾子》为伪书的说法不攻自破,表明《曾子》一书确为先秦文献。至于其成书时代,钟肇鹏认为《曾子》书系曾参再传弟子就曾子之遗言、遗文缀辑而成,"曾子卒后,他的第二、三代弟子结集《曾子》书,亦如孔子卒后,其二、三传弟子乃结集《论语》。《曾子》的结集,盖略晚于《论语》,其时代当在战国早期"。张磊认为,《大戴礼记》"曾子十篇"与上博简《内礼》在内容和思想上存在着密切联系,其成书时代当比较接近或大体相当于曾子及其门人生活的时代。刘光胜对《大戴礼记》"曾子十篇"进行了更为翔实而系统的考察,提出按思想内容将"曾子十篇"划分为三部分,一是《曾子立事》、《曾子制言》(包括上中下三篇)、《曾子疾病》,这一部分与《论语》

内容相近，受孔子思想影响明显，为内篇；二是《曾子本孝》《曾子立孝》《曾子大孝》《曾子事父母》四篇，其主旨与《孝经》互相发明，以孝道为核心，其成书时间比内篇晚，估计成书于曾子第二代弟子之手或者更晚，为外篇；三是《曾子天圆》一篇，为杂篇。他依据上博简《内礼》与《曾子立孝》《曾子事父母》在内容和思想上的密切联系，认为《曾子》十篇并非伪书。

除了《大戴礼记》"曾子十篇"，与曾子有关的文献还有《礼记·曾子问》《大戴礼记·主言》。《礼记·曾子问》主要记载了孔子和曾子关于在特殊情况下举行丧葬礼的问答之辞，多为常礼未涉及之变例。有学者怀疑其为汉儒杂缀古记，间或参考当时议礼的文章，托为孔子或老聃之言以自重其说，故异于《大戴礼记》所辑曾子书。也有学者认为是战国秦汉间的礼家，根据现实生活中行丧礼所遇到的，或设想可能会遇到的各种具体情况，托为孔子与曾子的问答，以为之说，而作此篇。如此种种，我们认为皆为猜测之辞，缺乏坚实依据。王锷对《曾子问》的内容进行了考察，他认为："《曾子问》是曾子的著作，很可能是《汉书·艺文志》中《曾子》十八篇中的一篇，盖由曾子弟子整理成篇，时间大约在战国前期，与子思生存的年代大致相当。"这一说法大体可以信从，《曾子问》应是由曾子记录、曾子弟子根据其记录整理成篇的。

《大戴礼记·主言》是孔子与曾子的谈话记录，主要论明主之德，故称"主言"。此篇亦见于《孔子家语》，作"王言解"。该篇叙事完整细致，描写具体生动，近乎实录，也当为孔子弟子或曾子弟子所记孔子言论。

如上所述，"曾子十篇"及《曾子问》《主言》都应是曾子学派的作品。"曾子十篇"记载了曾子言语以及曾子与其弟子的问答，曾门弟子众多，或因资质高下不同，或因选录旨趣有异，故"曾子十篇"也呈现出不同的特点。从其所记曾子弟子乐正子春的事迹推测，《曾子》一书应陆续成于曾子、曾子弟子及再传弟子之手，成书时间当在战国早期。此外，《曾子》一书多为语录体，体例与《论语》相似，文字质朴，简约精练，这表明《曾子》与《论语》的成书时间是相当接近的，其成书可能略晚于《论语》。

明清时期，"曾子十篇"受到空前的重视，有诸多学者辑录汇集《曾子》书，如陶宗仪的《节录曾子》、吴世济编订的《曾子》六篇、任兆麟著录的《曾子章句》、冯云鹓所编《曾子书》、曾承业所编《曾子全书》、阮元所撰《曾子注释》、魏源著录的《曾子章句》、王定安所辑《曾子家语》，等等。这些著作在收录《大戴礼记》"曾子十篇"的基础上，还汇辑了曾子遗文、逸事。他们在整理《曾子》书的过程中，对其价值有了更多的体认。如阮元力行曾子之学，熟读曾子之书，直截了当地说，《曾子》一书的价值当与《论语》同。

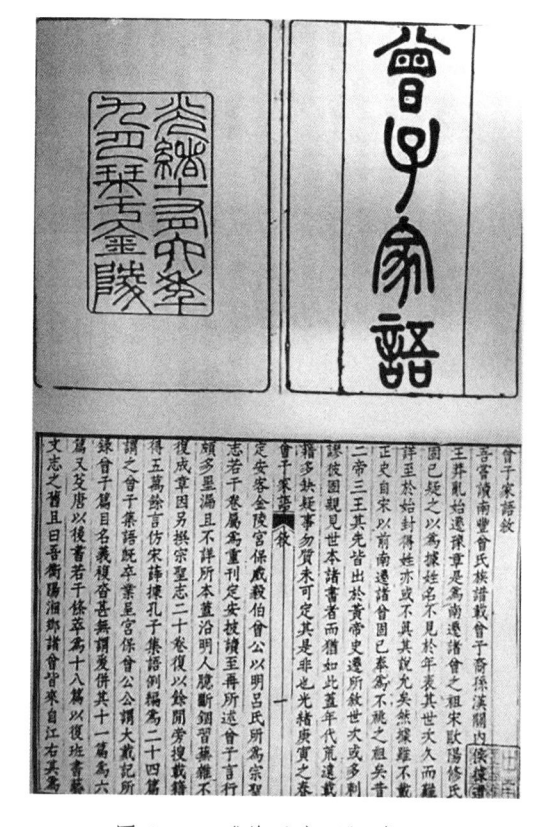

图 4-4　《曾子家语》书影

近代以来，由于受疑古思潮的影响，学界多将《曾子》十篇视为伪书，所以其利用和研究都受到极大限制。20世纪90年代以来，郭店简、上博简的出土从根本上纠正了《曾子》为伪书的错误认识，使《曾子》十篇的思想价值得以彰显，亦使《曾子》十篇与曾子思想的研究重新焕发生机，为全面系统地认识曾子思想开拓了新路。

二、翼赞《孝经》

《孝经》是儒家《十三经》中篇幅最短的一部，虽然不足 2000 字（今文《孝经》1799 字，古文《孝经》1872 字），却是论述孝道思想最重要、最著名的文献。自西汉以来的两千多年，《孝经》作为弘扬孝道、培植人伦的经典，被称为"道之根源，六艺之总会"，备受尊崇，在历朝历代各个社会阶层都产生了深远影响。

《孝经》以孔子与弟子曾参谈话的形式，全面、系统地阐述了儒家孝道理论。虽然曾子与《孝经》有密切的关系，但曾子是否是《孝经》的作者，却是一个争论不休的悬案，历代学者众说纷纭。

司马迁在《史记·仲尼弟子列传》中云："曾参……孔子以为能通孝道，故授之业。作《孝经》。"这是历史文献关于曾子"作《孝经》"的最早记录。这种观点得到了后世一些学者的赞同，如汉代孔安国《古文孝经序》："唯曾参躬行匹夫之孝，而未达天子、诸侯以下扬名显亲之事，因侍坐而谘问焉。故夫子告其谊，于是曾子喟然知孝之为大也，遂集而录之，名曰《孝经》。"元人熊禾在《孝经大义序》中说道："孔门之学惟曾氏得其宗。曾氏之书有二，曰《大学》，曰《孝经》。"黄道周《孝经集传原序》云："盖当时师、偃、商、参之徒，习观夫子之行事，诵其遗言，尊闻行知，萃为礼论，而其至要所在备于《孝经》。"他们认为《孝经》是曾子辑录夫子之说而成。

对于《史记》之说，也存在着不同的解释。《汉书·艺文志》载，"《孝经》者，孔子为曾子陈孝道也"，指出《孝经》是孔子所作，旨在向曾子述孝道。班固在《白虎通》中进一步解释说："已作《春秋》，复作《孝经》

何？欲专制正。"《孝经钩命决》记孔子之言曰："吾志在《春秋》，行在《孝经》。"《孝经援神契》云："孔子制作《孝经》，使七十二弟子向北辰，星而磬折，使曾子抱河洛，事北向，孔子簪缥笔，绛单衣，向北辰而拜。"《孝经纬·孝经中契》云："某见《孝经》，文成而天道立。"汉代学者认为《孝经》乃孔子所作，并将其与《春秋》并称，显示出重视《孝经》之倾向。对于孔子作《孝经》的说法，郑玄做了进一步申述。《隋书·经籍志》云："孔子既叙《六经》，题目不同，指意差别，恐斯道离散，故作《孝经》以总会之。"郑玄为汉代经学之集大成者，其引证和发挥的所谓孔子作《孝经》说对后世有较大影响。此后，皇侃、陆德明至宋代邢昺乃至清代许多学者，都持这种观点。邢昺在《孝经正义序》中引刘炫《孝经述义》对此说略有修正，不信《孝经》是孔子为曾子陈孝道而作："夫子运偶陵迟，礼乐崩坏，名教将绝，特感圣心，因弟子有请问之道，师儒有教诲之义，故假曾子之言以为对扬之体，乃非曾子实有问也。"傅注《孝经注疏序》也说："盖曾子在七十弟子中孝行最著，孔子乃假立曾子为请益问答之人以广明孝道，既说之后，乃属与曾子。"两人都认为孔子和曾子之间的问答，实际上是假设之情景，并非实有其事。

然而，无论是孔子作还是曾子作，后人都不完全同意这些见解。宋代学者开始怀疑《孝经》为孔子本人或曾子所作的说法。南宋胡寅提出："《孝

图4-5 授受孝经图（王定安《宗圣志》）

经》非曾子所自为也,曾子问孝于仲尼,退而与门弟子言之,门弟子类而成书。"晁公武也认同这一观点,在《郡斋读书志》中说:"今其首章云:'仲尼居,曾子侍。'则非孔子所著明矣。详其文义,当是曾子弟子所为书也。"若是孔子所作,绝不可能称弟子曾参为"曾子",所以晁氏认为《孝经》是曾子弟子编录而成的。有学者进而认为《孝经》成于子思之手,王应麟《困学纪闻》引冯椅曰:"子思作《中庸》,追述其祖之语乃称字。是书当成于子思之手。"这种观点以《孝经》称孔子为"仲尼"为依据。倪上述赓续其说,在《孝经勘误辨说》中指出,《孝经》与《大学》《中庸》"此三书之中,于仲尼则称字,祖也;于曾子则称子,师也"。倪上述"考之本文,揆诸情事",认为《孝经》确为曾氏门人所记,"断与《大学》《中庸》同出于子思"。

与此说法较为相近的是"七十子之徒说"。司马光在《古文孝经指解序》中说:"圣人言则为经,动则为法,故孔子与曾参论孝,而门人书之,谓之《孝经》。"清人毛奇龄在《孝经问》中指出,"旧谓《孝经》夫子所作以授曾子,又谓夫子口授曾子,俱无此事,此仍是春秋战国间七十子之徒所作,稍后于《论语》,而与《大学》《中庸》《孔子闲居》《仲尼燕居》《坊记》《表记》诸篇同时,如出一手"。纪昀从文体风格和所论内容的角度提出了相似的看法,他说:"今观其文,去二戴所录为近,要为七十子徒之遗书。"

也有学者将《孝经》判定为伪书,如朱熹认为《孝经》不如《论语》说孝亲切有味,因而怀疑《孝经》不是"圣人之言"。朱熹又说:"《孝经》独篇首六七章为本经,其后乃传文,然皆齐鲁间陋儒纂取《左氏》诸书之语为之,至有全然不成文理处。传者又颇失其次第,殊非《大学》《中庸》二传之俦也。"朱熹认为《孝经》乃后人附会之作。此论一出,应者众多。清代学者姚际恒在《古今伪书考》中说:"是书来历出于汉儒,不惟非孔子作,并非周秦之言也。……勘其文义,绝类《戴记》中诸篇,如《曾子问》《哀公问》《仲尼燕居》《孔子闲居》之类,同为汉儒之作。后儒以其言孝,特为撮出,因名以《孝经》耳。"

在近代疑古思潮的影响下,汉儒伪作说得到广泛认同。梁启超、胡适等人大都赞同这种说法。现代学者蒋伯潜的《诸子通考》、杨伯峻的《经书浅谈》、黄云眉的《古今伪书考补证》等著作也都采纳此说。但这种说法与《吕氏春秋》关于《孝经》的记述相矛盾,所以学术界还有一些折中的说法,如认为《孝经》的内容很接近孟子的思想,《孝经》大概是孟子弟子所著,或者认为古文《孝经》出自战国末年的孟、荀学派,今文《孝经》成于西汉。

以上诸说,莫衷一是,哪一种说法较为符合事实呢?

首先,我们来看古籍引用《孝经》的情况。最早称引《孝经》的是《吕氏春秋》。《吕氏春秋·先识览》载:"《孝经》曰:'高而不危,所以长守贵也。满而不溢,所以长守富也。富贵不离其身,然后能保其社稷,而和其民人。'"这段话与今本《孝经·诸侯章》文字全同。又《吕氏春秋·孝行览》:"故爱其亲不敢恶人,敬其亲不敢慢人。爱敬尽于事亲,光耀加于百姓,究于四海,此天子之孝也。"这段话与《孝经·天子章》中的"爱亲者不敢恶于人"一段文字极为相近,很可能是引自《孝经》。根据孙星衍、陈奇猷等学者的考证,《吕氏春秋》的最后成书时间约在公元前241年。由《吕氏春秋》引《孝经》可知,《孝经》其书成于先秦时期,在《吕氏春秋》编定前就已存在并流传。过去,曾有学者怀疑《吕氏春秋》所引"《孝经》曰"是注语窜入正文。当代学者对此观点多不认同。钟肇鹏指出:"《吕氏春秋》为杂家,乃汇辑百家之说纂成,《孝行览》显然是儒家孝治派之说,取自《孝经》《曾子》等书。古人引书多凭记忆,体例不严,故未明标出处,是《孝经》乃先秦古籍,其证一。如果认为《孝经》后于《吕氏春秋》,则是《孝经》取《吕览》之文伪造而成,这是很难想象的。"

《孝经》称"经"和《诗》《书》《易》称"经"不同。《诗经》《书经》《易经》中的"经"是汉人把儒家著作奉为经典后加上去的,《孝经》中的"经"是"原则""方法"的意思,并非后人所加。最早谈及《孝经》命名的,是《汉书·艺文志》:"夫孝,天之经,地之义,民之行也,举大

者言,故曰《孝经》。""举大者言"的意思是"道莫大于孝,故曰经"。梁皇侃说:

> 经者,常也、法也。此经为教,任重道远,虽复时移代革,金石可消,而为孝事亲,常行存世不灭,是其常也;为百代规模,人生所资,是其法也。言孝之为教,使可常而法之。《易》有上经、下经,老子有道经、德经。孝为百行之本,故名曰《孝经》。(《孝经注序》)

而《吕氏春秋》明确引用《孝经》名称,可见《孝经》在成书时就是如此。

其次,从《孝经》的注本来看,东汉蔡邕《明堂论》中有魏文侯作《孝经传》的说法。魏文侯崇尚儒学,对孔子后学极为敬重,曾拜孔子弟子子夏为师,"受子夏经艺"。他还著书六篇,后被列入《汉书·艺文志》诸子略儒家类。姚振宗在《汉书艺文志条理》中指出,魏文侯的《孝经传》就有可能在此六篇之中。有学者提出,魏文侯作《孝经传》,其事不见于《史记·魏世家》,其书不见于《汉书·艺文志》,本不足信。但《汉书·艺文志》六艺略孝经类虽未明著魏文侯《孝经传》,却有《杂传》四篇,不著撰人。王应麟《汉艺文志考证》曰:"蔡邕《明堂论》引魏文侯《孝经传》,盖《杂传》之一也。"称引魏文侯《孝经传》的蔡邕曾长期校书东观,并奏请正定六经文字,以蔡邕的博学多识、治学严谨,他应当熟悉有关《孝经》的文献。如果魏文侯的《孝经传》是后人伪托的,他一定不会杜撰编造或者随意引用。

魏文侯生活在战国初期,于公元前445年至公元前396年在位,他为《孝经》作注,说明《孝经》的成书时间不仅早于《吕氏春秋》,而且可以上推至魏文侯时代。

最后,从《孝经》的思想内容来看,《孝经》的思想内容与《论语》、二戴《记》中的曾子思想多有相合之处。曾子以孝道著称,今本《论语》中有关曾子的内容有十余章,其中四章与孝道有关:

其一，《论语·学而》载，曾子曰："慎终追远，民德归厚矣。"

其二，《论语·子张》载，曾子曰："吾闻诸夫子：人未有自致者也，必也亲丧乎！"

其三，《论语·子张》载，曾子曰："吾闻诸夫子：孟庄子之孝也，其他可能也，其不改父之臣与父之政，是难能也。"

其四，《论语·泰伯》载，曾子有疾，召门弟子曰："启予足！启予手！《诗》云：'战战兢兢，如临深渊，如履薄冰。'而今而后，吾知免夫！小子！"

最后一条尤其值得我们注意。何晏集解引郑玄曰："启，开也。曾子以为受身体于父母，不敢毁伤，故使弟子开衾而视之也。"《孝经》言"身体发肤，受之父母，不敢毁伤，孝之始也"，正是曾子言行的具体体现。二者之间有明显的思想渊源关系，由此可见曾子与《孝经》的关系。

对照《大戴礼记》"曾子十篇"，我们也会发现《孝经》宣扬的孝道思想与在孔子思想基础上发展起来的曾子思想高度一致。例如：《孝经·开宗明义章》："夫孝，德之本也，教之所由生也。"《孝经·三才章》："夫孝，天之经也，地之义也，民之行也。"《大戴礼记·曾子大孝》载曾子言："民之本教曰孝……夫孝者，天下之大经也。夫孝，置之而塞于天地，衡之而衡于四海，施诸后世，而无朝夕。"二者都从很高的角度，强调了孝的重要性。又如：《孝经·开宗

图 4-6 石台孝经碑（西安碑林）

明义章》:"夫孝,始于事亲,中于事君,终于立身。"《孝经·广扬名章》:"君子之事亲孝,故忠可移于君;事兄悌,故顺可移于长。"《大戴礼记·曾子立事》:"事父可以事君,事君可以事师长;使子犹使臣也,使弟犹使承嗣也。"《大戴礼记·曾子大孝》:"事君不忠,非孝也;莅官不敬,非孝也。"《大戴礼记·曾子立孝》:"孝子善事君,弟弟善事长。"曾子特别看重孝在维护宗法等级制度方面的作用,把事父与事君结合起来,从而使"孝"具有了浓厚的政治意味。可以说,二者的思想倾向是非常一致的。

应该指出的是,《孝经》的理论主张显示出对孔子孝道思想的发展和延伸。这突出地表现在能否对父母谏诤的问题上。《论语·里仁》载:"子曰:'事父母几谏,见志不从,又敬不违,劳而不怨。'"孔子强调,侍奉父母时,对于父母的错误,要委婉地劝说。即使自己的意见没有被听从,仍然恭敬而不违背父母,虽然心忧而不怨恨。《礼记·坊记》载:"子云:'从命不忿,微谏不倦,劳而不怨,可谓孝矣。'"与《论语》的意思相近,且具体要求无大差别。曾子继承并发挥了孔子的孝道思想,《大戴礼记·曾子事父母》记曾子曰:"父母之行,若中道则从,若不中道则谏,谏而不用,行之如由己。从而不谏,非孝也;谏而不从,亦非孝也。孝子之谏,达善而不敢争辨。争辨者,作乱之所由兴也。"曾子本人也是力行"达善而不敢争辨"的谏诤原则,这在曾子"耘瓜受杖"一事上有特别的体现。

但《孝经·谏诤章》也说:"父有争子,则身不陷于不义。故当不义,则子不可以不争于父。……故当不义则争之,从父之令又焉得为孝乎?"此处是孔子为曾子所陈谏诤之义,指出一味地听从父命并不能算是孝。这种思想与《论语》《大戴礼记》中孔子、曾子的思想存在着一定的差别。从先秦、汉初人著书的体例来看,这种差异并不奇怪。伏俊连认为,门人弟子尊其师,述其师之学,必有增益,其义有引申,有发展,有乖违,当是题中应有之义。孔子学说博大精深,孔子之后,孔门弟子及其后学在思想上有所分化,取舍不同,《孝经》论孝与《论语》《大戴礼记》论孝的不同应是对孔子学说进一步发挥的结果,但基本思想是本于孔子的。

由此看来，《四库全书总目》所谓《孝经》与《礼记》相近，"要为七十子徒之遗书"较为近实。从七十子记述孔子之言的角度而言，《孝经》应当是曾子所记其与孔子关于"孝"的对话。孔子去世后，曾子授徒设教。在教学过程中，曾子将孔子零散的讲述进行归纳、润饰，然后系统地转述给自己的弟子，由弟子记录、编辑成书。而曾子弟子在保存和宣传曾子论孝思想的基础上，也提出了一些新的理论主张。李零认为，孔子和曾子都可以算是《孝经》的作者，属于"作""述"相继的 co-author。从这个意义上看，孔子、曾子、曾子的弟子都可以说是《孝经》的作者。《孝经》是由孔子讲论、曾子记述、曾子弟子整理编订而成的著作，成书于春秋末、战国初。在《孝经》的传衍上，曾子显然居于关键地位。

至于是曾子的哪位弟子记录并编辑而成的《孝经》一书，目前学界主要有两种观点。

一种是子思说。彭林认为，用《诗》《书》来"述仲尼之意"，应该是子思的创造。《孝经》在"子曰"之后征引《诗》《书》的体例与子思的作品《缁衣》《表记》等篇的体例非常接近，它们应该是同一个作者或作者群在大体相近的时代完成的作品；同时，郭店楚简多处论孝，与《孝经》相表里，表明对孝的探讨在战国中期相当热烈和广泛，而子思学派在其中起着主导作用。因此，由子思将孔子、曾子论孝的对话编撰为《孝经》一书，是逻辑的必然。虞万里也对《孝经》与《缁衣》进行了比较，指出二者在行文形式、篇题命意等方面有近似之处，可以推定为同一时代同一学派的作品。他指出，从《孝经》开首孔子与曾子对话可知，孔子是《孝经》的第一作者似无疑义。子思接闻于曾子，亦曾博访夫子后学笔录其言论，因此，子思记录、类编《孝经》之可能不能排斥。由《孝经》与《缁衣》《坊记》《表记》《中庸》论孝之章节比较，足见《孝经》与子思子之密切关系。汪受宽也持相同看法，认为子思完全有可能追述其祖孔子的思想，依据其师曾参的传授，再加上自己的发挥，撰作《孝经》。可见，无论从时间上、传授上，还是从思想上，子思都可能是《孝经》的作者。

一种是乐正子春说。胡平生依据《吕氏春秋·孝行览》、《春秋公羊传·昭公十九年》、定县八角廊汉墓出土文献《儒家者言》等史料，提出《孝经》的整理者可能是乐正子春和他的学生，或者是他学生的学生。陈奇猷也认为《吕氏春秋·孝行览》所述是儒家乐正子春学派的言论，他说："本篇下文乐正子春谓'吾闻之曾子，曾子闻之仲尼'。孔门弟子，曾参以孝闻。《公羊传》昭公十九年何休注：'乐正子春，曾子弟子，以孝名闻。'然则乐正子春传曾子之学而自成一派。考《韩非子·显学》谓自孔子死后，儒分为八，有乐正氏之儒，尤为先秦确有乐正子春学派存在之明证。"舒大刚认同此结论，认为《孝行篇》是乐正子春解说《孝经》的传注性文献。郭沂通过分析认为，子思说纯属臆测，《孝经》的记录整理者是乐正子春，并举出三条例证，第一，《孝行篇》为乐正子春一派的作品，与《孝经》关系极为密切，因而《孝经》也当是乐正子春一派传承的典籍。第二，《孝行篇》来自《儒家者言》这类文献，在《吕氏春秋》成书前很久就已经存在，与乐正子春生活的时代相当接近。第三，乐正子春是曾子的得意门生，从《孝行篇》和《礼记·祭义》的记载来看，曾子确实向乐正子春转述过孔子关于孝的言论。而《儒家者言》中"何谓'身体发肤，弗敢毁伤？'曰：'乐正子……'"的记载，也显示出乐正子春本人曾亲授《孝经》，并为之解说。因此，郭沂认为《孝经》是乐正子春记录整理并编辑成书的。

　　以上两说各有道理。子思与乐正子春同受教于曾子，对曾子之孝论均有所继承。曾子在孔门中，以孝闻名，并以孝立教。其思想一是重视仁和内省，一是重视孝悌。曾子继承了孔子的孝治思想，并做了进一步提升，发展为孝道论，由此形成具有鲜明特色的"曾子之儒"。子思基本上是承袭了孔子和曾子的孝治思想，强调仁和内省。而乐正子春则继承了曾子的"孝本论"，提出了以"孝"为核心的思想体系，把"孝"作为最高的德，认为仁义忠信等都应围绕孝而展开，突出了"孝"的政治功能和作用，发展出一种"泛孝论"思想。就《孝经》的内容而言，其所反映的孝道思想与《大戴礼记·曾子大孝》等篇较为接近。《大戴礼记·曾子大孝》的内容又见于《礼记·祭义》和《吕氏春秋·孝行览》,学术界一般认为其是乐正子春一派的作品。因此,从继承曾子思想的角度看,《孝经》的记录编订者应当是乐正子春。

《孝经》也有今文、古文两个版本,《汉书·艺文志》皆有著录。今文本《孝经》有十八章,据说是秦焚书时由河间人颜芝所藏。汉初,颜芝之子颜贞将其献给河间献王。这个本子是用汉代通行的隶书写成的。《汉书·艺文志》载:"汉兴,长孙氏、博士江翁、少府后仓、谏(议)大夫翼奉、安昌侯张禹传之,各自名家。经文皆同,唯孔氏壁中古文为异。"古文本《孝经》有二十二章,出自孔壁中经,是用战国时的蝌蚪文写成的。从时间上推断,这个本子应是战国时成书的《孝经》。孔安国为古文《孝经》作《传》。汉代,今文、古文《孝经》并行。刘向典校经籍,以颜贞所献《孝经》为蓝本,参校古文《孝经》,除其繁惑,定为十八章。东汉时,经学大师郑玄为《孝经》作注。魏晋南北朝时期,今文、古文《孝经》及郑注、孔传都在社会上流行。唐开元、天宝年间,唐玄宗两度为《孝经》作注,颁于天下及国子学。唐玄宗的注释以今文《孝经》为定本,凭借着朝廷的重视而盛行于世,郑注和孔传随之消亡。北宋咸平年间,国子监祭酒邢昺奉诏为唐玄宗御注《孝经》作疏,撰成《孝经注疏》,后被收入《十三经注疏》,成为儒家经学的正统。在倡行孝治的古代中国,上至天子王侯,下至庶民百姓,无不以《孝经》为道德、行为规范的准绳,其影响之广,至为罕见。

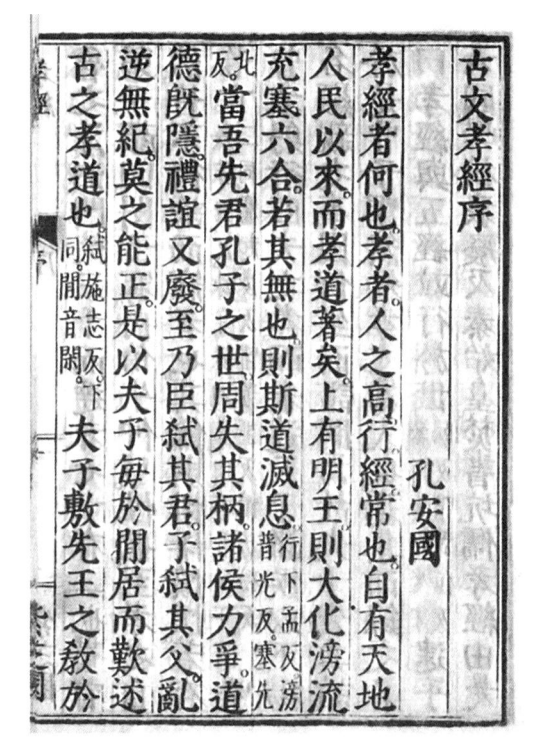

图4-7 《古文孝经》书影

三、传述《大学》

孔子创立的儒家学派十分重视修身、齐家、治国、平天下的理论,把认识论和伦理学说相结合。孔子把这方面的理论思考传授给曾子,曾子又传授给自己的学生,这就是朱熹所说的"孔子之言而曾子述之""曾子之意而门人记之"。

《大学》原为《礼记》中的一篇,其在儒学史上特殊地位的确立,始于唐代的韩愈、李翱。韩愈、李翱将《大学》《中庸》与《论语》《孟子》相提并论。宋代理学大家二程和朱熹都非常重视《大学》,二程对《大学》极力宣扬褒奖,称其为"初学入德之门";朱熹更将《大学》视为"为学纲目""修身治人底规模",把它看作士人、君子为学、修身、治国的依据和规范。因此,朱熹将其从《礼记》中抽出,与《论语》《孟子》《中庸》合为"四书",特加表彰。《大学》被尊奉为儒家正统经典,家弦户诵,更加受人重视,对中国社会产生了重大影响。

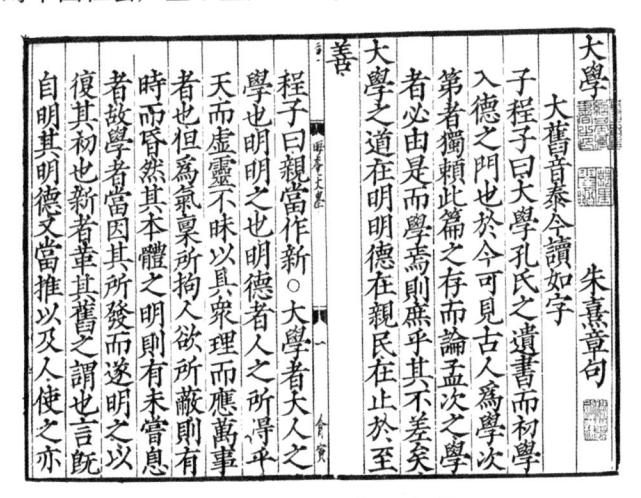

图 4-8 《大学》书影

关于《大学》的作者，孔颖达《礼记正义》引郑玄曰："名曰《大学》者，以其记博学可以为政也。"不言作者为何人，大概是因为在东汉时已不得作者姓名。北宋二程虽未明言"孔氏之遗书"是何人所作，但认为其成书时间可上溯至孔子、曾子时代。《大学》出自曾子或曾子弟子的说法，始于朱熹。

朱子在整理《大学》时，将《大学》分为经传两部分，认为："右经一章，盖孔子之言而曾子述之。其传十章，则曾子之意而门人记之也。"他在《大学章句序》中详细阐述了这一观点的内在联系，认为孔子"不得君师之位以行其政教，于是独取先王之法，诵而传之以诏后世……三千之徒，盖莫不闻其说，而曾氏之传独得其宗，于是作为传义，以发其意。及孟子没而其传泯焉，则其书虽存，而知者鲜矣！"直到宋代，"治教休明。于是河南程氏两夫子出，而有以接乎孟氏之传。实始尊信此篇而表章之，既又为之次其简编，发其归趣，然后古者大学教人之法、圣经贤传之指，粲然复明于世"。这就是说，《大学》是由孔子"诵而传之"、曾子及其弟子记述的"圣经贤传"。后来，朱熹在《大学或问》中对此观点略有修正，他说："正经辞约而理备，言近而指远，非圣人不能及也，然以其无他左验，且意其或出于古昔先民之言也，故疑之而不敢质。至于传文，或引曾子之言，而又多与《中庸》《孟子》者合，则知其成于曾氏门人之手，而子思以授孟子无疑也。"虽然他对《大学》"经"的部分为孔子所作的看法有所怀疑，但仍然坚持"传"的部分成于曾子及其弟子的观点，以之为孔、曾、思、孟一脉相续、道统相承的根据。此后，谨守朱子之说者多依据《大学》探讨曾子学说。宋汪晫《曾子全书》、清王定安《曾子家语》等汇集曾子言行传记的辑本都将《大学》收入其中，将《大学》视为曾子的著作，这皆本于朱熹之说。

自朱子整理错简、改定章句以来，人们对于《大学》一书的作者是谁这一问题，便有不同意见。明代丰坊自言家藏曹魏正始石经《大学》拓本，其中有虞松的《校刻石经表》引贾逵之言曰："孔伋穷居于宋，惧先圣之学不明，而帝王之道坠，故作《大学》以经之，《中庸》以纬之。"子思作《大学》,其他古籍未曾言之,但后人多信以为真,如《四库全书总目》"《曾子全书》提要":"考自宋以前有子思作《大学》之传,而无曾子作《大学》之说。"因此,清代学者对《大学》为曾子所作的观点提出了诸多质疑。

江藩《汉学师承记》载:

> 塾师授以《大学章句》右经一章。问其师曰:"此何以知为孔子之言而曾子述之?又何以知为曾子之意而门人记之?"师曰:"此子朱子云尔。"又问:"朱子何时人?"曰:"南宋。"又问:"曾子何时人?"曰:"东周。"又问:"周去宋几何时?"曰:"几二千年矣。"曰:"然则子朱子何以知其然?"师不能答。

戴震提出的这一问题是非常尖锐的。汪中在《〈大学〉平义》中对此问题进行了详细讨论,他说:

> 《大学》其文,平正无疵,与《坊记》《表记》《缁衣》伯仲,为七十子后学者所记,于孔氏为支流余裔,师师相传,不言出自曾子。视《曾子问》《曾子立事》诸篇,非其伦也。宋世禅学盛行,士君子入之既深,遂以被诸孔子,是故求之经典,惟《大学》之格物致知可与傅合,而未能畅其旨也。一以为误,一以为缺。……门人记孔子之言,必称"子曰""子言之""孔子曰""夫子之言曰"以显之。今《大学》不著何人之言,以为孔子,义无所据。

在汪中看来,《大学》实非孔子或曾子所作,宋儒尊奉《大学》,只是为了构造道统学说而已。

崔述也认为《大学》并非曾子所作,他说:"《大学》之文繁而尽,又多排语,计其时当在战国,非孔子、曾子之言也。然其传则必出于曾子。……盖曾子得之于孔子,而后人又衍之为《大学》者也。"然而,更多的学者认为

《大学》并非战国时期的作品，成书于秦汉之后，并提出种种依据予以论证。他们认为《大学》晚出的一个重要依据是，《大学》与《礼记·学记》有关，是对古代学校制度的反映，而大学制度晚出，故《大学》亦晚出。如陈澧就认为《礼记·学记》与《大学》相互发明，关系密切，二者均是论"大学之道"，《礼记·学记》中的"知类通达"，即《大学》中的"物格知至"；"强立不反"即意诚、心正、身修；"化民易俗，近者说服，远者怀之"即家齐、国治、天下平。"其离经辨志、敬业乐群、博习亲师、论学取友，则格物致知之事也。分其年，定其课，使学者可以遵循，后世教士，当以此为法。"陈澧之后的学者也多认为大学制度形成于秦汉之后，故而将《大学》看作汉代之书。俞正燮在《癸巳存稿》中就称，"《大学》本汉时《诗》《书》博士杂集"。杭世骏在《续礼记集说》中引陆奎勋论《学记》年代的看法，认为《学记》似继《王制》而作，《王制》为汉文帝博士所作，《学记》似当更出其后，其成书时间当在武帝设庠序兴学校之后，那么《大学》的成书时间也当在武帝时。

曾子作《大学》的说法也为近代学者所否定。钱穆认为其书实似成于晚周战国之末或秦人一天下之后。冯友兰认为，《大学》无论是曾子所作还是子思所作，盖以意度之，以前未有其说也，《大学》所说"大学之道"属于荀子一派的学说，成于秦汉之际。徐复观认为"大学"是儒者为适应秦的大一统而提出的观念，从《大学》一书的特性看，当是秦统一天下以后、西汉政权成立以前的作品。蒋伯潜则比较了《大学》与《礼记·学记》《大戴礼记·王言》的内容及联系，重申《大学》为汉代之书。

那么《大学》与曾子学派究竟有没有关系呢？地下文献的出土为解决这一问题提供了新的材料。1993年湖北荆门郭店出土的竹简里有《五行》一篇。据研究，该篇属于孔子之孙子思的作品，曾见于长沙马王堆汉墓帛书。郭店楚简《五行》篇有"经"无"传"，帛书《五行》篇有"经"有"传"，"经"的部分是子思的话，"传"的作者是子思再传弟子世硕。庞朴指出，《五行》篇本来没有"解说"的部分，帛书中"说"的部分是后来缀加上去的。他认为,"竹本《五行》入葬于公元前 300 年左右,成书年代自当更早,其为孟子以前作品无疑。荀子批评子思、孟轲编造'五行',则此篇既早于孟子,其为子思或子思弟子所作,或大有可能"。

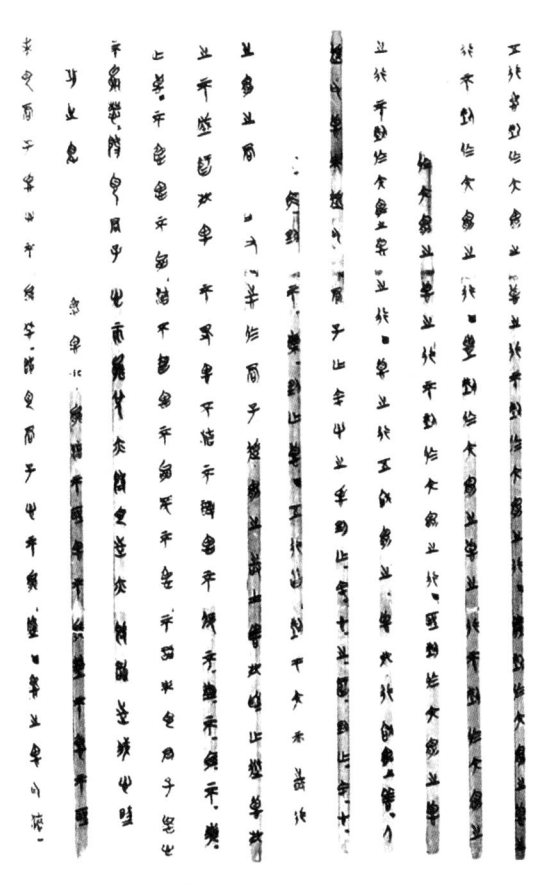

图 4-9　《郭店竹简·五行》图版

从内容看,竹简本《五行》比帛书本《五行》更为原始。帛书本《五行》的经、传前后连贯,李学勤认为其体例和《大学》十分相似。由于传文明记有"曾子曰",而曾子的话又和整个传文不能分割,按战国时诸书通例,这是曾子门人记录曾子的论点,和孟子著书记其与弟子的讨论正同,所以《大学》中传的部分应是曾子所作。曾子是孔子弟子,因而经的部分当是曾子所述孔子之言。虽然"曾子曰"在《大学》中仅此一见,但李学勤强调指出，朱子说《大学》系曾子所作，绝非无因。从现代学术对古书形成问题的研究来看，朱熹将《大学》分为经传两部分，应该是有一定道理的。我国古代较早时代的学派，如儒家、道家，其学术观念的形成往往有一个薪火相传的过程。因此，罗新慧明确指出，《大学》一篇是由曾子创建理论框架、曾子一系的儒家弟子进行补充而成的。其之所以被分为经传两部分，原因应该就在于此。梁涛则认为，《大学》并非分经传两个部分，它原来就是独立的一篇。他虽然不同意李学勤将《大学》分为经传两部分的主张，但仍肯定了传统上认为《大学》成于曾子或其弟子的说法。

从思想来看，《大学》与《论语》等书记载的曾子言论也有一致之处。高度重视个人的道德修养是儒家学派的一大特色。曾子承孔子之学，在道德修养上提倡"内省"，在道德实践上注重"笃行"。《论语·学而》载曾子说"吾日三省吾身"，曾子认为应每天进行自我检查，严于律己，时刻反省自己的言行是否符合道义，力求改过迁善。《大戴礼记·曾子立事》载曾子曰："君子不先人以恶，不疑人以不信，不说人之过，成人之美，存往者，在来者，朝有过夕改则与之，夕有过朝改则与之。"曾子认为与人交往，要遵守孔子"君子成人之美，不成人之恶"的教导。曾子之学，贵在笃行求知。他认为，人的外在言行受内在思想的支配，思、言、行高度统一，才能臻于至善。《大戴礼记·曾子立事》说："君子虑胜气，思而后动，论而后行，行必思言之，言之必思复之，思复之必思无悔言，亦可谓慎矣。""虑胜气"就是思想战胜血气的冲动。只有做到"君子三戒""三思而后行"，才能实现思想和言行的内外一致，这就叫"作于中则播于外"。也就是要把外在的规则、约束内化于心，使内心的美德自然而然地流露出来，从而实现内外、表里的和谐统一。

曾子以"忠恕"发明孔子"一贯之道"。宋儒解释"忠恕"曰："尽己之谓忠，推己之谓恕。……或曰：'中心为忠，如心为恕。'"显而易见，"忠恕"突出了"心"在道德修养中的作用，尽己之心以求仁道，就可以防止懈怠而"不违仁"。我们说，曾子以"忠恕之道"为基础，确立了以"内省"为特色的"修心论"。这一思想特征在《大学》中有突出的反映。《大学》强调"正心",以"正心"为修身的手段,而"正心"又包括"诚意"与"致知"两个方面。"诚意"是由内而外,"所谓诚其意者,毋自欺也"。毋自欺就是"慎独",指一个人独处时的意识活动,这是一个人在人生的各种实际活动中向善还是向恶的关键所在。只有做到"慎独",方能"诚于中,形于外",好善而恶不善。意诚而后心正,心正就能够端正愤恨、恐惧、好乐、忧患等情感。思想端正了,才能防止愤恨、恐惧、癖好、忧伤等情感的偏向对纯正心灵的损害,才能提升德性完善的自觉性。"致知"是由外而内,以外在的"知"使内心得到充实和安顿。君子知所以修身,则知所以事亲;知事亲,则知所以治人;知所以治人,则知所以治天下国家。道德的实践工夫必由"格物致知"入手,循序而进。由此来看,"正心"实际上是从道德意志和经验认知两个方面发挥"心"的支配作用,将其从欲望、情绪中超拔出来。《大学》"以修身为本"的主张与曾子思想是一致的,正如陈荣捷所说,《大学》的挈矩方式,从内容论,究竟不外是以"忠恕"为一贯的仁。

从《大学》对修身目标的设计来看,《大学》吸收发展了孔子、曾子在内的儒家学派的伦理思想因素,将"忠恕之道"移用于政治领域。《大学》首章云:"大学之道,在明明德,在亲民,在止于至善。"明德、亲民、止于至善构成了《大学》的基本思想和纲领。"明明德"是发扬自身固有的光明品德,主要指修身。"亲民"即"新民",使人弃旧图新、去恶从善。既明己之明德,当推己及人,使民德归厚。"止于至善"即人的道德修养达到最完美的境界,这是修身的目标和结果。从明明德到亲民再到止于至善,实际上是道德品质无限完善的递进过程。

在"三纲领"之后,《大学》又提出了格物、致知、诚意、正心、修身、齐家、治国、平天下的"八条目",对其做了进一步发挥。以修身为界,"八条目"又分为两个部分,修身以上,格物、致知、诚意、正心四者专注于心性修养,属儒家的"内圣"之学;修身以下,齐家、治国、平天下是君子的行为规范及治政之事,属儒家的"外王"之功。《大学》把"修身、齐家、治国、平天下"作为政治理想的最终目标，这就使得《大学》之道带有浓厚的政治伦理色彩，把事功建立在修身明德的基础上，更突出了修身的作用。

《大学》将"诚意""致知"统一在"正心"的工夫之内，通过"格物、致知、诚意、正心、修身、齐家、治国、平天下"这样一个由外而内又由内而外的不断升华过程，构建了"内圣而外王"的道德实践方法。这一逻辑系统显然是沿着孔子—曾子—《大学》的思想线索不断扩充完善的，并对其后的子思、孟子思想产生了影响。因此，可以肯定《大学》与曾子思想存在着较为直接的关系，《大学》属于曾子一系的可能性较大。

清代学者阮元在《曾子十篇注释序》中说："七十子亲受业于孔子，其言之无异于孔子而独存者，惟《曾子》十篇乎？曾子修身慎行，忠实不欺，而大端本乎孝，孔子以曾子为能通孝道，故授之业，作《孝经》。今读《事父母》以上四篇，实与《孝经》相表里焉。"阮元将《曾子》十篇、《孝经》、曾子紧密联系起来，并提出"从事孔子之学者，当自《曾子》始"的主张。由此可见，曾子通过著书立说传播发展儒学，其建构的修身、孝道思想体系对后人产生了巨大影响。

孔子晚年潜心于授徒和整理古代文献，为中华文化的发展做出了划时代的伟大贡献。孔门弟子承其遗风，著书立说，蔚成学派，号为儒家，掀起了儒学传播的第一个高潮。蒋伯潜将战国初年的儒学发展期称为"儒家全盛时期"，对孔门后学传扬师说的成绩给予了极高的评价。而曾子以自己的深邃思考和具体阐述，更是将儒学推进到一个新的发展阶段，对孔子学说的传播具有极其重要的作用。

第五章 曾子的修身思想

高度重视个人的道德修养是孔子思想、儒家思想的一大特色。孔子提出"修己以敬""修己以安人""修己以安百姓"的主张,把"修己"作为君子实现理想的基本前提。因此,孔子在教导学生时,十分注重道德境界的提升,倡导通过内在的身心修养来塑造理想的君子人格,以实现齐家、治国、平天下的目标。在修养方法上,孔子提倡"见贤思齐焉,见不贤而内自省也",教育弟子以贤人为榜样,以不贤的人为反面教材,进行自我反省。曾子深受孔子"见不贤而内自省""见其过而内自讼"的启发,提出"吾日三省吾身"的修养方法,强调"心"的功能和作用,以反观内省作为个人修身的工夫,把肇始于孔子的儒家"修己"思想发展为"修心"的致思路向。曾子将这种向内求索、反求诸己的精神贯穿于日常言行和生活实践中,使人格境界日渐升华,亦使自己成为深受后人崇敬的典范。

图5-1 丑次同车(《孔子圣迹图》)

一、曾子对君子人格的推崇

春秋战国之际，正是新兴士阶层形成的关键时期。在社会剧烈变动的大环境下，相对于宗法等级制度中位处低级贵族的武士阶层而言，新兴的士阶层更多地展现出一种理想主义精神。孔子倡导"士志于道"，强调"士"不论穷达贵贱，都应当"谋道不谋食""忧道不忧贫"，做一个不为权势所屈、超越个人和群体利害得失的道德淳厚、精神境界高尚的君子。曾子在孔子以道自任的基础上，发扬师教，把对士的道德要求提到更高层次，赋予其恢宏刚毅的人格精神和"仁以为己任"的价值取向。曾子对儒家理想君子人格的塑造，进一步充实了儒家的修身学说，对后世产生了深远影响。

古代的士本是贵族阶级的最低一层。顾颉刚在《武士与文士之蜕化》中说，士"有统驭平民之权利，亦有执干戈以卫社稷之义务"，皆为有一定职事的武士。到了春秋战国时代，由于社会秩序的崩坏，士阶层成为上层贵族和下层庶民降升汇合之所，士的队伍发生了前所未有的剧烈变动。政争中失败的贵族，其子孙不可避免地沦为士、庶，甚至皂隶，而农人之秀出者则上升为士。从曾参的家世来看，从高等贵族的鄫世子巫到庶人身份的曾晳、曾参，可以说是"三后之姓，于今为庶"的典型例证。据《吕氏春秋》等文献所载，春秋战国之交，庶人以学术仕进者已经大批出现。士、庶的合流不仅使得士阶层人数激增，也使得士人与庶人之间的界限变得模糊不清、士人身份更渐趋复杂。在这样的历史变迁情势下，如何定位"士"的角色成为时人关注的问题。孔门弟子多次向老师请教"如何为士"的问题，其中较为著名的一章就是"子贡问士"。

据《论语·子路》记载，子贡问老师孔子："怎样才可以称为士？"孔子说："行己有耻，使于四方，不辱君命，可谓士矣。"子贡说："请问次一等的。"孔子说:"宗族称孝焉,乡党称弟焉。"子贡又问:"请问再次一等的。"孔子说:"言必信,行必果,硁硁然小人哉!抑亦可以为次矣。"春秋时,世卿世禄制已渐渐不能适应社会发展的需要,而士又为执政集团输入了新鲜血液。正是在这样的背景下,子贡问孔子怎样做才能称得上"士",从而具备从政的资格。

在孔子那里,"士"可以说是一个非常光荣的称号。所以,他对"士"也有较高的要求。"行己有耻"是说自己要有廉耻意识,这显然是道德方面的要求。"不辱君命"是说能完成重大使命。德行高尚,又能为国建功,这是第一等的士。同宗族的人称赞他孝顺父母,乡党邻里称赞他尊敬兄长,这是第二等的士。说话可信,做事果敢,不问是非地固执己见,虽然是小人,不过也可以算是再次一等的士了。孔子对"士"的最低要求是"言必信,行必果",但这并不是成为士的唯一条件,关键还在于是不是有德。而当世的一些卿大夫只是些"斗筲之人",只知道喝酒吃饭,尸位素餐,鄙不足道。在这里,孔子提出,"士"应当以"行己有耻"为本。只有士人知廉耻、砥德砺行、珍惜名节,天下才能形成良风美俗。

这样,孔子就对"士"赋予了更多的德性要求。孔子提倡"为政以德",要求治理者首先要有德,如此才能以德性为基础把国家治理好。孔子认为"士"应当是道的承担者,强调"士志于道",认为士要有高尚远大的理想和追求。在孔子看来,如果一个人"志于道"而讲究吃穿,以恶衣恶食为羞耻,就不足以和他共谋大事。孔子说:"君子谋道不谋食。耕也,馁在其中矣;学也,禄在其中矣。君子忧道不忧贫。"君子应该谋求道义而不谋求食物。耕种,有时还会挨饿;学习,却可以得到俸禄。君子只担心道不能行,不担心贫穷。如果眷恋安逸的生活,岂能为士?

孔子认为"士"不仅要注重事功的建立,更要注重德性的修养。显而易见,孔子对"士"的阐释已经超越了传统之"士"的内涵,突出了"士"的道德情操和价值取向。曾子沿着孔子的这一思路,将"士"的道德要求提升到一个新的高度,把"士志于道"的精神推向极致。《论语·泰伯》记曾子之言说:"士不可以不弘毅,任重而道远。仁以为己任,不亦重乎?死而后已,不亦远乎?"曾子的这段话可谓儒家"士"精神的真实写照。曾子认为,"士"不仅要具有高尚的情操和品行,更要有恢宏的心灵、高尚远大的理想和改造社会的责任感。经过以孔子、曾子为代表的儒家学派对"士"内涵的设定,"士"的特性已基本确定。与此相伴随的是,儒家理想境界中的君子人格也得以确立。

"君子"最初是指有较高社会地位的人,后用来称颂才德出众的人。春秋时代,孔子所谈论的"君子"主要分为政治意义上的君子和人格意义上的君子两种类型。自孔子开始,儒家学派便不断为"君子"注入道德的内涵,将其作为儒家理想人格的象征。儒家提倡的"为己"之学实际上就是培养理想人格的学说。我们通过《论语》所记载的孔子言论可以知道,孔子提倡的君子人格具有非常丰富且深刻的内涵。

首先,孔子认为君子必须以道德追求为重,应尚德、崇仁、明义。《论语·宪问》:"南宫适问于孔子曰:'羿善射,奡荡舟,俱不得其死然。禹、稷躬稼而有天下。'夫子不答。南宫适出,子曰:'君子哉若人!尚德哉若人!'"羿善射,奡荡舟,俱不得其死,是因为无德。禹、稷躬稼而有天下,是因为有德。南宫适能提出这样的问题,说明他已经认识到这一点,所以孔子称许他是尚德的君子。《论语·里仁》记孔子曰:"君子无终食之间违仁,造次必于是,颠沛必于是。"君子哪怕一顿饭的工夫都不背离仁,仓促匆忙时一定想着仁道,困顿流离时也执着于仁道。可见孔子要求君子时刻不能忘记仁。孔子同时认为君子应"见得思义"。重义还是重利是孔子区分君子和小人的一个标准。"君子喻于义"就是说一个有道德、受人尊重的人应该明义,而不能一味地追求利。孔子特别指出:"君子义以为质,礼以行之,孙以出之,信以成之,君子哉!"也就是说,君子要坚守义,按照礼的规范来行动,保持谦逊、诚信的品格。

其次,君子必须要有渊博的学识和上进精神。孔子提倡"博学于文""君子不器",认为君子不要做像器物一样只有一种用处的人,要具备多种本领。《论语·卫灵公》载:"君子病无能焉,不病人之不己知也。"孔子同时强调君子应当好学上进,自强不息。《论语·宪问》记孔子说:"君子上达,小人下达。"上达就是向上看齐,向前努力。孔子又说他自己"不怨天,不尤人,下学而上达"。孔子以此自许,以身行教,表明了对上进精神的重视,也说明君子应当以此为信条,自强上进。

最后,君子必须重视道德践履。在这一方面,孔子提出了许多要求,如"言之必可行也""君子欲讷于言而敏于行""君子耻其言而过其行""听其言而观其行"等,都在强调君子务必言行一致,切实去做,避免那些言不顾行、言过其行,甚至"色取仁而行违"的弊病。君子只有重躬行、重实践,才能渐臻道德美善之境。

当然,孔子对君子人格的规定是多方面、多角度的。孔子认为只要在某一方面或某些方面达到要求,便可称为君子,而不是在各个方面都达到要求才能称为君子。这种人人可以成为君子的君子观既有丰富而积极的思想内涵,又有广泛而深刻的社会意义,对后世影响至深。

曾子对孔子所设定的君子人格尤为推崇。曾子理想中的君子对"以道自任"的追求更为强烈。在曾子看来,君子为了实现"义"的目标,应当"难者弗辟,易者弗从,唯义所在",不避艰险,坚韧弘毅,死而后已。所以,他提出了"可以托六尺之孤,可以寄百里之命,临大节而不可夺也"的君子观。《大戴礼记·曾子制言中》记曾子曰:"故君子进则能益上之誉,而损下之忧;不得志,不安贵位,不博厚禄,负耜而行道,冻饿而守仁,则君子之义也。"这凸显了君子无论贵贱、荣辱,都能贯彻君子大义,富有正义感和牺牲精神的特征。

在君子的道德修养方面,曾子发展了孔子"行己有耻"的思想,提出了"有耻之士"的概念,更为关注士人内心世界的充实。什么是"有耻之士"?《大戴礼记·曾子制言上》记曾子曰:"夫有耻之士,富而不以道,则耻之;贫而不以道,则耻之。"曾子认为,"有耻之士"就是不为利所诱,不为势所屈,不论穷达都坚持仁义之道的君子。只有这样的人,才能真正做到"直言直行，不宛言而取富，不屈行而取位"。据《大戴礼记·曾子立事》记载，曾子多次提到君子应当知耻：

> 君子见利思辱，见恶思诟，嗜欲思耻，忿怒思患，君子终身守此战战也。
>
> 夸而无耻，强而无惮，好勇而忍人者，君子不与也。
>
> 少称不弟焉，耻也；壮称无德焉，辱也；老称无礼焉，罪也。

由此出发，自然能从内心生发出一种道德尊严感，展现君子的美好品质。天下有道，兴道之士可以有所作为；但是当天下无道时，兴道之士或易其志，有耻之士却能自守节操。因此，曾子强调："故君子不贵兴道之士，而贵有耻之士也。"

从内在的方面看，君子的特点首先表现为谦逊好学。孔子倡导"敏而好学，不耻下问"，强调"笃信好学，守死善道"，并指出不好学的各种弊端："好仁不好学，其蔽也愚；好知不好学，其蔽也荡；好信不好学，其蔽也贼；好直不好学，其蔽也绞；好勇不好学，其蔽也乱；好刚不好学，其蔽也狂。"显然，在孔子看来，好学是君子的鲜明特征。曾子推崇颜渊"以能问于不能，以多问于寡；有若无，实若虚；犯而不校"的好学精神，体现了对好学的高度重视。对于这种好学态度，曾子有更为具体的表述。《大戴礼记·曾子制言上》载曾子曰："不能则学，疑则问，欲行则比贤，虽有险道，循行达矣。今之弟子，病下人，不知事贤，耻不知而又不问，欲作则其知不足，是以惑暗。"《大戴礼记·曾子立事》又载："君子既学之，患其不博也；既博之，患其不习也；既习之，患其无知也；既知之，患其不能行也；既能行之，贵其能让也。君子之学，致此五者而已矣。"曾子认为，提高学识和道德修养的最好办法就是勤学好问。不会就学，有疑就问，想方设法向贤人看齐，既注重博学，又重视习行，同时有谦让之德，将知识的积累与德性的提升相互统一，这些都是君子的内在品格。

曾子特别重视君子言与行的统一，强调道德必须付诸实践。他说，"言者，行之指也""思而后动，论而后行"，指出言是行动的指南，必须切实可行，才具有指导意义。在言、行的关系上，曾子更为重视笃行，认为行重于言，"君子执仁立志，先行后言"。曾子认为君子在行为方面应以"执仁立志"为先导，以体现君子的人格力量；同时以仁义约束自身行为，"思而后动，论而后行"，以体现君子的理性思维。君子应当以仁义之道为目标，自愿接受该目标并乐于践行。曾子强调："君子博学而孱守之，微言而笃行之，行必先人，言必后人，君子终身守此悒悒。"至于那些"博学而无行""巧言令色，能小行而笃"的人，曾子则认为他们难以达致仁义之道。所以他曾直言不讳地说："行而不能遂，耻也！"

总之，曾子对儒家君子人格的塑造提出了更高的德性价值期许。孔子把君子修身的目标归结于齐家、治国、平天下等外在功业的实现，所谓"学而优则仕"，显然是希望通过出仕以行道，这也成为传统社会知识分子的人生道路。与孔子相一致，曾子也主张君子应先修身而后入仕。但曾子认为君子为学与修身的目标并非仅仅在于入仕，还在于个人道德情操的提升。无论仕与不仕，君子都应当勤于修己，保持人格独立，潜心于自身道德的培养与人格的升华。曾子说："君子进则能达，退则能静。岂贵其能达哉，贵其有功也；岂贵其能静哉，贵其能守也。夫唯进之何功，退之何守，是故君子进退有二观焉。"君子进仕能够通达，退而居家能够静处。进仕不看重他是否通达，而是看重他于国于民有功；居家不看重他能静处，而是看重他有操守。评价一个君子，主要看他进仕有什么功劳，退居有什么操守，所以君子一进一退就有这两种察看的办法。虽然"齐迎以相，楚迎以令尹，晋迎以上卿"，但曾子皆不应命，固然有养亲的因素，但亦应作如是观。

曾子理想中的君子更偏重于道德修养。罗新慧认为，曾子这种道德修养至上的理论具有伦理学上人格主义的倾向，与儒家修身、齐家、治国、平天下的思路有别。曾子关于修身的理论，从内在心性的培养方面进一步扩充了儒家的修身学说，促进了人的主体意识的觉醒，使人更加充分地认识到自身的价值和意义。

二、尊仁贵仁

仁是孔子思想的核心，代表着生命的最高境界。从本质上看，孔子提倡的仁学就是爱人之学，也就是关爱他人、惠爱百姓、为民众谋福祉的学问。林存光、郭沂在《旷世大儒——孔子》一书中曾说，仁学是孔子最得意的理论创造，孔子仁学的主要贡献就是将仁直截了当地归结为生命、人心，体现了人对生命的珍惜、热爱与尊重。在礼崩乐坏的春秋时代，孔子强烈主张在社会上推行仁，强调"君子笃于亲，则民兴于仁"。君子之德可以起到表率作用。君子以身作则，做到了"亲亲"，那么民众就会效法，国家自能兴于仁。曾子秉持孔子"志于仁"的教诲，"先立乎其大者"，进一步号召有识之士勇于担当为仁的重任，强调生命不息，奋斗不止。曾子在儒家道统谱系中的尊崇地位与其传承儒家薪火、光大孔子学说有密切关系，同时与其"仁以为己任"的价值追求和恢宏刚毅的人格精神表里相应。而这种价值追求和人格精神在曾子的仁道观中极为突显。

《论语·卫灵公》记有孔子论行仁的一句名言："志士仁人，无求生以害仁，有杀身以成仁。"那些"志士仁人"之所以"无求生以害仁，有杀身以成仁"，是因为仁比生命更为宝贵，为了成就仁，他们可以牺牲自己、献出生命。曾子同样强调仁，对仁给予了特别的重视，提出了"以仁为尊""仁为贵"的主张。

《大戴礼记·曾子制言中》载曾子曰："是故君子以仁为尊。天下之为富，何为富？则仁为富也；天下之为贵，何为贵？则仁为贵也。昔者，舜匹夫也，土地之厚，则得而有之；人徒之众，则得而使之；舜唯以得之也。是故君子将说富贵，必勉于仁也。"在这里，曾子对仁与富贵的关系做了深刻辨析。他认为人生在世,最尊贵和最值得崇尚的东西不是名与货,也不是富与贵,而是仁。这种看法直接承之于孔子。《论语·里仁》曰:"富与贵,是人之所欲也;不以其道得之,不处也。贫与贱,是人之所恶也;不以其道得之,不去也。君子去仁,恶乎成名?君子无终食之间违仁,造次必于是,颠沛必于是。"就富贵爵禄而言,君子并不是不谈富贵,不追求富贵,更为重要的是不以一己之富贵为念,应时时关切天下、心系众生。比如,大舜只是一个平民,却能够拥有广博的土地、众多的民众,他是凭什么做到的呢?曾子认为,唯以仁得之。再如,伯夷、叔齐"居河济之间,非有土地之厚,货粟之富也",饿于首阳之下,民到于今称之,这是因为他们修明仁德,以言行为天下人做表率。因此,君子追求富贵,必须在仁德上下功夫。仁是富贵和成名的基础,是一个人生命中最重要、最宝贵的东西。践行仁德理所当然是一个人一生中最重要的事情。

《礼记·表记》载孔子曰:"仁之为器重,其为道远。举者莫能胜也,行者莫能致也。取数多者,仁也。夫勉于仁者,不亦难乎?"孔子认为,仁就像一件非常贵重的器具,就像一条非常长远的道路。没有人能够承受得起这重器,也没有人能够完整地走完这长路。我们只能以行善事多者为仁。像这样,努力践行仁德,勉力于仁,不是很难得吗?在儒家的人生哲学中,仁是一切道德的根本,是完美理想的人格。凡想做君子的人,都必须具有求仁的决心和勇气。

曾子继承了孔子"勉于仁"的教导,极为关注个体的道德培养。他对那些华而不实、谄媚逢迎之徒提出了尖锐的批评。《大戴礼记·曾子立事》曰:"足恭而口圣,而无常位者,君子弗与也。巧言令色,能小行而笃,难于仁矣。"足恭,指以形体顺从于人;口圣,指柔顺其口,以言语恬取人意;巧言,指以言语悦人;令色,指以颜色容貌悦人;小行,指行细微之事,即子夏所说的"致远恐泥"之小道,与"足恭"的意思相同。在曾子看来,以言语、形体、颜色饰于外,逢迎取悦于人的行为皆非君子之所为,应当毫不犹豫地摒弃。他再三申诫,君子只有努力向仁,加强自我修养,才能够入仕建功、长守富贵之位，所谓"事父可以事君，事兄可以事师长，使子犹使臣也，使弟犹使承嗣也；能取朋友者，亦能取所予从政者矣"（《大戴礼记·曾子立事》）。这既符合孔子"禄在其中"之旨，亦是"修己安人"的必然要求。《论语·子张》载，曾子的弟子阳肤受鲁国大夫孟氏（仲孙氏）之命做典狱官，上任之前，曾子语重心长地对阳肤说："上失其道，民散久矣。如得其情，则哀矜而勿喜！"曾子劝告他在天下失去正道、民众离心离德的情况下，更要努力做到修身以待众、宽仁以爱民。以仁者爱人为起点，曾子提出了"仁以为己任"的思想，把实现仁德于天下作为自己的责任和修身的目标，可谓深得孔子仁学之真精神。

在孔子那里，仁、义并未连用，但曾子将仁、义结合起来，视为人生修养的最高目标。以前一般认为仁、义连用始于《孟子》。实际上，曾子已开仁、义连用之端。这也是曾子对孔子仁学理论的重要发展和贡献。他说："是故君子思仁义，昼则忘食，夜则忘寐……"在曾子的心目中，仁义的价值远大于财富与爵位。他曾说："晋楚之富，不可及也；彼以其富，我以吾仁；彼以其爵，我以吾义，吾何慊乎哉？"（《孟子·公孙丑下》）慊，恨也，少也，也就是遗憾、不足的意思。他有他的财富，我有我的仁德；他有他的爵位，我有我的道义。有仁有义，生命自然充实饱满、光明磊落，自然不会因艳羡晋楚之富而心怀憾恨。所以，曾子有言："布衣不完，疏食不饱，蓬户穴牖，日孜孜上仁，知我吾无䜣䜣，不知我吾无悒悒。"（《大戴礼记·曾子制言中》）王聘珍注曰："孜孜，不怠之意。上仁，尊仁也。䜣䜣，喜也。"虽然穿布衣，吃菜食，以蓬为户，凿土室为窗，但每天孜孜不倦地追求仁义，不因人知我而欣喜，也不因人不知我而忧愁。"穷处而荣，独居而乐"（《荀子·儒效》），人心中有仁义，活得才有价值。

践行仁义最紧要的问题是如何处理好义与利的关系。儒家强调的"义利之辨"凸显了两种不同价值追求之间的矛盾。《孔子家语·在厄》载："曾子弊衣而耕于鲁，鲁君闻之而致邑焉。曾子固辞不受。"曾子"弊衣而耕"，却坚辞鲁国国君赠送的封地，不因贫困而改易操守，这正是孔子所说的"贫与贱,是人之所恶也;不以其道得之,不去也",也是曾子坚贞志节的写照。

从社会发展的角度而言,求利求富是人类追求美好生活的基础。孔子不仅称许善于居家理财的卫国大夫公子荆,而且对从事货殖"亿则屡中"的子贡赞扬有加,这反映了孔子对求富的基本态度。当然,孔子对于求富是务实而理性的。孔子曾言:"富而可求也,虽执鞭之士,吾亦为之。如不可求,从吾所好。"(《论语·述而》)如果天下有道,财富可求,即使是做一个执鞭的人,我也干。如果不可求,就干我想干的。"富而可求"隐含的前提是天下安定、社会和谐。在一个政治清明的社会,我们就应该积极进取,追求财富,创造财富,实现民富国强的理想。《孔子家语·致思》记载了曾子的求富思想:

> 曾子曰:"入是国也,言信于群臣,而留可也;行忠于卿大夫,则仕可也;泽施于百姓,则富可也。"孔子曰:"参之言此,可谓善安身矣。"

曾子认为,一个人进入一个国家,如果国君的言论能被众多的大臣相信,那么他就可以留下来;如果国君的行为被卿大夫们认为是讲求忠信,那么他就可以在这个国家做官了;如果国君的恩泽施行于百姓,那么他就可以在这里求富。曾子之言深得孔子赞赏。孔子称赞他是一个善于立身的人。求富首先当然是满足物质方面的需求,能够"仰足以事父母,俯足以畜妻子,乐岁终身饱,凶年免于死亡"(《孟子·梁惠王上》)。但关键的问题是,我们在求取富贵的时候,如何坚守仁义以避免误入歧途、迷失自我呢?《大戴礼记·曾子制言上》记载了曾子的看法:

> 故君子不贵兴道之士,而贵有耻之士也。若由富贵兴道者与贫贱,吾恐其或失也;若由贫贱兴道者与富贵,吾恐其赢骄也。夫有耻之士,富而不以道,则耻之;贫而不以道,则耻之。

虽然人的欲望没有穷尽，但人不能为欲望所牵制，而甘做欲望的奴隶。孔子曾说："邦有道，贫且贱焉，耻也；邦无道，富且贵焉，耻也。"（《论语·泰伯》）他极力主张富贵之"得之"必须"以其道"，认为以不仁不义的手段获得富贵是可耻的。曾子"贵有耻"的主张发扬的仍是孔子见利思义、以道致富的观念，无论是追求富贵还是摆脱贫贱，都应以合乎仁义之道为准绳。曾子曾说："是故君子苟无以利害义，则辱何由至哉？"（《大戴礼记·曾子疾病》）故西汉桓宽推崇曾子，说："不义而富，无名而贵，仁者不为也。故曾参、闵子不以其仁易晋、楚之富。"（《盐铁论·地广》）

在关注道义、求富的同时，曾子也尤为关注人在富不可求的情况下应怎样自处的问题。《大戴礼记·曾子制言中》载曾子之言曰："君子无悒悒于贫，无勿勿于贱。"君子不要因贫困而忧戚不安，也不要忙于摆脱贫贱。因为成就君子之名依靠的是仁德，而不是富贵或者贫贱。正如曾子所说："是故君子错在高山之上，深泽之污，聚橡栗藜藿而食之，生耕稼以老十室之邑。是故昔者禹见耕者五耦而式，过十室之邑则下，为秉德之士存焉。"（《大戴礼记·曾子制言下》）曾子作为一个"言顾行，行顾言"（《中庸》）的笃实君子，尤其具有安于贫贱的坚韧精神。《庄子·让王》载："曾子居卫，缊袍无表，颜色肿哙，手足胼胝。三日不举火，十年不制衣，正冠而缨绝，捉衿而肘见，纳屦而踵决。曳縰而歌《商颂》，声满天地，若出金石。"《论语·雍也》载孔子称赞颜回："一箪食，一瓢饮，在陋巷，人不堪其忧，回也不改其乐。"不言而喻，曾子亦具有"君子谋道不谋食""忧道不忧贫"的安贫乐道精神，故庄子为之击节赞叹："天子不得臣，诸侯不得友。故养志者忘形，养形者忘利，致道者忘心矣。"

据《论语·季氏》记载，齐景公有马千驷，"死之日，民无德而称焉"。可见那些"放于利而行"的富而无德、为富不仁的人，无论地位多么显赫，都不会真正受到尊重。人不论穷达贵贱，都应当"富而好礼""安贫乐道"，做一个不希利禄、不畏权势、超越个人和群体利害得失的道德淳厚、精神境界高尚的君子。故曾子强调："冻饿而守仁，则君子之义也。"《韩诗外传》

记载了曾子"吏禄娱亲"的故事：

> 曾子仕于莒，得粟三秉。方是之时，曾子重其禄而轻其身。亲没之后，齐迎以相，楚迎以令尹，晋迎以上卿。方是之时，曾子重其身而轻其禄。怀其宝而迷其国者，不可与语仁。窭其身而约其亲者，不可与语孝。任重道远者，不择地而息。家贫亲老者，不择官而仕。

曾子是个大孝子，为了养亲，即使"禄不过钟釜"，他也"欣欣而喜"去任职。这时，他是"重其禄而轻其身"，不择官而仕。亲没之后，他是"重其身而轻其禄"，哪怕齐、楚、晋等国争相迎聘他做大官，也不屈身于荣华富贵。曾子之所以如此，是因为他视富贵为权势者的垂钓之饵。《说苑·谈丛》载曾子之言曰："鹰鸷以山为卑，而增巢其上；鼋鼍鱼鳖，以渊为浅，而穿穴其中。卒其所以得者，饵也。君子苟不求利禄，则不害其身。"一个人"不安贵位，不博厚禄，负耜而行道，冻饿而守仁"（《大戴礼记·曾子制言中》），"不诌富贵，以为己说"（《大戴礼记·曾子制言下》），就能战胜世俗欲望的诱惑，提升培养、完善德性的自觉性、主动性。

图 5-2 吏禄娱亲图（王定安《宗圣志》）

曾子之学以修身为本，以践行仁义为要。一切不仁不义、见利忘义的行为，曾子都是坚决反对的。曾子说："凡行不义，则吾不事；不仁，则吾不长。奉相仁义，则吾与之聚群向尔；寇盗，则吾与虑。国有道则突若入焉，国无道则突若出焉，如此之谓义。""若"，同"然"。"突若"就是突破阻力而出入的意思。这段话可谓曾子立身处世的真实写照。曾子说，凡是做事不讲道义的人，我不去侍奉他；没有仁爱的人，我不把他看作长上。辅佐君主行仁义的，我就和他们结成一群；遇到盗寇，我就不为他们谋划。国家有道就入其国，国家无道就离开，诸如此类都可以称为"义"。

立足于对"义"的理解和定位，曾子强调，君子应当直言直行，"不宛言而取富，不屈行而取位。畏之见逐，智之见杀，固不难；诎身而为不仁，宛言而为不智，则君子弗为也"。君子应正直地发言和做事，不靠花言巧语来获得财富，不靠屈从他人来获得官位。敬以安身反而被驱逐，智以保身反而被杀害，仍不以为患；至于委屈自身去做不仁的事情，巧言令色而说不智的话，君子是不会干这样的事的。所以，他告诫世人，"吾不仁其人，虽独也，吾弗亲也。故君子不假贵而取宠，不比誉而取食，直行而取礼，比说而取友，有说我则愿也，莫我说，苟吾自说也"。如果你知道那个人不行仁道，即使自己孤独，也不要去亲近他。所以君子不凭借权贵的力量来获得显荣，不攀附名誉来求取俸禄，遵循直道、努力践行仁义以获得他人的礼待，以亲和相悦来结交朋友，有人喜欢我是我希望的，没人喜欢我，我就自得其乐。曾子还说，在天下无道的时候，仍然坚持正道而行，以致见逐见害，僵死于路途，曝尸荒野，这不是士的罪过，而是在上位者的耻辱啊！

行仁义、重立身的精神可谓贯穿了曾子的一生。曾子于疾病危重之时，仍坚持易簀，真可谓一息尚存，志未少懈，真正做到了"君子见利思辱，见恶思诟，嗜欲思耻，忿怒思患，君子终身守此战战也"。《大戴礼记·卫将军文子》记孔子称赞曾子合乎"四德"："孝，德之始也；弟，德之序也；信，德之厚也；忠，德之正也。参也中夫四德者矣哉！"在切身的道德实践中，曾子超越了耳、目、口、鼻等外在物质性的追求，执着于仁义、诚信、友善等内在精神的培养。曾子提倡以仁为尊、以仁为贵、仁义并举、内外兼修,继承并发展了孔子的仁学,丰富了儒家的伦理道德体系。

三、内省修己

儒家注重修身,倡导"为己"之学。孔子常常说到"克己",强调以礼作为自身行为规范,约束、克制私欲,做到"非礼勿视,非礼勿听,非礼勿言,非礼勿动",使自己的视听言动都符合礼的规范和要求,此之谓"克己复礼为仁"。郭店楚简《性自命出》等文献中有大量"反己""求之于己"的话,比如《性自命出》说:"闻道反己,修身者也。上交近事君,下交得众从政,修身近至仁。"反己修身,与在上位的人交往如同侍奉君主,与居下位的人交往能得其拥戴,近于从政,如此反省修身,近于"至仁"。《成之闻之》曰:"是故君子之求诸己也深。不求诸其本而攻诸其末,弗得矣。"君子必须深层次地反省自身,不进行内心反思而只是计较外在的细枝末节,是不能提高自身修养的。这显然是对孔子"君子求诸己"精神的继承,也更加强调内在情性的修养。正如宋立林所说,曾子能够领悟、体证孔子之道,并通过自身的生命践履予以落实。虽然曾子对孔子的思想有较深的领悟,但仍是继承孔子的思想主题,同时呈现出自身的特点。

曾子对仁的体认凸显了其内在性的一面,即重视内心反省。反求诸己可以说是曾子修身思想的最大特色。曾子提出"吾日三省吾身"的修身原则,强调只有反己才能克己,克己才能复礼,复礼才能成仁,所以他力求将道德修炼贯穿于日常行为之中。据《说苑·杂言》记载,曾子说:"我学习过老师的三句话,却未能做到。老师看见别人有一点好处,便忘了他所有的坏处,这是老师容易与人相处。老师看到别人有好处,就好像自己也有那好处,这是老师没有争执之心。听到好的道理一定亲身实行它,然后引导别人去做，这是老师能耐得劳苦。我学习过老师的易处、不争和耐劳，却没能做到。"曾子的这段话体现了一种内省的态度和有过必省的精神。《大戴礼记·曾子立事》载曾子曰："君子攻其恶，求其过，强其所不能，去私欲，从事于义，可谓学矣。"曾子认为，君子改正不好的行为，反求自己的过错，勉力去做能力不及的事情，摒除私欲，做符合义的事情，就可以称得上好学了。

图 5-3 曾庙三省自治坊

曾子强调内省，从而把个人主观修养的重要性提到更高的地位。孔子有个学生叫颛孙师，字子张，少孔子四十八岁，是孔子晚年招收的重要弟子之一。在孔子的弟子中，子张才高意广，容仪堂堂。据《孔丛子》记载，孔子曾赞扬他"自吾得师也，前有光，后有辉"，并将其与颜回、子贡、子路称为"四友"。但是子张的性格较为偏激，孔子曾评价他"师也过""师也辟"，认为子张行事不符合中道。子张过分追求言辞仪容的盛美，在品德修养方面缺乏反躬自求的内省精神。对此，曾子不无遗憾地指出："堂堂乎张也，难与并为仁矣。"在曾子看来，子张其人虽然不同凡响，却难以和他一起行仁。由此可见曾子对个人主观修养的重视。其提倡的内省是以自我道德情操的培养为落脚点的。

《大戴礼记·曾子制言中》云："是故君子思仁义，昼则忘食，夜则忘寐，日旦就业，夕而自省，以役其身，亦可谓守业矣。"君子时刻想着行仁义，白天忘了吃饭，晚上忘了睡觉，早上做的事，晚上就反省，一直到他身死那天为止，这样也可以说是固守仁义了。这种时时处处反躬自省的精神也体现在曾子的日常生活中。《荀子·法行》载曾子曰："同游而不见爱者，吾必不仁也；交而不见敬者，吾必不长也；临财而不见信者，吾必不信也。三者在身，曷怨人？怨人者穷，怨天者无识。失之己而反诸人，岂不亦迂哉！"与人共事却不被人喜爱，肯定是因为自己不仁；与人交往而不被人尊敬，肯定是因为自己没有敬重别人；处理财物之事而不被人信任，肯定是因为自己缺乏诚信。不受人喜爱、尊敬、信任的原因都在自己身上，怎么能埋怨别人呢？埋怨别人的人没有前途，埋怨天的人没有志向。过失在于自己却去责备别人，难道不是愚笨嘛！唯有在日常生活中严肃反省，才能避免"出入不时，言语不序，安易而乐暴，惧之而不恐，说之而不听……临事而不敬，居丧而不哀，祭祀而不畏，朝廷而不恭"（《大戴礼记·曾子立事》）等悖逆违礼之举；只有在体察省悟中改过迁善，才能臻至仁义之境。

曾子内省的标准有内外两个方面，即内在的仁和外在的礼。《左传·隐公十一年》载："礼，经国家，定社稷，序民人，利后嗣者也。"在礼崩乐坏的春秋时代，以文王、周公传人自命的孔子对礼有着深刻体认，对礼充满了深厚的敬意和强烈的信念，把恢复和重建礼乐秩序当作自己的历史使命。在孔子的思想中，礼是为政和修身的基本原则。礼具有定分、辨异、维护贵贱尊卑的社会秩序等作用。但礼的重要作用还体现在修身方面。孔子曾说"不学礼，无以立"（《论语·季氏》），又说"博学于文，约之以礼"（《论语·颜渊》），认为个人道德生命的塑造与成就必须置于礼的约束、规范之下。

正因如此,曾子对自身的言行有严格的要求。《大戴礼记·曾子立事》载曾子曰:"君子博学而孱守之,微言而笃行之,行必先人,言必后人,君子终身守此悒悒。"君子博学但在细微处也不放松,少说话但踏实去做,做一定做在别人的前面,说一定说在别人的后面。在言行关系上,他强调要言行一致,谨言慎行。如"君子入人之国,不称其讳,不犯其禁,不服华色之服,不称惧惕之言""行必思言之,言之必思复之,思复之必思无悔言,亦可谓慎矣""君子不唱流言,不折辞,不陈人以其所能。言必有主,行必有法,亲人必有方"等,都是在强调修身应当注重一言一行,从点滴做起。

《韩非子·外储说左上》载:"曾子之妻之市,其子随之而泣,其母曰:'女还,顾反为女杀彘。'妻适市来,曾子欲捕彘杀之,妻止之曰:'特与婴儿戏耳。'曾子曰:'婴儿非与戏也。婴儿非有知也,待父母而学者也,听父母之教。今子欺之,是教子欺也。母欺子,子而不信其母,非以成教也。'遂烹彘也。"曾子杀彘示信的故事尤可体现曾子诚信立身的人格力量。在物质匮乏的古代社会,猪、牛、羊可谓一个家庭的重要物质财富。但曾子认为,和诚实守信及孩子的身心成长相比,一头猪实在算不得什么。故事虽浅显,但仍具有很强的教育意义。

图 5-4 捕彘示信图(王定安《宗圣志》)

曾子十分注重遵礼修身，认为内在的道德省思要和外在的礼仪规范相配合，将外在形式上的礼转化为内在的情操，使内心的美德自然流露在外，形诸容貌、颜色、辞气等方面，如此才具有文质相谐的道德意义。《论语·泰伯》载："曾子有疾，孟敬子问之。"曾子在病重之时，对孟敬子说出了"动容貌，斯远暴慢矣；正颜色，斯近信矣；出辞气，斯远鄙倍"的劝诫之语。按照郑玄的说法，曾子这里所讲的君子所贵之"道"就是"礼"。《礼记·冠义》云："礼义之始，在于正容体，齐颜色，顺辞令。容体正，颜色齐，辞令顺，而后礼义备。"礼离不开日常生活、人伦实践，而动容貌、正颜色、出辞气正是日常生活中所习见之事，礼仪规范寓于个人的品德修养、道德生活中。当然，曾子并非仅关注外在的形式，而是认为君子只有表里一致，善性自然流露于外，才能使视、听、言、动合乎礼义。正如刘宝楠《论语正义》所言："是容貌、颜色、辞气皆道所发见之处，故君子谨之。"

《说苑·修文》记载了曾子论礼的一个故事。公孟子高向颛孙子莫请教君子应当遵守的礼仪。颛孙子莫说："去掉你外表的严厉与内在的怯懦，不为外界的物欲所引诱，去除这三样就可以了。"公孟子高不理解，就去请教曾子。曾子听了，神色严肃地想了一会儿说："这话讲得真好啊！外表严厉的人内心通常怯懦，容易受外界引诱的常为人所役使。所以君子的德行修养得好，看起来常像无知的人；闻见广博的人，很少和人争论；见识深远的人，能不为人所愚弄。"如此看来，曾子对容貌、颜色、辞气的强调，可以说是个体讲求内心修养的必然结果。

曾子尤为关注人们行礼时内心的道德情感。《大戴礼记·曾子制言上》载曾子曰："夫行也者，行礼之谓也。夫礼，贵者敬焉，老者孝焉，幼者慈焉，少者友焉，贱者惠焉。此礼也，行之则行也，立之则义也。"无论是敬贵、孝老、慈幼、友少、惠贱，都源于关爱他人之情，以上诸事皆人之所宜，行之则仁，立之则义。因此，在曾子看来，君子追求仁义以成为道德高尚的人，完全是内心向善的自然追求，而非追名逐利之举。比如，曾子在谈到亲丧之礼时说："吾闻诸夫子：人未有自致者也，必也亲丧乎！"（《论语·子张》）在现实生活中，人缺乏充分表达情感的机会，有的话，一定是在父母去世的时候吧。这是对父母情感的自然表达，也是孝的本源体现。曾子认为，父母去世，子女悲痛难以"自致"，丧礼才不仅仅流于外在的形式，而是基于内在的情感。又如《大戴礼记·曾子立孝》载曾子谈论孝敬之礼时说：

> 君子之孝也，忠爱以敬，反是乱也。尽力而有礼，庄敬而安之，微谏不倦，听从而不怠，欢欣忠信，咎故不生，可谓孝矣。尽力无礼，则小人也；致敬而不忠，则不入也。是故礼以将其力，敬以入其忠，饮食移味，居处温愉，著心于此，济其志也。

曾子认为，孝敬父母必须遵礼而行。尽力而无礼，是"质而不文"；致敬而不忠，属"华而不实"。二者都是只做表面文章，缺乏发自内心的恭敬情感。只有居心于"礼以将其力，敬以入其忠"，方能成就孝子之志。曾子这里所说的"著心"自然含有强化个人德性修养、诚敬反省的意思。《大戴礼记·曾子大孝》载："公明仪问于曾子曰：'夫子可谓孝乎？'曾子曰：'是何言与！是何言与！君子之所谓孝者，先意承志，谕父母以道。参直养者也，安能为孝乎！'"曾子虽然以孝著称于世，但仍时常检视自身行为与君子之孝的差距，具有很强的自我反省意识。

当然，曾子的自我反省并非一味地闭门思过，而是把自我反省置于进德修业的前提下。作为一种修养方法，内省强调的是端正内在意志，从源头上杜绝不善的行为。曾子指出："君子之于不善也，身勿为能也，色勿为不可能也；色也勿为可能也，心思勿为不可能也。"（《大戴礼记·曾子立事》）也就是说，内在的意志决定着外在的行为，有什么样的内在意志，就会有什么样的外在行为。君子为实现道德理想，必须舍弃外在的、表面性的行为，注重内心修养，正心诚意，依靠内心的自觉自律，达到"从心所欲不逾矩"的"中行"境界。王中江在《早期儒家的"慎独"新论》中强调指出，这种"戒慎""戒惧"的本质是要求人始终保持自己的道德自觉和道德情操，超越"人为物役"的物质支配，防止和约束"自我非道德性"的萌生，保持和守护自我道德本性。

在道德修养方面，孔子重视学、思、行的结合，曾子则突出了"心"的作用。曾子立足于孔子确立的修身理论，对与"身"相待的"心"给予了密切关注，把道德修养推进到"修心"的层次，从而开拓出儒家的"内在超越"之路。

虽然孔子的修身论对"心"的关注比较少，但孔子所讲的"思"并不能与"心"截然分开。他已经察觉到，美德的形成与内心对美德的自然向往有关。他说："仁远乎哉？我欲仁，斯仁至矣。"（《论语·述而》）这难道不是这种意识的显露吗？但这种"为仁由己"的思想火花在孔子那里一闪即逝，并没有得到深入阐释。

从曾子开始，儒家对身、心关系进行了细致探讨。《论语·宪问》载："子曰：'不在其位，不谋其政。'"曾子沿着老师的思路，提出"君子思不出其位"，将修己延伸到人的内心世界。《大戴礼记·曾子立事》载有曾子关于身、心关系的讨论。他说："故目者，心之浮也，言者，行之指也，作于中则播于外也。故曰：以其见者，占其隐者。"曾子认为，人的行为举止源于内心，展露于耳目，显微毕现。关于这一点，曾子有一个精妙的比喻。《说苑·杂言》记曾子曰："响不辞声，鉴不辞形。君子正一，而万物皆成。夫行非为影也，而影随之。呼非为响也，而响和之。故君子功先成而名随之。"回声离不开声音，镜子离不开影像。君子能正心于一物，万物都能随着成功。行动不是为了有影子，但影子总跟随着它。呼喊不是为了听回声，但回声总应和它。所以君子先把事做成功了，声名自然会随之而来。君子修己，尤其应当重视"修心"。

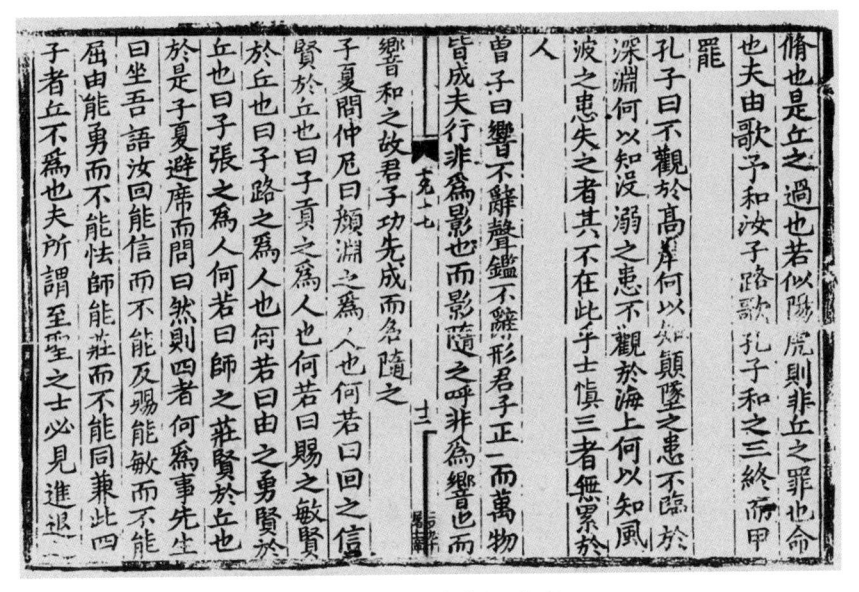

图 5-5 《说苑》书影

曾子以"忠恕"来概括孔子的"一以贯之"之道。"忠"强调诚心以为人谋,视人如己,对人、对事、对国家尽心竭力。"恕"则倡导"己所不欲,勿施于人",将心比心,宽以待人。"忠恕"的基本精神就是设身处地,站在他人的角度来协调人我及群己关系,一言以蔽之,即"推己及人"。如何做到"推己及人"呢?首先,自身要保持一颗纯粹、赤诚之心,摒弃患得患失的小人之心。唯有如此,才能在道德实践中避免各种不应出现的流弊与偏差。王钧林指出,以"忠恕"为孔子"一以贯之"的思想方法,包含着重视心的地位和作用这一层意思。心不但是推己及人的出发点,也是推己及人全过程的基础。对于个人而言,修心实际上是对安顿心灵的追求,含有精神信仰的意味。显然,相对于修身而言,修心在道德修养中居于更重要的地位。

既然心如此重要,那么如何"检其邪心,守其正意"以保持内心的纯净呢?曾子注意到了外在事物对内心潜移默化的影响。据《大戴礼记·曾子疾病》记载,曾子在病重时,还谆谆教诲他的儿子要慎重交友:"和君子交往,就好像走进放置香草的房间,芳香浓郁,时间一长就闻不到它的香味了,这是被香味同化了啊；和小人交往，就好像走进放置腐烂鲍鱼的市场，腥臭四溢，时间一长就闻不到它的臭味了，这是被臭味同化了啊！"因此曾子主张君子应当多交贤友、益友，"以文会友，以友辅仁"（《论语·颜渊》），以培养、提升个体的仁德。但是曾子更为强调的是君子必须主动清除内心的不善之念："君子攻其恶，求其过，强其所不能，去私欲，从事于义。"（《大戴礼记·曾子立事》）人的恶念、私利欲求藏匿于心，难以清除。自己偶有过错，不严于寻求，可能不会知道，此时如果轻易放过或者文过饰非，则会积小错成大错，贻害自身。君子面对自己的过失，应有正确的态度。徐幹《中论·贵验》载曾子之言："故君子服过也，非徒饰其辞而已，诚发乎中心，形乎容貌，其爱之也深，其更之也速，如追兔，惟恐不逮，故有进业无退功。"曾子告诫人们，只有怀抱赤诚之心，才能坚决而快速地改正自己的错误，使德业日进。所以，曾子对"朝有过夕改"或者"夕有过朝改"的行为持赞许态度，批评那些有过错却不主动改正的人懈怠懒惰。因此，为达到"不迁怒，不贰过"的境界，君子应当常常自我体察，自觉地摒恶从善，勇于改过。这种反省内求的修养方法体现了曾子对自身心灵净化的深刻认知。曾子的"吾日三省吾身"说表明他已在自觉运用心的功能与作用来培养德性。

曾子的修心理论充满着强烈的忧患意识。在儒家看来，一个人是否具有忧患意识与他能否承担某种社会责任或历史文化使命有关。孔子去世后，曾子以"守死善道"的精神和历史责任感肩负起传道的重任，在礼崩乐坏的时代，其忧患意识愈加强烈。牟宗三认为，这种忧患意识的引发"是一个正面的道德意识……忧患的初步表现便是'临事而惧'的负责认真的态度。从负责认真引发出来的是戒慎恐惧的'敬'之观念……在中国思想中，天命、天道乃通过忧患意识所生的'敬'而步步下贯，贯注到人的身上"。自孔子开始，儒家就提倡君子在修身时应戒慎恐惧，常怀敬畏之心。曾子认为，在敬畏心理的支配下，君子会对自己的一言一行非常谨慎，有所为，有所不为。他说："君子祸之为患，辱之为畏，见善恐不得与焉，见不善者恐其及己也，是故君子疑以终身。"如果有患祸、畏辱之心，自然不去做坏事。只有做到"出言以鄂鄂，行身以战战"，才能避免灾祸与罪愆。古语言："祸福无门，唯人自召。"修身不可不慎也！

曾子又说："先忧事者后乐事，先乐事者后忧事。昔者天子日旦思其四海之内，战战唯恐不能义；诸侯日旦思其四封之内，战战唯恐失损之；大夫士日旦思其官，战战唯恐不能胜；庶人日旦思其事，战战唯恐刑罚之至也。是故临事而栗者，鲜不济矣。"（《大戴礼记·曾子立事》）曾子此处所讲的"临事而栗"的敬畏之心并不是教人明哲保身、畏葸不前，而是基于忧国忧民的社会责任。曾子说："君子修礼以立志，则贪欲之心不来。君子思礼以修身，则怠惰慢易之节不至。君子修礼以仁义，则忿争暴乱之辞远。"一个人身处荣华富贵却苟且无礼，反而不如安贫乐道的人有好的名声；一个寡廉鲜耻庸庸碌碌活着的人，总也比不上见危致命、见利思义的人死得有尊严。外在的社会责任演化为内在的道德原则，使得内心纯洁无瑕，充满浩然正气，这是君子修心向善的心理基础。这里的"礼"已经由外在的仪节逐渐演化为内在的道德修养。实际上，无论是治学还是从政，拥有一颗忧患之心，"临事而栗"，对于个人道德修养的提高都是极其重要的。

只有外在的道德原则与内心和谐相融，饱满充沛的善念美德才会自然而然地流露出来。曾子认为，只有本心纯洁无瑕，才能固守"义"的信念，不为外物所干扰，养成"仁以为己任"的刚毅节操。他说："富以苟不如贫以誉，生以辱不如死以荣。辱可避，避之而已矣；及其不可避也，君子视死若归。"我们知道，在曾子生活的时代，礼崩乐坏，许多士人为求得功名利禄而依附媚上，所以曾子特别期望士人能拥有至大至刚的气节，"不假贵而取宠，不比誉而取食，直行而取礼，比说而取友"。夤缘干禄是君子引以为耻的行为，只有坚持自己的道德操守，直道而行，才能对自身的仁义德行充满自信，得到世人的认可和尊敬。曾子崇尚的这种弘毅坚韧的君子气节是中华民族传承千年的优良传统，也是中华民族自强不息精神的源头活水。

曾子作为儒家"内向"转化、强调内省精神的代表，较为全面地继承了孔子的学说，并对其加以创新发展。其对"心"的强调突出了人的道德主体意识，使得儒学朝积极向上的方向发展。其弘毅坚韧的品格对后世儒家产生了巨大影响，促进了儒家道德理想主义的形成。

第六章 曾子的孝道思想

孝是中华民族的传统美德，孝文化是中华文化的重要内容。宋代张齐贤《宗圣赞》曰："孝乎惟孝，曾子称焉。"曾子以孝著称于世，孝道理论是曾子学说的重要组成部分。儒家的孝道理论虽然由孔子发源，但其全面发展和扩充则是由曾子完成的。在孔子之后的儒学发展中，曾子可以说是儒家孝道理论的集大成者。两千多年来，孝道作为一种"德化的治道"，由家庭伦理扩大为社会伦理，深深地渗入中华民族的精神意识，塑造了尊老孝老的民族品格。同时，孝道作为社会普遍的道德风尚和做人的基本道德准则，也深刻影响了传统社会的各个领域。

图6-1 曾子像（《新刻历代圣贤像赞》，明万历二十一年刻本）

一、曾子对孔子孝道的拓展

追溯历史，孝的观念在我国源远流长。《尚书·尧典》记载，虞舜在父亲愚顽、母亲常用谎言欺骗父亲以陷害他及弟弟傲慢不敬的情况下，却能够以孝谐和他们，使他们不至于奸邪为恶。尧帝因为虞舜大孝，把女儿嫁给他，并将天下托付给他，而虞舜也以父义、母慈、兄友、弟恭、子孝"五典"之道来引导、协调人伦关系。大舜至孝的故事虽然不免有后人附会的成分，但也显示出孝意识在传说时期的五帝时代已经萌芽。

随着夏商时期尊祖敬宗情怀的强化，孝观念至周初正式形成。周代是以血缘为基础的宗法制社会，血缘家族成了统治国家的有力工具，在这种社会中，孝成为宗法制度在伦理观念上的表现。人们一方面希望通过敬天行孝以报天恩，另一方面希望通过祭祀先祖表达孝思以祈求祖灵佑护。因此，人们常用孝来表达对先辈的崇敬和感恩之情。如《诗经·周颂·闵予小子》："於乎皇考，永世克孝，念兹皇祖，陟降庭止。维予小子，夙夜敬止。於乎皇王，继序思不忘。"又如《诗经·大雅·下武》："成王之孚，下士之式，永言孝思，孝思维则。"字里行间，无不饱含着对祖先的依依深情和尊祖贵老的虔敬精神。

随着生产力的发展和社会的进步，特别是个体家庭和私有制的产生，人们对血缘亲族关系的认识逐步提高，家长在个体家庭中的权威逐渐建立。人们看到人的繁衍教育同父母息息相关、家庭的稳固同社会的安定息息相关，所以崇敬、侍奉家长的要求随之产生，并转化为一种道德责任和道德义务。《说文解字》曰："孝，善事父母者。从老省，从子，子承老也。"善事父母成为孝的核心意蕴。《诗经》保留了许多感念父母养育之恩的篇章，如《诗经·唐风·鸨羽》："不能艺稷黍，父母何怙？"《诗经·小雅·小宛》："夙兴夜寐，毋忝尔所生。"《诗经·小雅·蓼莪》："蓼蓼者莪，匪莪伊蒿。哀哀父母，生我劬劳。……父兮生我，母兮鞠我。拊我畜我，长我育我，顾我复我，出入腹我。欲报之德，昊天罔极！"周人也有这种"报本反始"的孝子情怀，其"孝养"观念是非常突出的。《尚书·酒诰》曰："肇牵车牛，远服贾，用孝养厥父母。"意在告诫百姓在尽力完成农事之余，牵牛赶车，到远处去经商，以孝养他们的父母。因此，在倡导德教礼治的周代，孝成为道德教化的一项重要内容。据《周礼·地官·司徒》记载，大司徒的职责之一就是以德、行、艺三方面的内容教育民众，其中的"行"指的就是包括"孝"在内的六种行为准则：孝、友（友爱兄弟）、睦（和睦亲族）、姻（亲爱姻戚）、任（信任朋友）、恤（救济贫困）。有孝有德，才能成为天下人的表率。可以说，周人对孝的论述，开启了儒家孝道理论的先河。

图 6-2 虞舜孝行感天图（《二十四孝图》，清王素绘）

春秋时期，宗法制逐渐土崩瓦解，礼乐崩坏，社会失序，包括孝观念在内的道德伦理受到严重冲击，僭礼逆情、弑父弑君等现象时有发生。为重建礼乐秩序，构建"天下归仁"的理想社会，孔子把孝看作实践仁的入门之功，予以极大重视。孔子论孝，将孝与仁、礼相贯通，将内圣与外王相联系。孔子一方面把孝看作"为仁之本"，倡导"入则孝，出则悌，谨而信，泛爱众，而亲仁"（《论语·学而》），另一方面又由内而外地将孝推而广之，将孝与家庭、社会、政治等相联系，把孝视为治国安邦之道。就儒家学派而言，自孔子开始，孝就作为一种重要的道德行为得到推崇和弘扬。在孔子的提倡下，孔子的弟子努力践行孝道，除曾子之外，闵子骞、子路都是当时闻名遐迩的孝子。而在理论上，能够继承孔子的孝道思想并将其发扬光大的，首推曾子。他对孔子孝道思想的继承与发展主要体现在以下几个方面：

第一，曾子扩充了孝的内涵。《论语·学而》云："君子务本，本立而道生。孝弟也者，其为仁之本与！"孔子仁学思想的基本内核是仁，而孝是修身行仁的根本，因此孔子对孝的重视主要表现为把孝纳入仁的范围内，作为做人的基本准则之一。可以这样说，在孔子的仁学理论中，孝仅仅是其伦理思想的一个方面和实践仁的起点，是对父母的深厚亲情，是对子女在日常生活中回报父母养育之情的具体要求。但到了曾子，他不断对孝的内涵进行扩充和延伸，使之成为囊括个人生活、社会关系和政治行为等各个方面的道德规范。曾子说："居处不庄，非孝也；事君不忠，非孝也；莅官不敬，非孝也；朋友不信，非孝也；战陈无勇，非孝也。"（《礼记·祭义》）又说："故君子一举足不敢忘父母，一出言不敢忘父母。一举足不敢忘父母，故道而不径，舟而不游，不敢以先父母之遗体行殆也。一出言不敢忘父母，是故恶言不出于口，忿言不及于己。然后不辱其身，不忧其亲，则可谓孝矣。"（《大戴礼记·曾子大孝》）在曾子看来，孝无处不在，充溢于社会的各个角落，诸如庄、忠、敬、信、勇这些道德行为，都是孝的具体呈现。

曾子同时对孝的范围进行了拓展，他说："夫孝，置之而塞于天地，衡之而衡于四海，施诸后世，而无朝夕，推而放诸东海而准，推而放诸西海而准，推而放诸南海而准，推而放诸北海而准。诗云：ّ自西自东，自南自北，无思不服。ّ此之谓也。"（《大戴礼记·曾子大孝》）从空间上看，孝可以充塞天地、弥于四海；从时间上说，孝可为万世所共行，无一朝一夕不行之患。孝无所不包，超越了时间和空间，成为适用于社会一切领域的永恒法则。我们通过曾子对孝的论述不难看出，其对孝的推崇已经超越孔子，达到无以复加的程度。对此，胡适在《中国哲学史大纲》中说："孔子的人生哲学，虽是伦理的，虽注意'君君、臣臣、父父、子子、夫夫、妇妇'，却并不曾用'孝'字去包括一切伦理。到了他的门弟子，以为人伦之中独有父子一伦最为亲切，所以便把这一伦提出来格外注意，格外用功。"孝为天下大经大法的观念为《孝经》所继承与发扬。《孝经·三才章》曰:"夫孝,天之经也,地之义也,民之行也。天地之经,而民是则之。"这是曾子继承孔子思想对孝之地位的肯定,但就曾子随后对孝的地位的提升来看,传统的孝道理论发展到曾子之时,就其适用范围来说,已经被推向极致,上升到宇宙间普遍原则的高度。这种将孝置于至尊地位的行为在儒家学派中是相当突出的。因此,肖群忠在《孝与中国文化》中将曾子对孝道内涵和范围的拓展称为孝的泛化。

第二,曾子强调孝是人们内心情感的真实流露,深化了对孝的本质的认识。孔子的孝道强调的是对父母的敬爱,主要表现为外在的道德规范。虽然孔子也认为孝立足于人人具有仁心的人性基础,但较为笼统,并没有深入到人的内心世界进行探索。曾子对此做了进一步论证,不仅指出孝包括下对上的道德情感因素,更强调孝存在于人类的自然天性之中,是人们内心情感的真实流露,这是曾子论孝的理论基点。曾子说:"忠者,其孝之本与!"(《大戴礼记·曾子本孝》)又说:"君子立孝,其忠之用,礼之贵……君子之孝也,忠爱以敬。"(《大戴礼记·曾子立孝》)曾子极为推崇"忠""忠爱",这里的"忠爱"指的是"中心之爱",也就是发自内心、毫不造作、毫无虚饰的爱。而与"忠"密切相关的孝就是由心中的忠爱之情自然流露出来的行为,并非由外在的道德约束所决定。曾子说:"孝子之养老也,乐其心不违其志,乐其耳目,安其寝处,以其饮食忠养之。"(《礼记·内则》)侍奉父母的忠爱之情存在于所有人的心灵中,人人都可以将这种情感自然地抒发出来。曾子指出:"是故礼以将其力,敬以入其忠,饮食移味,居处温愉,著心于此,济其志也。"(《大戴礼记·曾子立孝》)只有保持自身的孝养之心,才能实现成亲之志。这种"著心于此""善必自内始"的主张实际上肯定了人心向善的本性,虽然没有用性善的概念表达出来,但显示了曾子对孝之本质的新认识和深刻体察。

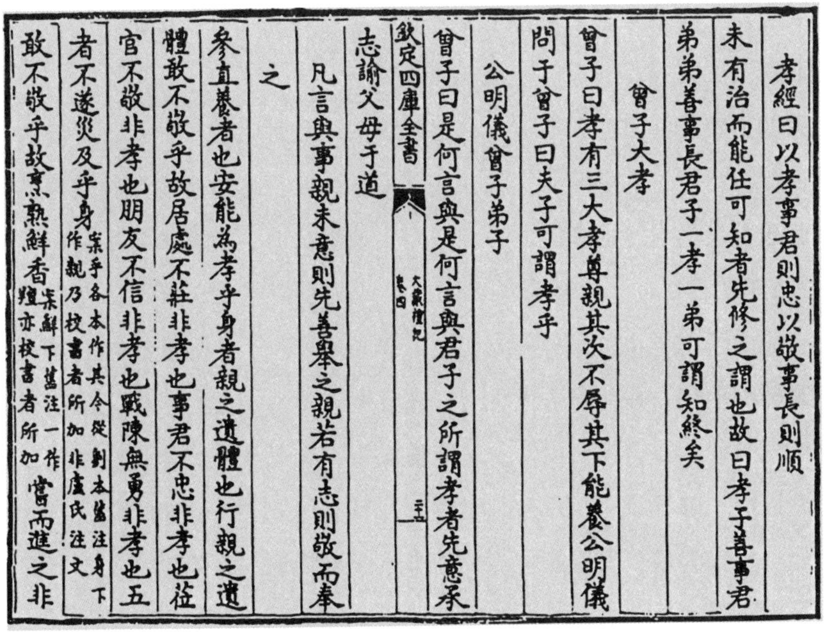
孝經曰以孝事君則忠以敬事長則順
未有治而能任可知者先修之謂也故曰孝子善事君
弟弟善事長君子一孝一弟可謂知終矣
曾子大孝
曾子曰孝有三大孝尊親其次不辱其下能養公明儀
問于曾子曰夫子可謂孝乎
公明儀曾子弟子
曾子曰是何言與是何言與君子之所謂孝者先意承
欽定四庫全書　大戴禮記 卷四　二十五
志諭父母于道
凡言與事親未意則先善舉之親若有志則敬而奉
之
參直養者也安能為孝乎身者親之遺體也行親之遺
體敢不敬乎故居處不莊非孝也事君不忠非孝也莅
官不敬非孝也朋友不信非孝也戰陳無勇非孝也五
者不遂災及乎身案乎各本作其今從劉本舊注身下作親乃校書者所加非盧氏注文
敢不敬乎故烹熟鮮香案鮮下舊注一作羶亦校書者所加嘗而進之非

图 6-3　《大戴礼记》书影

第三，曾子把孝作为实现一切善行的力量源泉和根本。孔子以“仁”总括诸多道德范畴，曾子则将仁、义、忠、信、礼等概念纳入孝的体系中。他说：“夫仁者，仁此者也；义者，宜此者也；忠者，中此者也；信者，信此者也；礼者，体此者也；行者，行此者也；强者，强此者也。”（《大戴礼记·曾子大孝》）他认为一个讲求仁爱的人，就是由这孝道而表现出对他人仁爱的人；正义的人，就是由这孝道表现出处事适宜的人；讲求忠诚的人，就是由这孝道而表现出忠诚的人；讲求诚信的人，就是由这孝道而表现出诚信的人；恪守礼的人，就是由这孝道而有所体会的人；注重实践的人，就是由这孝道而有所实践的人；坚强的人，就是由这孝道而表现出坚强的人。在曾子这里，孝与仁、义、忠、信等道德范畴不再是平行的概念，而是包容与被包容的关系，孝完全统摄了社会中的所有行为准则和规范，成为一切高尚品行的内在依据。曾子认为只要顺从孝道，也就兼修了仁、义、忠、信、礼等各种美德。从孝道的践履上看，践行孝道的过程就是扩展仁、义、忠、信、礼等诸多美德的过程。所以，曾子强调顺从孝道则身和乐，违反孝道则刑戮及身。在实践方法上，曾子为普通民众培养和提升道德情操提供了一条简易而切实的路径。

第四，曾子注重实践孝道与道德修养的一致性。曾子认为，提高修养的方法在于在行孝过程中踏实实践并注重反省。曾子通过悉心照料父母的日常饮食起居，表达自己的孝敬之心，从而实现提高个人道德修养的目标。曾子说："故孝之于亲也，生则有义以辅之，死则哀以莅焉，祭祀则莅之，以敬如此，而成于孝子也。"（《大戴礼记·曾子本孝》）在父母活着的时候，用道义来辅助他们；在父母去世之后，充分地表达哀戚之情；祭祀的时候，保持一颗诚敬的心，这样做的话，就能够成为一个孝子了。因此，实践孝道必须持之以恒。曾子说："民之本教曰孝，其行之曰养。养可能也，敬为难；敬可能也，安为难；安可能也，久为难；久可能也，卒为难。父母既殁，慎行其身，不遗父母恶名，可谓能终也。"（《大戴礼记·曾子大孝》）

曾子认为培养道德情操需要在实践中不断开拓心灵的领域，严格反省检查自己的举止是否合乎道德原则的要求。曾子论孝的着眼点就在于强调自身的道德修养，切实践行忠恕之道。"忠"就是修身、修己，反求诸己，促使自己在道德修养上达到较高的境界。"恕"就是推己及人，怀有宽容之心。"忠恕"表现在孝道上，就是子女对父母既要有最细微的体谅，又要有最宏大的宽容，"可人也，吾任其过；不可人也，吾辞其罪"（《大戴礼记·曾子立孝》）。子女向父母进谏而被采纳，"善则称亲，过则称己"，即事情有了好的结果，就称誉父母之德，如果有过错，就负罪引慝，代任其过；假如谏言没有被父母采纳，就要严格自省。只有以"吾日三省吾身"的精神自我省察，才能将孔子提倡的道德修养固化为内心的善德，使孝具备最深厚的基础。

第五，曾子对社会各阶层之孝及孝的等级等一系列问题进行了探索。他说："君子之孝也，以正致谏；士之孝也，以德从命；庶人之孝也，以力恶食。任善不敢臣三德。"（《大戴礼记·曾子本孝》）他指出君子的孝是以正道、善道表达对父母的规劝之意，士人的孝是以孝德遵从父母之命，庶人的孝是以劳力致甘美，谨身节用以供养父母。对于君子、士、庶人等的孝道，曾子还提出了"大孝""中孝""小孝"的概念。曾子说:"孝有三:大孝不匮,中孝用劳,小孝用力。博施备物,可谓不匮矣;尊仁安义,可谓用劳矣;慈爱忘劳,可谓用力矣。"(《大戴礼记·曾子大孝》)曾子这里所说的"大孝"是指君主之孝,君主施德泽于民,做四方的模范,受到天下人的爱戴,以天下来养父母,自然是无物不备而不愁匮竭。"中孝"是指"以德从命"的士人之孝,《周礼》所说"事功曰劳""尊仁安义"就是"用劳"之意。"小孝"则是用美味来供养父母的庶民之孝,即《孟子·万章上》所讲的"竭力耕田,共为子职",就是说为供养父母而忘记了自己的劳苦。曾子进一步强调:"孝有三:大孝尊亲,其次不辱,其下能养。"(《大戴礼记·曾子大孝》)大孝是使父母有尊荣,得到天下人的尊敬,其次是不给父母带来耻辱,最低一等的是能供养父母。孝以尊亲为大,"不辱"和"能养"亦不限于尊严的维护和口体的供养。唯有以"养亲"为基础,才能谈到敬亲、安亲、尊亲之类的问题,才能逐步把敬爱父母的心理推广到全天下。

《孝经》更是详细规范了天子、诸侯、卿大夫、士、庶人五种不同社会阶层的孝道原则,指出天子之孝为广博的爱敬,在爱敬自己父母的同时,爱敬天下人的父母,对百姓施以道德教化,成为天下人的榜样;诸侯之孝关键在于时刻保持戒惧之心,谦虚谨慎,不骄不奢,以长守富贵、和悦百姓、保社稷;卿大夫之孝最重要的是遵守礼法,约束自身,为民众做表率,守住自家的地位和宗庙祭祀;士之孝的关键是以事父母的恭敬态度去事君、事上,保住自己的禄位;庶人之孝最根本的是努力生产、谨慎节用以供养父母。虽然天子和庶人有尊卑贵贱之分,但奉亲之道无二,所以曾子说:"故自天子至于庶人,孝无终始,而患不及者,未之有也。"(《孝经·庶人章》)曾子关于孝的理论将儒家的道德规范从精英阶层推广到下层民众,进一步促使孝道下移,自下而上地建立起以孝为本位的伦理社会。

总体来看,曾子在继承孔子孝道思想的基础上,在孝道内涵的完善和孝道理论的体系化方面将儒学向前推进了一大步,为人们追求高尚的精神境界提供了一条切实便捷的路径,在儒学发展史上具有积极的意义。

二、曾子的孝道观

曾子不仅在孝道理论方面建树颇多,堪称儒家孝道理论的集大成者,而且立足于家庭人伦,在实践中体悟孝道、完善孝道,被后人尊为孝道实践方面的典范。曾子的孝道观主要体现为以下几个方面:

1. 爱身

曾子说:"身者,亲之遗体也。"(《大戴礼记·曾子大孝》)身体不仅是父母给予的,同时是父母身体以另一种形式的延续。既然一己之身都是父母给予的,那么要回报父母的养育之恩,首要的一件事就是千方百计地爱护好自己的身体,不随意毁伤身体。因此,《孝经·开宗明义章》提出:"身体发肤,受之父母,不敢毁伤,孝之始也。"爱身成为曾子践行孝道的逻辑起点。

将爱惜身体作为行孝的第一步,看似荒诞,实则合情合理。从伦理亲情方面讲,孔子曾说:"父母唯其疾之忧。"(《论语·为政》)父母精心照料关怀子女,时刻将子女的寒热冷暖挂在心上。反过来,子女爱惜自己的身体就相当于爱惜父母,对父母尽孝。从事理方面讲,健康的身体是行孝的基础,只有拥有健康的身体、强壮的体魄,才能更好地奉养父母,才能更好地延续一家一姓的血脉。否则,只能带给父母更大的忧虑、更多的烦恼。

如何爱身呢?曾子说:"孝子不登高,不履危,痹亦弗凭,不苟笑,不苟訾,隐不命,临不指。"(《大戴礼记·曾子本孝》)孝子不攀登高峻的地方,不走危险的地方,也不靠近深渊,不随便嬉笑,不随便说人坏话,在隐幽之处不随便呼叫,在居高临下的地方不随便指画。为什么要这样做呢?因为登高临深、随便说笑或者诋毁他人,都是可能会给自身带来危险和羞辱的事情,必须谨慎小心、安分守己,只有这样,才能避免罪尤。曾子接着强调说:

故孝子之事亲也，居易以俟命，不兴险行以徼幸。孝子游之，暴人违之。出门而使不以，或为父母忧也。险涂隘巷，不求先焉，以爱其身，以不敢忘其亲也。（《大戴礼记·曾子本孝》）

所以孝子侍奉双亲，要处安易之所以听候父母之命，不做危险的行为去追求意外的幸福。遇到孝顺的人就和他同游，遇到凶暴的人就离他远远的。奉命出使，不能有任何事情让父母担忧。走到危险的道路和窄隘的街巷，不和别人争抢，这样爱护自身，是因为不敢忘掉父母啊。

爱身除了有爱惜自己的躯体、生命，不使身体受到损伤的含义，还有谨言慎行、不遗父母恶名的意思。《大戴礼记·曾子大孝》曰："父母既殁，慎行其身，不遗父母恶名，可谓能终也。"即使父母去世了，自己也要慎重行事，不给父母留下坏名声。曾子认为尽孝要做到善始善终，他说："孝子之身终，终身也者，非终父母之身，终其身也。"（《礼记·内则》）这里的终身并不是指父母身体的终结，而是指孝子自身的一生。假如因为父母去世而放弃对自身的严格要求，做出不仁不义之事，致使父母地下蒙羞，就是不孝的表现。"不遗父母恶名"的另一层意思就是避免触犯刑律。因为受到刑罚而使身体遭到伤害，更是大不孝的行为。

在汉代有一个流传甚广的故事，叫"曾母投杼"。《战国策·秦策二》载，曾参居住在鲁国费地的时候，费地有一个与曾参同名的人杀了人。有人就跑来告诉曾参的母亲说："曾参杀人了！"曾参的母亲说："我的儿子是不会杀人的。"说完，便只管织布。不一会儿，又有人跑来说："曾参杀人了！"曾参的母亲还是照常织布。过了一会儿，又有人跑来说："曾参杀人了！"曾母听了，信以为真，投杼（织布机的梭子）而走。嘉祥县武梁祠西壁的汉画像石上有一幅"曾母投杼图"。图中，曾子的母亲坐在织机上，转过身来，因为害怕而失落手中之梭，左边跪着一人，动作恭顺。这幅图把曾子的纯孝和慈母为谎言所欺联系起来，以一种抽象的方式展现了曾子爱身、谨慎处世的孝德。

图6-4 谗言三至慈母投杼
（冯云鹏、冯云鹓《金石索》，清道光元年刊本）

基于身为亲之遗体的生命理论，爱身、全体便成为人伦之孝的一项特殊要求。曾子终生守身、爱身，直到病重时依然战战兢兢地检视身体的完整性。据《论语·泰伯》记载，曾子有疾，召门弟子曰："启予足！启予手！《诗》云：'战战兢兢，如临深渊，如履薄冰。'而今而后，吾知免夫！小子！"由此可见，曾子终其身恪守了孔子"父母全而生之，子全而归之，可谓孝矣。不亏其体，不辱其身，可谓全矣"（《礼记·祭义》）的教导，体现了对个体生命的重视。曾子的爱身思想是对孔子"不使不仁者加乎其身"（《论语·里仁》）观念的继承和发挥，对曾门弟子也产生了重要影响。曾子的弟子乐正子春因下堂伤足而有忧色，自责忘孝之道，便为明证。

曾子倡导的爱身并非消极意义上的明哲保身或洁身自好，而是将身立于仁之上，努力追求正义。正如梁涛指出的那样，身与仁是密不可分的，身的意义体现在仁之上，而为了实现仁，牺牲生命、杀身成仁也在所不惜，这才是爱身的至上追求和终极意义。

2. 养亲

《诗经》云："哀哀父母，生我劬劳。"父母呕心沥血、含辛茹苦，抚养子女，故子女成人后当感念父母的养育之恩，尽反哺之情，竭尽全力供养父母，使父母在物质生活上尽可能得到满足，这是曾子孝道思想最基本的要求。

在养亲方面，曾子尽心尽力，为后人做出了光辉榜样。陆贾《新语·慎微》载："曾子孝于父母，昏定晨省，调寒温，适轻重，勉之于糜粥之间，行之于衽席之上，而德美重于后世。此二者，修之于内，著之于外，行之于小，显之于大。"昏定晨省，嘘寒问暖，是每一个为人子女者都应该坚持的礼节；为双亲提供良好的物质生活条件，更是须臾不可忘怀的养亲之道。曾子虽然家庭贫穷，但是他能尽己所能，细心周到地照顾父母的饮食起居。曾子之所以如此重视养亲，是因为他认识到父母在逐渐变老，与其等到父母百年之后才准备丰盛的祭品祭拜，还不如在双亲健在的时候诚心奉养，及时行孝。《大戴礼记·曾子疾病》载曾子曰："故人之生也，百岁之中，有疾病焉，有老幼焉，故君子思其不可复者而先施焉。亲戚既殁，虽欲孝，谁为孝？年老耆艾，虽欲弟，谁为弟？故孝有不及，弟有不时，其此之谓与！"人生在世，百年之中有小病、大病，也有幼年、老年，所以我们要想透那些不能再返回的事，立足当下，及时行动。假如父母已过世，即使你想着养亲，谁来让你孝顺呢？自己到了五十岁、六十岁的年纪，虽然想着尊敬长辈，谁又来让你尊敬呢？所以曾子强调，子欲养而亲不待，及时行孝最重要！汉蔡邕《琴操》记载了曾子养亲的故事。曾子跟随孔子学习十有余年，有一天早晨起来，想念父母，于是援琴而鼓之，曰："往而不反者年也，不可得而再事者亲也。欷歔归耕来日，安所耕历山盘兮！"曾子感慨父母年老，"养之不备"，便辞别孔子，归耕养亲。

曾子曾提出"养有五道"的观点。《吕氏春秋·孝行览》载曾子曰："养有五道：修宫室，安床笫，节饮食，养体之道也。树五色，施五采，列文章，养目之道也。正六律，和五声，杂八音，养耳之道也。熟五谷，烹六畜，和煎调，养口之道也。和颜色，说言语，敬进退，养志之道也。此五者，代进而厚用之，可谓善养矣。"如果说养体、养目、养耳、养口是满足父母衣、食、住、行等方面的基本物质需求和视、听等方面的精神需求，让父母生活安康、身心愉悦，那么养志突显的则是子女对父母尊重、礼敬的态度。《礼记·内则》也说："孝子之养老也，乐其心，不违其志，乐其耳目，安其寝处，以其饮食忠养之。"曾子认为，孝子必须坚持的原则，就是使父母心里快乐，不违背父母的心志。这和《孝经·纪孝行章》提出的"养则致其乐"是一个意思，都是说侍奉父母必须尽心尽力使父母感到快乐。精神层面的养比物质层面的养更为重要，对父母来说，食山珍、衣绫罗不一定会感到快乐，子女如果能够和颜悦色、虔敬有礼，哪怕每天粗茶淡饭，也会甘之如饴。

因此，曾子在养亲方面特别注重"养志"，也就是顺承父母的心志。《孟子·离娄上》："曾子养曾皙，必有酒肉；将彻，必请所与；问有余，必曰：'有。'曾皙死，曾元养曾子，必有酒肉；将彻，不请所与；问有余，曰：'亡矣，'——将以复进也。此所谓养口体者也。若曾子，则可谓养志也。"曾子、曾元不同的养亲方法显示了养亲所达到的不同境界。在儒家看来，养体是为人子的基本义务，但"养"之价值，最重要的是养志而非养体。《盐

图 6-5　宗圣请所与图（吕兆祥《宗圣志》）

铁论·孝养》："周襄王之母非无酒肉也，衣食非不如曾皙也，然而被不孝之名，以其不能事其父母也。"周襄王身为九五之尊，以天下为家，享尽荣华

富贵，但仍蒙受"不孝"恶名，原因就在于周襄王的孝只是一种"养口体"的孝，而不是"养志"之孝。

曾子也继承了孔子"三年无改于父之道"的主张，把养志延伸到继承父母的遗志以延续父母的美德善行，以及以事父之道敬爱父亲的同道友朋方面。《大戴礼记·曾子本孝》曰："孝子之使人也，不敢肆，行不敢自专也。父死三年，不敢改父之道。又能事父之朋友，又能率朋友以助敬也。"在父母去世后，为父母服丧的三年时间里，无时无刻不想念父母，一切仍然照着父母生前的做法去做，就好像父母还活着一样，这才称得上孝。

在养亲和出仕的关系上，曾子更重视前者。曾子认为修身的目的在于"为己"，即提高自身的道德情操，而不是入仕干禄。纵使贫贱，但能和父母在一起，就是最幸福的事，所以他"义不离亲一夕宿于外"。基于此，曾子提出了一个入仕原则：父母在世时，子女应"不择官而仕"，不看重俸禄的多寡，以奉养双亲为重。《韩诗外传》载曾子曰："故吾尝仕为吏，禄不过钟釜，尚犹欣欣而喜者，非以为多也，乐其逮亲也。既没之后，吾尝南游于楚，得尊官焉，堂高九仞，榱题三围，转毂百乘，犹北乡而

图6-6 尊官悲泣图（王定安《宗圣志》）

泣涕者，非为贱也，悲不逮吾亲也。故家贫亲老不择官而仕。"官位虽低，俸禄虽薄，但只要能够奉养双亲就可以。非要等到高官厚禄、荣华富贵之时才奉养双亲，实际上是一种不孝行为。

3. 敬亲

《大戴礼记·曾子立孝》载曾子曰:"君子立孝,其忠之用,礼之贵。……君子之孝也,忠爱以敬,反是乱也。尽力而有礼,庄敬而安之。"曾子强调,君子立孝道,本于子女对父母的忠爱之情,以守礼为贵。君子孝顺父母,要做到忠诚、喜爱和尊敬,凡是与此相反的行为,就是背离孝道。对待父母,要竭尽所能,恭敬有礼,使父母感到安舒。

子女行孝不但要养亲,更要敬亲。曾子说,把饭菜做得鲜香可口给父母吃,这只是养,不是真正的孝,或者说仅仅是最低层次的孝。对双亲的供养只是人伦之孝的基本要求,只有建立在内心诚敬情感基础上的养亲,才是真正的孝。孔子曾指出养与敬的区别:"今之孝者,是谓能养。至于犬马,皆能有养;不敬,何以别乎?"人如果只知养亲而不知敬亲,与禽兽又有什么区别呢?看似平常的话语却蕴含着深刻的道理!人与禽兽的区别就在于人有伦理道德,落实到"孝"上,人之所以为人就在于人对父母有敬爱之情。

对于孔子所教导的敬亲,曾子贯彻得很好。曾子虽然以孝闻名,但当弟子公明仪问他是否做到了孝时,曾子十分不安地说:"是何言与!是何言与!君子之所谓孝者,先意承志,谕父母以道。参直养者也,安能为孝乎!"(《大戴礼记·曾子大孝》)他认为自己尚未做到孝,只是做到了养的层次。在曾子看来,"养"算不上真正的孝。那么什么是真正的孝呢?曾子认为,真正的孝应该是"敬"。他说,身体是父母赐予的,也是父母身体的延续。用父母赐予延续的身体去行事,敢不敬慎吗?曾子所说的"敬"在现实生活中有多种表现形式,诸如"居处庄""事君忠""莅官敬""朋友信""战陈勇",都可以称为"敬"。在曾子这里,"敬"已从孔子对父母的尊敬之意发展为个人为人处世的道德准则,由个人修身的范畴扩展到家庭、社会、政治等领域。

《孟子·尽心下》载:"曾皙嗜羊枣,而曾子不忍食羊枣。公孙丑问曰:

'脍炙与羊枣孰美？'孟子曰：'脍炙哉！'公孙丑曰：'然则曾子何为食脍炙而不食羊枣？'曰：'脍炙所同也，羊枣所独也。讳名不讳姓，姓所同也，名所独也。"曾晳喜欢吃羊枣，因而曾子从来不吃羊枣，在曾子的观念里，正像不能直呼君主或父母的名字一样，对于父母喜欢吃的东西，自己不能随便吃。

4. 谏亲

曾子将孝亲建立在敬亲的自然情感基础上，强调养志、顺亲。《吕氏春秋·孝行览》载曾子曰"父母生之，子弗敢杀。父母置之，子弗敢废。父母全之，子弗敢阙"，强调的就是不要轻易改变和违背父母的意愿，要在思想和行动上顺从父母的心志。但这种主张也隐含着一个矛盾：假如父母对某些问题的认识出现偏差导致犯了错，子女是曲意顺从还是劝谏父母呢？面对这样的情况，如何做才符合孝道呢？曾子就此问题向孔子请教，孔子回答说：

> 是何言与？是何言与？昔者天子有争臣七人，虽无道，不失其天下；诸侯有争臣五人，虽无道，不失其用；大夫有争臣三人，虽无道，不失其家；士有争友，则身不离于令名。父有争子，则身不陷于不义。故当不义，则子不可以不争于父，臣不可以不争于君。故当不义，则争之。从父之令，又焉得为孝乎？（《孝经·谏诤章》）

孔子显然主张应辨别是非，不一味地盲目顺从。如果父母的行为违犯义理，就应当劝阻干预，帮助父母避免蒙受不仁不义的恶名。基于此，曾子提出了"微谏不倦""以正致谏"的谏亲原则。他说："君子之孝……微谏不倦，听从而不怠，欢欣忠信，咎故不生，可谓孝矣。"（《大戴礼记·曾子立孝》）他又说："君子之孝也，以正致谏。"（《大戴礼记·曾子本孝》）当父母有错时，为人子者应婉转劝谏，以使父母避免陷入不义的境地。这非但不违反孝道，反而是孝子应尽的义务。曾子还从情感上加以提升，把伦理规范内化为一种心理之愉悦。《韩诗外传》卷九载："曾子曰：'君子有三乐……'子夏曰：'敢问三乐。'曾子曰：'有亲可畏，有君可事，有子可遗，此一乐也。有亲可谏，有君可去，有子可怒，此二乐也。有君可喻，有友可助，此三乐也。'"

但随之而来的一个问题是，父母有过失，却对子女的劝谏置若罔闻，为人子者又该如何做才合乎孝道呢？孔子的态度是："事父母几谏，见志不从，又敬不违，劳而不怨。"（《论语·里仁》）当父母有过错时，子女应反复婉言相劝，如果父母仍一意孤行，子女不应滋生怨恨之心，应该一如既往地孝敬双亲。那么曾子是如何处理这一问题的呢？当弟子单居离问询"事父母之道"时，曾子具体阐发了自己的主张。《大戴礼记·曾子事父母》载：

> 单居离问于曾子曰："事父母有道乎？"曾子曰："有。爱而敬。父母之行，若中道则从，若不中道则谏，谏而不用，行之如由己。从而不谏，非孝也；谏而不从，亦非孝也。孝子之谏，达善而不敢争辩。争辩者，作乱之所由兴也。"

曾子对孔子"事父母几谏"的思想做了发挥。他提出，对于父母的错误，可以劝谏但不能蛮横忤逆，只能表达良善的道理，用行动去影响和感化父母，促其醒悟而不能力争强辩。曾子指出，顺从父母而不劝谏，不是孝；劝谏无效而不再顺从父母，也不是孝。《大戴礼记·曾子大孝》又载：

> 父母爱之，喜而不忘；父母恶之，惧而无怨；父母有过，谏而不逆。

在这里，曾子明确了谏亲的界限，即"谏而不逆"。他再次重申，对于父母的过错，只能劝谏而不能忤逆。这和其"微谏"的主张是一致的，也是"先意承志，谕父母以道"（《大戴礼记·曾子大孝》）的具体化。

值得注意的是，曾子似乎意识到"从而不谏，非孝也；谏而不从，亦非孝也"的主张易于使人陷入两难境地，所以提出在这一问题上应"巧变"，以随父母之忧乐。父母犯了错，孝子理当引以为耻，但假如父母一意孤行，不知改悔，孝子正确的做法是代父母承担过错，问罪于自身。所谓"不耻其亲，君子之孝也"（《大戴礼记·曾子立孝》），不给父母带来耻辱，这是君子的孝。孝子在反省自身不足的同时，对父母仍然要"敬而不违"，并想方设法感化父母，促其改过。从社会人伦的角度来看，曾子的主张是人伦亲情的自然体现，也为孝道实践奠定了深厚的人性基础，使孝的观念深深地扎根于生活的土壤，枝繁叶茂。

5. 慎终追远

"慎终追远"是曾子在亲身践履孝道的过程中提出来的。"慎终"指为父母尽哀，慎重地办理父母的丧事。"追远"指虔诚地追祭远祖先人，表达孝子终生萦怀之情。从社会人伦看，亲子关系具有某种本源的意义。慎重对待前辈生命的终结，永续前辈的精神，做到慎终追远，百姓的道德就会趋于敦厚。曾子认为，孝关系到民风的淳朴与否，对整个社会良风美俗的形成和社会秩序的和谐有重要意义。孝虽然始于家庭这样的小个体单位，却是整个社会得以长治久安的基石。

孔子曾说过，只有做到"生，事之以礼；死，葬之以礼，祭之以礼"（《论语·为政》），才算恪尽孝道。对于孔子的教诲，曾子终身奉行。《大戴礼记·曾子本孝》载曾子曰："故孝之于亲也，生则有义以辅之，死则哀以莅焉，祭祀则莅之，以敬如此，而成于孝子也。"对于圆满的尽孝之道，《孝经·丧亲章》有总结性的阐述："生事爱敬，死事哀戚，生民之本尽矣，死生之义备矣，孝子之事亲终矣。"作为孝子，在父母活着时以爱敬之心去奉养，在父母去世后以哀痛之心去安葬和祭祀，到此，孝子事生送死的尽孝之事才算终结。有始有终，方为尽孝之道。

据《礼记·曾子问》记载，曾子向孔子问询"丧礼"之事，提出的问题多达四十余条，可谓巨细靡遗，详赡入微。曾子为何如此重视丧礼？李泽厚认为，是因为追怀死者的丧葬礼仪能够给予"混沌难分的原动物性的理智、情感诸心理因素以特定的社会族类的方向和意义，以确认自己属于此族类的存在"，这是人类社会意识、人性心理、情感行为的反映，关系到"慎终追远"的大事情。如果丧祭礼仪荒废不行的话，对社会带来的恶果是非常明显的，正如《礼记·经解》所说的那样："丧祭之礼废，则臣子之恩薄，而倍死、忘生者众矣。"礼不仅仅是外在的行为规范，同时有其内在的德性要求。

曾子在重视丧祭之礼的同时，更为关注丧亲之情。孔子强调丧祭之礼的本质是"祭思敬，丧思哀"（《论语·子张》）。他说："丧，与其易也，宁戚。"（《论语·八佾》）就丧事而言，与其仪式周备、奢华铺张，不如内心真正悲戚。"丧思哀"才是礼的本意。那么，什么是哀戚之情呢？《孝经·丧亲章》说："孝子之丧亲也，哭不偯，礼无容，言不文，服美不安，闻乐不乐，食旨不甘，此哀戚之情也。"孝子在父母去世时，要哭得声嘶力竭（表现出自己极度悲伤的心情），而不能抑扬顿挫、拉长尾声，行礼时不注重仪容，言辞没有文采，穿着纹饰华美的衣服会感到不安，听到音乐也不会感到快乐，吃可口鲜美的食物也不觉得甘甜。这些都是孝子丧亲之情的自然流露。倘若一个人在办理父母丧葬之事的时候，仍然计较礼节是否周全、仪容是否端庄、言辞是否文雅，而不能尽情抒发对父母的哀戚之情，无疑是扭捏造作、矫言伪行。

爱身、养亲、敬亲、谏亲、慎终追远共同构成了曾子的教道观。曾子将这种严于律己、勤于反省的精神贯穿于日常的孝道实践中，以忠爱之心孝敬双亲，追求孝子的纯洁之心、君子人格的养成，其最终目的是提高自我生命的价值。

三、曾子的孝行

　　道德作为一种实践精神，不仅表现在观念上，也体现在实践中。正如李泽厚所说，孝作为一种道德必须由具体的行为来体现。而注重"笃行"正是曾子孝道实践的一大特征。

　　《大戴礼记·曾子疾病》载曾子曰："夫华繁而实寡者，天也；言多而行寡者，人也。"他指出，说得多、做得少是人最常见的毛病，而巧言的人必然缺乏仁德，所以曾子一再强调要少说多做、先行后言。《大戴礼记·曾子制言上》曰："且夫君子执仁立志，先行后言。"《大戴礼记·曾子立事》曰："微言而笃行之，行必先人，言必后人。"显而易见，在言行关系上，曾子着重突出了行的重要性。曾子认为人的整个行为过程由思、言、行、复四个阶段构成，在这四个阶段中，"行"居于"外内合"的交汇点。他说："君子虑胜气，思而后动，论而后行。行必思言之，言必思复之……"（《大戴礼记·曾子立事》）。思和言必须依赖行才能得到落实，没有具体的行动，思与言就没有实际意义。思、言、行都不仅仅是为了提高自身的道德修养，也在于为他人做出榜样："人信其言，从之以行，人信其行，从之以复，复宜其类，类宜其年，亦可谓外内合矣。"（《大戴礼记·曾子立事》）讲求诚信的君子不虚言，人信其言。言信行果，别人才能信服并从而行之。要实现"合外内"之道，坚持不懈的行动必不可少。基于这种对"行"的重要性的认识，曾子提出了"言不远身，言之主也；行不远身，行之本也"（《大戴礼记·曾子疾病》）的主张。即说话不远离自身所知的事，这是言论的重心；所行不远离自身该做的事，这是德行的根本。

　　曾子言行一致的品质在孝行方面得到了充分体现。《荀子·大略》载曾子论孝子之道:"孝子言为可闻,行为可见。言为可闻,所以说远也;行为可见,所以说近也。近者说则亲,远者说则附。亲近而附远,孝子之道也。"曾子认为,孝子说的话是可以让人听的,做的事是可以让人看的。说的话可以让人听,是用来使远方的人高兴;做的事可以让人看,是用来使近处的人高兴。近处的人高兴就会来亲近,远方的人高兴就会来归附。使近处的人来亲近,而使远方的人来归附,这是孝子遵行的原则。曾子修身事亲,可谓终身秉持了这一原则。因此,曾子"孝"的声名在先秦时期已经广泛流传,除《论语》《孟子》等文献有所记载外,其他文献也多有记载,如《荀子·性恶》载"天非私曾、骞(指孔子弟子闵子骞)、孝已(殷高宗之太子)而外众人也",《战国策》载苏秦曰"使臣信如尾生,廉如伯夷,孝如曾参",都说明曾子之孝在先秦时期就已为时人所公认。据郦道元《水经注》记载,曾子居曲阜,鸱枭不入城郭,鸱枭喻指邪恶之人。在后人看来,曾子之孝并不是一般意义上的孝,而是"动鬼神,感天地"(唐皮日休)的孝,故后世言孝必称曾子。

曾子以安身处世、奉养双亲为出发点,时刻把父母的冷暖挂在心上,尽量守在父母身边,就连一个晚上也不轻易离开父母。曾子的母亲去世后,曾子常常想念母亲。据《孝子传》记载,曾子有一次吃生鱼,感觉味道很鲜美,就把它吐了出来。别人看到后,非常惊讶,就问他什么原因。曾子说:"我母亲活着的时候,没有尝过生鱼这样的美味,一想到母亲没有吃过,我就心里难过,所以把他吐了出来。"此后,曾子终身不食生鱼。通过这个故事,我们可以真切感受到曾子对母亲的深厚情感。

图 6-7 思母吐鱼图(王定安《宗圣志》)

王充《论衡·感虚篇》载:"传书言:曾子之孝,与母同气。曾子出薪于野,有客至而欲去。曾母曰:'愿留,参方到。'即以右手扼其左臂。曾子左臂立痛,即驰至,问母:'臂何故痛?'母曰:'今者客来欲去,吾扼臂以呼汝耳。'盖以至孝与父母同气,体有疾病,精神辄感。"《孝经·感应章》曰:"孝悌之至,通于神明,光于四海,无所不通。"至善的孝道德化天地,能够与神灵互相通达。荀子则认为,孝子如能"专心一志,思索孰察,加日县久,积善而不息,则通于神明,参于天地矣"。曾子孝心深厚,虽与母亲相隔很远,却能产生心灵感应。

《说苑》还记载了曾子不入胜母之闾的故事。《说苑·谈丛》曰:"邑名胜母,曾子不入;水名盗泉,孔子不饮。"这个故事讲的是曾子有一次到郑国去,路过一个名叫"胜母"的地方,曾子想,一个人对父母只能孝敬,哪有在父母面前争强好胜的道理?于是便调转车子,绕路而行。从现代人的角度看,曾子不入胜母之闾的做法似乎有些极端,但恰恰说明曾子对父母的孝敬达到了常人难以企及的程度。曾子的孝之所以被称为"养志",正是因为他对自身要求极为严格,一切行动都坚持"惟义所在"。正如《论衡》所言:"孔子不饮盗泉之水,曾子不入胜母之闾,避恶去污,不以义,耻辱名也。盗泉、胜母有空名,而孔、曾耻之。"因此,曾子被后人称赞为"盛饰入朝者不以利污义,砥厉名号者不以欲伤行"(《史记·鲁仲连邹阳列传》)的贤人。曾子不入胜母之闾的故事,可谓曾子坚持忠爱以敬、以礼为本的典型事例。

曾子不仅对生母很孝顺,在生母去世后,对继母也是极尽奉养之情。《孔子家语·七十二弟子解》记载了曾子出妻的故事:"参后母遇之无恩,而供养不衰。及其妻以藜烝不熟,因出之。"据传,虽然曾参的后母对他不好,但是他像对待生母那样供养不衰,非常孝顺,常常"视亲衣之厚薄,枕之高低",照顾其饮食起居,细致入微,从来没有懈怠过。有一次,曾子外出之前嘱托妻子把藜叶蒸熟了给后母吃,回家后得知藜叶没有蒸熟，非常生气，非要休妻不可。众人劝阻他："你的妻子不该被离弃，不在七出的范围之内啊。"曾子回答说："蒸藜为食，确实是一件小事情。我告诉她要蒸熟，可是她没有听从我的话，何况大的事情呢！"最后，曾子还是离弃了他的妻子，并终身未再娶妻。《孝经·五刑章》说："五刑之属三千，而罪莫大于不孝。"因为没有蒸熟藜叶而休妻，当时的人可能也认为不近人情。但在曾子看来，没有把藜叶蒸熟就给母亲吃，意味着对长辈缺乏最起码的"敬爱"，这种不孝的行为是难以容忍的。曾子休妻之事虽有附会之嫌，不可尽信，但也显示出曾子捍卫孝道的坚定性。

图6-8　胜母还轫图
（王定安《宗圣志》）

图6-9　孝事后母图
（王定安《宗圣志》）

《淮南子·说山训》载："曾子攀枢车，引辀者为之止也。"曾子在父亲去世的时候，攀扶枢车为父亲送丧，悲痛欲绝，以致拉丧车的人感动得停下来为之哭泣。《礼记》对曾子执亲之丧的故事也有记载。曾子对弟子孔伋说："吾执亲之丧也，水浆不入于口者七日。"虽然与古代"君子之执亲之丧也，水浆不入于口者三日"相比，曾子的行为似乎有些过头，但程颐认为："曾子者，过于厚者也。圣人大中之道，贤者必俯而就，不肖者必跂而及。若曾子之过，过于厚者也。若众人，必当就礼法。自大贤以上，则看他如何，不可以礼法拘也。"曾子丧父，水浆不入于口者七日，足见曾子孝心之诚。

图 6-10　执亲丧图（王定安《宗圣志》）

由于曾子精熟丧礼，而且执行起来非常认真、虔敬，所以人们常常请他主持丧礼。他在读有关治丧的礼书时，也会想起去世的父母，以至于泪沾衣襟。清乾隆四十九年（1784），曾子六十九代孙、世袭翰林院五经博士曾毓墫在曾庙内建涌泉井，以此作为对曾子"事亲至孝"的纪念。

曾子行孝直到生命的最后一刻，可谓善始善终。曾子的孝行对曾氏后人的影响是巨大的。《说苑·杂言》曰："凡善之生也，皆学之所由。一室之中，必有主道焉，父母之谓也。故君正则百姓治，父母正则子女孝慈。是以孔子家儿不知骂，曾子家儿不知怒。所以然者，生而善教也。"凡是好品行的养成，都是学习的缘故。一家之中，必定有主持家政的人，父母亲就是。所以国君正，百姓就能治理好；父母正，子孙就会孝敬、慈爱。因此，孔子家小儿不会骂人，曾子家小儿不会发怒。这都是因为生来就有好的家教。

图 6-11　曾庙涌泉井

曾子作为古代孝子的典范，其孝行表现在侍奉父母的方方面面，诸如"耘瓜受杖""不食羊枣""观礼泪涌"等感人泪下的故事还有很多。曾子以孝著称，其执着虽然近乎"愚孝"，但历朝历代都把他作为孝子的样板和道德完人来崇敬，尤其是汉代以后，在以孝治天下的社会背景下，比附其身的传闻、传说也就越来越多。虽然文献中关于曾子孝行的记载真伪参半，有些难免有附会之嫌，如啮指心痛、受杖不逃等事，但也反映出曾子之孝对后世的深远影响。

第七章 曾子的思想贡献与历史地位

曾子是孔子晚年的重要弟子之一，对孔子学说领悟较深，能得其旨要。在孔子去世后，孔门弟子中致力于阐发和宣扬孔子思想者，以曾子最为用力、贡献最大。唐文治曾说，曾子之学，传自孔子，孔子之学，传自老子。是曾子之学，承老、孔之学为学也。曾子之学，传诸子思，子思之学，传诸孟子。是曾子之学，开思孟之学以为学也。由此可知，曾子在中华文化的薪传流变中，具有不可忽视的重要地位。他重视仁德，发展了儒家以"仁"为核心的伦理学说；他提倡孝道，建构了以"孝"为基点、贯通"仁""礼"的孝道思想体系；他探讨天人关系，认为天道下行，人与礼乐秩序皆本于天，是对孔子天人理论的重要发展；他主张"内省"，强调求之于心的致思路向，下启思孟，开启了孔子之后儒学发展的新方向，为儒家文化的传播与发展做出了重大贡献。

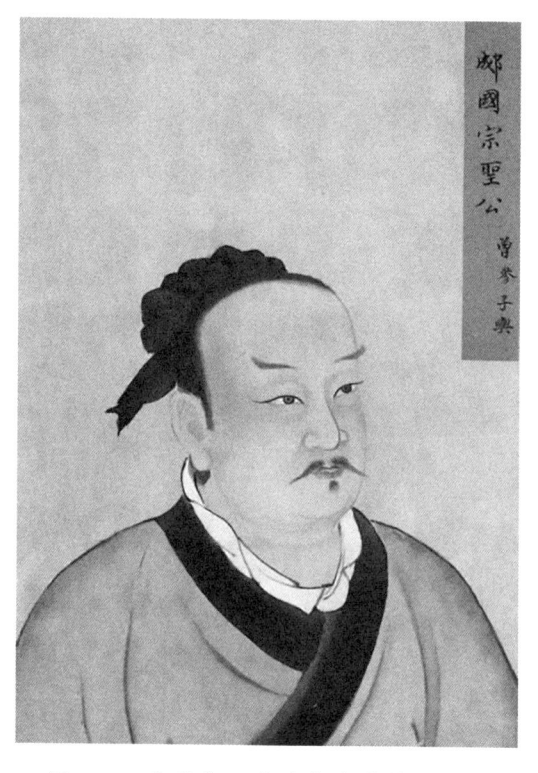

图7-1　宗圣像（台北故宫博物院藏）

一、曾子对儒家伦理学说的发展

伦理思想是曾子思想的重要组成部分。在社会剧烈变化的时代，曾子对孔子提出的仁、礼、孝等观念进行了深入阐释和补充，使儒家的伦理学说更切合社会实际，更大程度地普及于全社会，为儒家后学发展丰富伦理学说做了充分的准备。

"仁"是孔子思想的核心，是儒家伦理哲学的重要范畴。孔子视"仁"为人生的崇高理想和道德的最高境界，就理想而言，"天下归仁"是孔子追求的目标；就道德修养而言，"克己复礼"、力行"近仁"是孔子恪守的生活准则。孔子倡导仁者"爱人"，这是孔子立身行事的基础。曾子对孔子学说领会得较为深切，以"忠恕"来概括孔子思想的基本内核。《论语·里仁》载："子曰：'参乎！吾道一以贯之。'曾子曰：'唯。'子出，门人问曰：'何谓也？'曾子曰：'夫子之道，忠恕而已矣！'""忠"就是"己欲立而立人，己欲达而达人"（《论语·雍也》），有仁德的人自己想立身也使别人立身，自己想通达也使别人通达。"恕"就是"己所不欲，勿施于人"（《论语·卫灵公》），自己不想做的事情也不强加于别人。这是从积极与消极两个方面阐明践行仁道的原则。"忠恕"就是为仁之方。"忠"指积极地践行，不仅要全心全意地成己，而且要乐于付出，全心全意地帮助别人，立人、达人都是从"为人"的角度而言，所谓"爱人以德也"。"恕"就是无私、不欺，宽以待人。如果说"忠"是对自己品格的要求，那么"恕"就是对他人应持的态度。可见，孔子的忠恕之道侧重在修身以及为人处世方面。孔子不止一次地强调"忠恕"在自己学说中的重大意义。《论语·卫灵公》记载了孔子与弟子子贡的一段对话："子曰：'赐也，女以予为多学而识之者与?’对曰:‘然,非与?’曰:‘非也,予一以贯之。’”阮元认为“一贯”意为“行事”,“此夫子恐子贡但以多学而识学圣人,而不于行事学圣人也。夫子于曾子则直告之,于子贡则略加问难而出之,卒之告子贡曰‘予一以贯之’,亦谓壹是皆以行事为教也,亦即忠恕之道也”。子贡对夫子之意未能了然,曾子却洞察入微,一语中的。可见,曾子对贯穿孔子学说的总纲领早已心领神会,这也是曾子对孔子之道有深切体悟的一个显著例证。

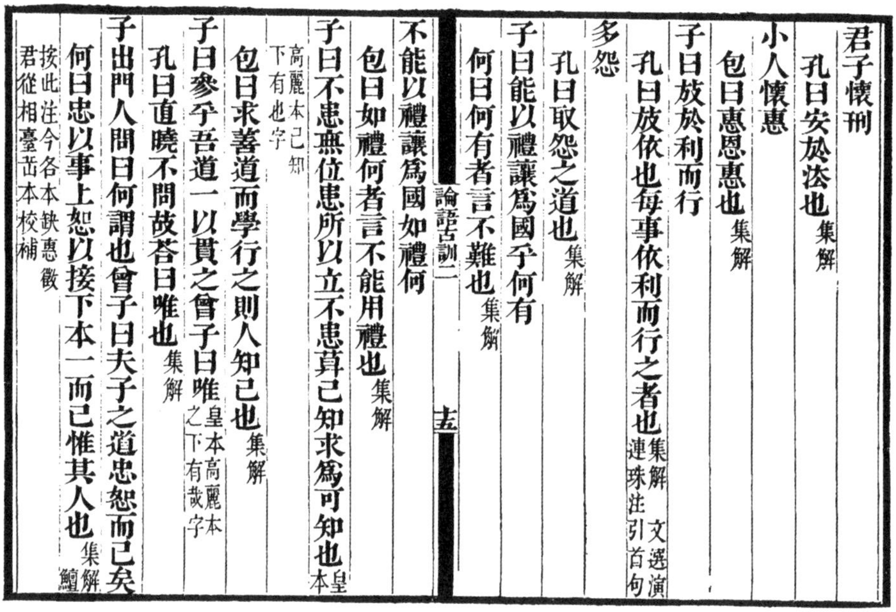
君子懷刑
孔曰安於法也集解
小人懷惠
包曰惠恩惠也集解
子曰放於利而行
孔曰放依也每事依利而行之者也集解文選演連珠注引首句
多怨
孔曰取怨之道也集解
子曰能以禮讓為國乎何有
何曰何有者言不難也集解
論語古訓二 十五
不能以禮讓為國如禮何
包曰如禮何者言不能用禮也集解
子曰不患無位患所以立不患莫己知求為可知也皇本高麗本己知下有也字
包曰求善道而學行之則人知己也集解
子曰參乎吾道一以貫之曾子曰唯皇本高麗本唯之下有哉字
孔曰直曉不問故荅曰唯也集解
子出門人問曰何謂也曾子曰夫子之道忠恕而已矣
何曰忠以事上恕以接下本一而已惟其人也集解按此注今各本缺惠徵君從相臺岳本校補

图 7-2 《论语古训》书影

曾子继承了孔子的忠恕之道,并有所发挥。《大戴礼记·曾子制言中》记曾子曰:“君子虽言不受必忠,曰道;虽行不受必忠,曰仁;虽谏不受必忠,曰智。”这里的“忠”主要指尽心尽力。作为行为规范,“忠”即诚心诚意地对待他人以协调自我与他人的关系,从而建立和谐的社会人伦。曾子强调,即使个体的所言所行没有获得他人的理解和接受,也要始终不渝地以“忠”待人。这一意义上的“忠”,同时被视为“道”“仁”“智”等价值原则的体现。曾子又说:“君子己善,亦乐人之善也;己能,亦乐人之能也;

己虽不能,亦不以援人。"(《大戴礼记·曾子立事》)曾子认为,君子在追求理想的过程中,务必坚持"己欲立而立人,己欲达而达人"的原则,自己好,也希望别人好;自己能做到,也希望别人能做到;自己即使不能做到,也不要像小人那样忌人之能而将别人的成绩据为己有。曾子所论全与孔子相通,都是说君子待人要尽己尽心,与人同达至善的美好境界。这也显示出曾子对孔子思想的继承。曾子强调人与人应当互相扶持、互助互惠,他说:"蓬生麻中,不扶自直;白沙在泥,与之皆黑。是故人之相与也,譬如舟车然,相济达也。己先则援之,彼先则推之。是故人非人不济,马非马不走,土非土不高,水非水不流。"曾子这种"人非人不济"之道正是孔子的立人达人之道,因此熊赐履在《学统》中说:"曾子之道,亦曰忠恕而已矣。"

在具体的生活实践中,孔子强调仁者要"躬自厚而薄责于人"(《论语·卫灵公》),要与人为善,宽以待人,多为他人着想。在孔子看来,修己固然以自我的德性修养为起点,其目标却在于群体的完善,孔子提出的君子"修己以敬""修己以安人""修己以安百姓"就清晰地表明了这一点。曾子进一步指出,在人际关系上,君子需要把握好行事的尺度。曾子说:"君子好人之为善,而弗趣也;恶人之为不善,而弗疾也。疾其过而不补也,饰其美而不伐也,伐则不益,补则不改矣。"(《大戴礼记·曾子立事》)君子喜欢别人做好事,但不催促他去做;厌恶人做不好的事,但不马上表现出来。厌恶人的过失但不为之弥补,喜欢人做善事但不为之矜夸,称赞他可能导致他停止不前,弥补他的过失可能导致他知过不改啊。既注重个体人格的提升,也关注群体价值的实现,从孔子到曾子,都体现了这一沟通自我和群体的趋向。曾子认为,要保持群己和谐,最基本的要求就是以学促知、见贤思齐。《大戴礼记·曾子制言上》记载了曾子与弟子讨论何为"通达"的问题:

弟子问于曾子曰:"夫士何如则可以为达矣?"曾子曰:"不能则

学，疑则问，欲行则比贤，虽有险道，循行达矣。今之弟子，病下人，不知事贤，耻不知而又不问，欲作则其知不足，是以惑暗，惑暗终其世而已矣，是谓穷民也。"

在这里，曾子强调了学、行的重要。他认为君子之学，不能畏惧艰难；君子之行，更要见贤思齐，长此以往，坚持不懈，自能抵达理想的境界；假如好责于人而不知自省，便只能庸庸碌碌地度过一生，这样的人就没有什么希望了。这就把对"仁"的追求置于自我与他人、个体与群体的关系场域中，更易于被人们理解和践行。

图 7-3 曾庙三省堂

曾子明确把仁义作为立身处世的重要原则。在曾子的伦理学说中，仁主要表现为一种精神和气节。曾子曰："志士仁人，无求生以害仁，有杀身以成仁。"（《论语·卫灵公》）又说："士不可以不弘毅，任重而道远。仁以为己任，不亦重乎？死而后已，不亦远乎？"（《论语·泰伯》）朱子解释说：

"仁者，人心之全德，而必欲以身体而力行之，可谓重矣。一息尚存，此志不容少懈，可谓远矣。"可见，曾子的理想就是做志士仁人，以成就个人的德行。曾子的这种观念类似于后来孟子所倡导的"大义"。无论是"仁以为己任"，还是"杀身以成仁"，曾子所讲的这种君子节操都源于他对仁义的理解。孔子提倡"君子喻于义，小人喻于利""见利思义"，曾子则把仁、义并列来谈，并纳入道德修养的范畴。曾子认为"士执仁与义而明行之，未笃故也"（《大戴礼记·曾子制言上》），如果一个人坚守仁、义之道却不为外人所知，一定是用心不够深厚的缘故。

什么是"义"呢？曾子认为，义就是君子行为合于仁的适宜表现。曾子说："冻饿而守仁，则君子之义也。"（《大戴礼记·曾子制言中》）忍冻挨饿但仍坚守仁德，这就是君子应有的表现。曾子又说："故君子不谄富贵，以为己说；不乘贫贱，以居己尊。凡行不义，则吾不事；不仁，则吾不长。奉相仁义，则吾与之聚群向尔；寇盗，则吾与虑。国有道则突若入焉，国无道则突若出焉，如此之谓义。"（《大戴礼记·曾子制言下》）他强调，君子不巴结奉承富贵的人而使自己受到喜爱，不凌侮贫贱的人而使自己显得高贵。凡是做事不讲道义的人，我不去侍奉他；没有仁爱的人，我不把他看作长上。辅佐君主行仁义的，我就和他们结成一群；遇到盗寇，我就不为他们谋划。国家有道就入其国，国家无道就离开，诸如此类都可以称为"义"。所以，曾子从进德修业的角度，告诫人们要时刻不忘追求仁义。《中论》载曾子之言："人而好善，福虽未至，祸其远矣；人而不好善，祸虽未至，福其远矣。"在临终之时，曾子还不忘谆谆告诫自己的儿子曾元："那些鱼鳖鼋鼍（yuán tuó）以为渊池还太浅而在那里面打洞才安身，鹰鸢以为山岭还太低而在那上面筑巢才栖息。它们被捕获，一定是因为贪图饵食小利，中了圈套。君子如能不因为财利而伤害道义，那么耻辱也就无从到来了。"曾子的临终遗言体现了对义的重视和坚守。所以，曾子大声疾呼"君子思仁义"。从儒学史发展的角度看，仁、义连用，曾子有首倡之功。林安梧立足于《论语》一书的记载，将有子的孝道观与曾子的孝道观置于儒家道德哲学的视域下进行比较，认为有子以"孝悌"伦理为核心，注重血缘亲情、上下之序，曾子的"孝道"则以"忠信"为核心，注重社会正义、彼此相与。从孔子到孟子，儒家的孝悌之道，调适而上遂于仁义之道，中间最重要的承接者就是曾子、子思。儒家强调"义"的伦理学说，经过孟子的进一步发挥，逐渐成为中华文化中重要的道德命题。

尤其值得关注的是，曾子将仁与普通民众的日常生活联系起来，赋予其更多的现实意义。孔子之学号称仁学，而仁是极为高远的、常人难以企及的境界。孔子论人，以圣人为第一，仁人次之。但孔子从不轻易以"仁"许人。通观《论语》，被孔子称许为仁人的仅有伯夷、叔齐、微子、箕子、比干数人而已，"圣""仁"二字，就连孔子也谦不敢当。孔子说："若圣与仁，则吾岂敢？"（《论语·述而》）可见达到仁的境界是相当困难的。但曾子不主张将仁置于高不可攀的地步，他说："是故君子以仁为尊。天下之为富，何为富？则仁为富也；天下之为贵，何为贵？则仁为贵也。昔者，舜匹夫也，土地之厚，则得而有之；人徒之众，则得而使之：舜唯以得之也。是故君子将说富贵，必勉于仁也。"（《大戴礼记·曾子制言中》）曾子认为，仁不仅是崇高的道德理想，而且与现实生活有密切的关系。即使圣如虞舜，其力行仁义的结果也不过是富有天下土地人民。所谓"仁为富""仁为贵"，自然也就暗含着现实的利益诉求，在曾子的观念里，仁是君子通过正当手段求取富贵的途径。显然，与孔子所说的"仁"相比，曾子所说的"仁"在内涵上已经有了很大的变化，呈现出更为具体化、现实化的生活样态，推动了仁学向社会各个阶层的辐射和传播。

在孔子的伦理学说中，仁与礼是密不可分的。西周建立之初，周公制礼作乐，形成了一系列维护宗法制度、等级制度的社会规范。孔子在周礼的基础上，取舍损益，把礼发展为一种伦理规范。孔子向往西周社会，所以重建"君君、臣臣、父父、子子"的有序化社会是他一生的理想。而实现这一理想的途径就是"克己复礼"。礼可分为礼仪和礼义两部分。礼仪是礼的外在形式，指人交往赘见、衣食住行、进退举止等方方面面的仪式要求。礼义则代表着礼的内在精神，突显的是"礼"作为政治秩序、人伦秩序核心原则的意义。孔子提出"不学礼，无以立"，主张"齐之以礼"，以此来重新建立稳定和谐的社会秩序。在人们的行为规范上，孔子主张"非礼勿视，非礼勿听，非礼勿言，非礼勿动"（《论语·颜渊》），每一个社会成员都循规蹈矩，事事合"仪"，达到"礼"的要求，天下才能大治。《论语·乡党》对孔子日常生活中的行为举止有详细记载，体现了孔子对礼的重视。

孔门学者秉承师教，对礼有精深的探求。曾子对礼在维护等级制度方面的作用有深切的体认。他认为，所谓"德行"就是实践礼的规范，人人遵礼而行，就可以避免"犯其上，危其下，衡道而强立之"（《大戴礼记·曾子制言上》）的悖乱行为。但总体来讲，曾子关注的重点并不在此，而在于如何将外在形式的礼转化为个人内在的道德情操。他说："夫礼，贵者敬焉，老者孝焉，幼者慈焉，少者友焉，贱者惠焉。此礼也，行之则行也，立之则义也。"（《大戴礼记·曾子制言上》）这样，就把等级关系意义上的礼转化为人伦层面的道德规范。曾子在父亲去世的时候，"水浆不入于口者七日"，其弟子乐正子春在母亲去世的时候，也五日不食。但按照丧礼的规定，三日不食就可以了。在合礼与达情之间，曾子的选择更偏重于个人哀戚之情的表达。据《论语·子张》载子游曰"丧致乎哀而止"可知，子张认为虽然丧礼以表达哀痛之情为主，但也不要因为过度哀痛而伤身。曾子并不赞同这种观点，反驳说："吾闻诸夫子：人未有自致者也，必也亲丧乎！"曾子认为父母与子女之间的情感源于内心的爱，父母去世而子女痛不欲生自是情理中事，但世人往往做不到，我在哀戚之情的表达上略微过点头，又有何不可呢？朱熹解释说"致，尽其极也。盖人之真情所不能自已者"，可谓深得曾子之心。

孔子主张通过教化来引导民众遵礼而行，他说："道之以政，齐之以刑，民免而无耻；道之以德，齐之以礼，有耻且格。"（《论语·为政》）"耻"是儒家十分看重的道德范畴。孔子希望用道德引导百姓，用礼法规范他们的行为，使他们知耻而谨慎。沿着这一思路，曾子更加强调将礼的外在规范深入内心，促使人们内心羞耻意识的觉醒，以使人分辨是非、改过迁善，从而更加自觉地遵守礼制规范。曾子提出"吾日三省吾身"，实际上就是要求人们常常反省自身的行为，以违仁、违礼为耻，守住道德底线。曾子认为，严格的自我修养是修身、齐家、治国、平天下的根本，所以他特别指出士人应当"见恶思诉，嗜欲思耻"，明廉耻，守底线，从最基本处做起，培养良好的道德品质。曾子临终易箦，从侧面反映了他知耻约礼的精神。战国时期的孟子明确指出，人的羞耻之心是道德修养的关键。他说："人不可以无耻，无耻之耻，无耻矣。"又说："耻之于人大矣，为机变之巧者，无所用耻焉。不耻不若人，何若人有？"（《孟子·尽心上》）不难看出，孟子提出的关于"羞耻之心"的理论与曾子思想有明显的继承关系。

综上所述，曾子继承发展了孔子的伦理学说，并表现出重视"仁学"的价值倾向，通过内验身心、外究事理，为孔子倡导的仁、礼等伦理范畴赋予了强烈的时代特色和实践价值，为传扬儒家学说做出了重大贡献。

二、曾子孝论的价值与贡献

孝是中国重要的传统道德，是儒家的教化内容之一。自孔子开始，儒家就把孝作为推行仁政的根本，强调为政者教化百姓、治理国家首先要抓住这一根本。"出则事公卿，入则事父兄"（《论语·子罕》），才能实现社会的长治久安。曾子继孔子之后，把孝提升为最高的德行，以孝为核心，建构了囊括仁、礼等在内的孝道理论框架，使孝由人类社会推衍到整个自然界，成为覆盖人类一切行为的社会普遍法则和放诸四海而皆准的道德根本。因此，曾振宇将曾子的孝道理论称为"孝本论"，认为《孝经》的作者曾子及其弟子"从为天下立法的高度，将孝论证为'天之经''地之义'和'民之行'。在社会政治领域，孝被论证为政治伦理，并有了'以孝治天下''移孝作忠''忠孝合一'等观念"。孝道作为一种道德价值体系，已深入到社会生活的各个领域，成为中华文化的一个特色。

《孝经》开篇就说孝是"至德要道"，这是儒家学派创始人孔子对孝之地位最为经典的概括。孝在心为德，为"德之本"；行之于外为道，乃"教之所由生也"。由此可见，孝是众德之本和百行之宗。孝之所以具有如此高的地位，是因为孝对提升人们的道德精神水平、促进家庭和睦、维护社会和谐安定有着不可忽视的重要价值。

其一，孝是君子修身的根本。曾子认为，只有通过践行孝道，才能真正提高自身的道德水平，实践孝道的过程就是养德、集善的过程。他说："故君子一举足不敢忘父母，一出言不敢忘父母。一举足不敢忘父母，故道而不径，舟而不游，不敢以先父母之遗体行殆也。一出言不敢忘父母，是故恶言不出于口，忿言不及于己。然后不辱其身，不忧其亲，则可谓孝矣。"（《大戴礼记·曾子大孝》）一个人道德修养的提高源于日常生活中对自己一言一行的严格要求。

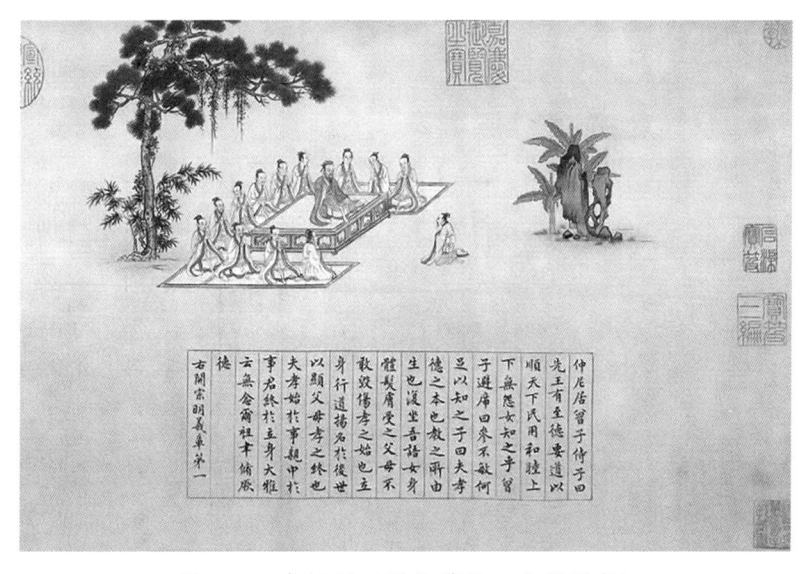

图 7-4　孝经图（明仇英绘，文徵明书）

曾子认为孝亲有三重境界，即"始于事亲，中于事君，终于立身"。第一重境界是"事亲"，《孝经·纪孝行章》载，"孝子之事亲也，居则致其敬，养则致其乐，病则致其忧，丧则致其哀，祭则致其严"，明确了孝亲的基本要求。然后，由"事亲"外推于"事君"，最后达到孝的最高境界"立身"。立身一方面显示了孝道的终极目标，另一方面也凸显了修身的人生追求。曾子认为仁、义、忠、信、礼等都可以在修身行孝中得以体现，所谓"仁者，仁此者也；义者，宜此者也；忠者，中此者也；信者，信此者也；礼者，体此者也；行者，行此者也；强者，强此者也"（《大戴礼记·曾子大孝》），充分说明孝是人世间一切高尚品德的内在依据。这样，曾子就将孝的实践与个人道德修养融合为一，使个人的道德修养贯穿于孝道实践的全过程，赋予孝以道德本体的含义。孟子十分认同曾子倡导的"孝"，进一步在本体论上肯定"孝"是修身之本："事，孰为大？事亲为大；守，孰为大？守身为大。……事亲，事之本也……守身，守之本也。"孟子又说："仁之实，事亲是也；义之实，从兄是也。"（《孟子·离娄上》）他明确指出孝是实现人生理想境界的基础。

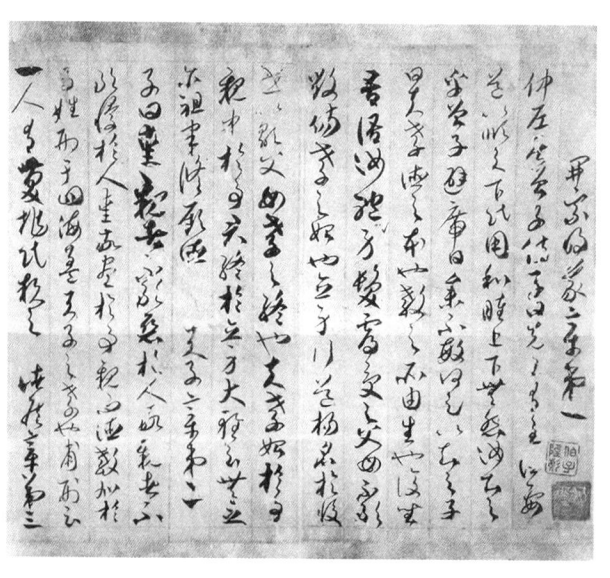

图 7-5　唐贺知章草书《孝经》

其二，孝是齐家、治国的重要方法。曾子固然十分强调孝的修身立身意义，但也接受了孔子晚年的孝治思想，把治世的落脚点建立在家庭单位之上。以此为基点，将发扬孝道与转变民风、求得治世结合起来，将孝道与忠君联系起来，这是曾子对传统孝道的发展。

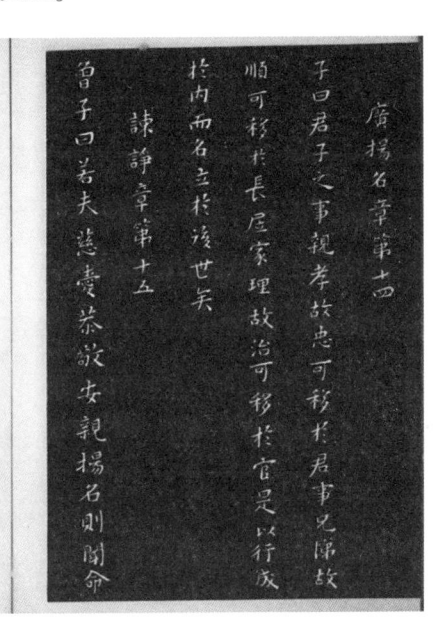

图 7-6　明黄道周小楷《孝经》

在孔子的孝道理论中，孝的基本含义是子女敬爱父母，主要表现为家庭伦理。曾子的孝道理论同样重视子女对父母的诚敬之爱。曾子在和弟子单居离讨论事亲之道时，着重提出了几项基本原则，作为家庭伦理的规范，即事父母要"爱而敬"，事兄要"尊事之"，使弟要"正以使之"（《大戴礼记·曾子事父母》）。但曾子不仅仅单纯地从家庭伦理论孝，而是将孝道的适用范围扩展到整个社会，赋予其更为广泛的文化意义。曾子说："事父可以事君，事兄可以事师长；使子犹使臣也，使弟犹使承嗣也；能取朋友者，亦能取所予从政者矣。"（《大戴礼记·曾子立事》）既然事父与事君同，事兄与事师长同，那么如何对待父兄就应当如何对待君主和师长，故曾子特别指出"事君不忠，非孝也！"这就将家庭方面的孝悌之道与政治方面的事君之道相沟通，将"孝"从家庭扩展至家族，再延伸至国家，将家与国、伦理与政治相融合，逐渐把"臣事君以忠"的观念引入孝道范畴。后来，《孝经》明确提出"以孝事君则忠"的主张，提倡移孝作忠，将家庭伦理与治国原则融为一体。杨国荣说，在曾子那里，孝的文化意义就体现于使伦理领域与政治领域之间的关联以及伦理行为与政治实践（为政）的转换成为可能。曾子强调"夫孝者，天下之大经也"，突出了家庭伦理关系以及调节这种关系的规范所具有的本源性，同时展现了孔子所奠基的儒学价值系统的内在特点。孝道作为一种道德价值体系和治政理念，深刻影响了曾子之后古代中国政治制度的走向。

图 7-7 孝经图（台北故宫博物院藏）

汉代以来，"以孝治天下"几乎成为历代王朝奉行的基本政策，强调天子之孝在施政中的示范作用。汉朝皇帝自汉惠帝以下，谥号大多冠以"孝"字，如孝惠帝、孝文帝、孝景帝、孝武帝等。《汉书·霍光传》云："汉之传谥常为孝者，以长有天下，令宗庙血食也。"据骆明统计，自汉至清，封建帝王以"孝"为谥者多达236人。由此可见，践行孝道，以孝治天下，成为历代统治者崇尚的价值观。历代统治者对阐述孝道的经典著作《孝经》也给予了极为特殊的重视,汉代"使天下诵《孝经》"(《后汉书·荀爽传》),《孝经》成为儿童识字以后的必读书。从汉文帝开始,《孝经》被列入官学,置博士。历代统治者亲自宣讲《孝经》或者为《孝经》作注者,代不乏人,较为著名的就有晋元帝《孝经传》、晋孝武帝《孝经讲义》、梁武帝《孝经义疏》、唐玄宗《孝经注》、清顺治帝《孝经注》、雍正帝《孝经集注》等,北魏孝文帝还下令将《孝经》译为鲜卑语,"教于国人"。在统治者的鼓励下,经学家注疏《孝经》更是绵延相继,大大促进了《孝经》在社会各个阶层的传播。

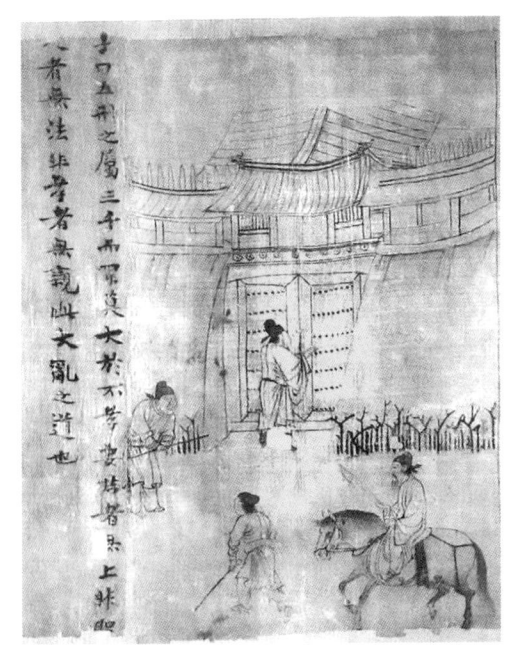

图 7-8 孝经图(宋李公麟绘,美国大都会博物馆藏)

两汉时期,"举孝廉"成为选拔官吏的一种制度。汉武帝元光元年(前134),"初令郡国举孝廉各一人"(《汉书·武帝纪》),被选为"孝廉"者除博学多才外,更要孝顺父母、行为清廉。后来,汉武帝又下诏,凡两千石以上官吏必须察举孝廉,否则按不敬和不胜任论处。"求忠臣必于孝子之门"的察举孝廉制度被后世沿袭。唐代在科举制度之外,常从孝悌仁义的家族中选拔一人直接赐官,无须另行考试。清代又把汉代的"孝廉"和"贤良方正"两个科目合并,特设孝廉方正科。一个人具有孝德孝行,成为入仕最起码的要求。

孝不仅是为官者的必备要求,而且被列入法律。《孝经·五刑章》云:"五刑之属三千,而罪莫大于不孝。"战国晚期的睡虎地秦简《封诊式》以及江陵张家山汉墓出土的《奏谳书》都载有关于处置不孝者的法律。唐代以后,把"不孝"列为"十恶"大罪之一。"不孝"罪包括骂詈(lì)父母、祖父母;父母在,别籍异财;居父母丧,自行婚娶;闻父母、祖父母丧,匿不举等,轻者处以劳役、流放,重者处以绞刑、斩首。古代对官员的孝行有着特殊要求。如果官员的行为不合孝道,那么他不仅要面临舆论的谴责,还会受到弹劾。官员祖父母或者父母去世,必须辞官守孝,这就是古代颇为严格的"丁忧"制度。隐丧不报、贪恋官位者,一经查实,将会受到严厉惩处。

在传统社会中,孝道是维护家庭、家族秩序稳定的重要力量,父子兄弟长幼尊卑观念延伸至社会国家,就形成了"家国同构"的社会结构,使伦理与政治紧密结合起来。每一个社会成员都成为"忠爱以敬"的孝子,才能"移孝作忠",实现"一家仁,一国兴仁;一家让,一国兴让"。

图 7-9 《女孝经图》(台北故宫博物院藏)

其三，孝是推行教化、移风易俗的重要手段。孔子主张道德教化，曾向曾子阐述治国的"七教"："上敬老则下益孝，上尊齿则下益悌，上乐施则下益宽，上亲贤则下择友，上好德则下不隐，上恶贪则下耻争，上廉让则下耻节，此之谓七教。七教者，治民之本也。政教定，则本正也。"（《孔子家语通解·王言解》）曾子也提出了"民之本教曰孝"（《大戴礼记·曾子大孝》）的道德教化论。这一思想对后世儒家影响极大。《郭店楚简·六德》曰："是故先王之教民也，始于孝弟。……孝，本也。"孟子也提出："谨庠序之教，申之以孝悌之义。"孝为教化民众的根本，成为早期儒家学派的重要思想。为教化民众以厉风俗，自汉代开始，历代统治者都极力宣扬孝道，尊老敬老，表彰孝行。教化措施的不断强化，促使民众的思想和行为融入官方的礼法规范当中。

养老尊老是孝道教化的主要措施。汉代，养老、尊老之风大盛。历代统治者在养老方面实行的主要措施有：

1. 赐粟帛

据《汉书·文帝纪》载，文帝前元元年（前179）三月诏曰："老者非帛不暖，非肉不饱。今岁首，不时使人存问长老，又无布帛酒肉之赐，将何以佐天下子孙孝养其亲？今闻吏禀当受鬻者，或以陈粟，岂称养老之意哉！"故下令赐天下老人粮、帛："年八十以上，赐米人月一石，肉二十斤，酒五斗。其九十以上，又赐帛人二匹，絮三斤。"在物质上给予老人优待，成为后世相沿不变的惯例。汉代以后，历代史书中都有关于赐高龄老人粟帛的记载。

2. 免徭役

为使老人老有所依、衣食无忧，古代统治者常会实行免除徭役的政策。据《册府元龟·帝王·养老》记载，自北魏时期，已有免除徭役的先例。如：北魏孝文帝太和元年（477）诏，家有七十岁以上老人的，准许一个儿子不从役。后唐庄宗同光元年（923）诏，家有百岁以上老人的，不服徭役；家有八十岁至九十岁老人的，免除一个儿子的徭役。晋高祖天福二年（937）诏，天下百姓家有八十岁以上老人的，免一人的差役。

3. 助丧葬

古代百姓生活多穷苦，如遇灾荒等，衣食无着，父母去世时，往往贫不得葬。这时候政府往往会采取一些助葬措施，如汉宣帝地节四年（前66）二月诏曰："导民以孝，则天下顺。今百姓或遭衰绖（dié）凶灾，而吏繇事，使不得葬，伤孝子之心，朕甚怜之。自今诸有大父母、父母丧者勿繇事，使得收敛送终，尽其子道。"（《汉书·宣帝纪》）

历代统治者在尊老方面实行的主要措施有：

1. 赐爵授官

汉初开始在县、乡设三老，"举民年五十以上，有修行，能帅众为善，置以为三老……与县令丞尉以事相教"（《汉书·高帝纪》），后又设"孝弟力田"官，与三老共同担负县、乡教化之责。

2. 优礼高年

对高龄老人赐鸠杖，严禁征召、欺侮、打骂。唐代规定，八十岁以上老人可按照"三品以上服紫，四品、五品以上服绯"的规定，在服饰上享用朝廷官员的服色；同时给予荣誉封衔，年龄越大，官职和封号越高。地方上每年举行"乡饮酒礼"，按照年龄大小排序，明代又规定按照善恶分列三等入座，不许混淆，成为乡间道德教化的主要形式。据《钦定大清会典事例》记载，清朝前期常举行千叟宴，乾隆六十年（1795）举行的千叟宴，参加的老者有8000人之多。蒙皇帝召宴加礼，不仅成为高龄老人的荣耀，也是兴起教化、鼓舞品行的活生生的样板。

3. 宽刑减罚

古代对不孝罪的处罚非常严厉，但年老的人犯罪可以得到从轻发落，甚至能得到赦免。汉惠帝登基之初，就下诏对高龄老人减免刑罚，"民年七十以上若不满十岁有罪当刑者，皆完之"（《汉书·惠帝纪》），"完"就是不施以肉刑等严厉的刑罚。《唐律》规定，九十岁以上的老人即使被定为死罪，也不执行死刑；八十岁以上犯反、逆、杀人等罪者，可上奏朝廷由皇帝裁决，适当减免刑罚等；七十岁以上的老人如果罪不至流放，可用金钱赎罪。这使老人获得了一定的法律豁免权。

图 7-10 孝经图（台北故宫博物院藏）

旌表孝悌也是社会教化的重要方法，是统治者弘扬孝风的常用手段。旌表孝子、孝妇是古代统治者褒奖孝德的一种方式，唐高祖颁布"旌表孝友诏"云："民禀五常，仁义斯重，士有百行，孝敬为先。"（《全唐文》）这种褒奖既有赏赐钱财、授官赐爵、减免赋税等物质方面的奖励，又有更为重要的赐匾额、造石坊、彰气节等精神方面的奖励。史书中多有旌表孝悌的记载。如东汉初年，临淄人江革以孝母闻名乡里，光武帝赐"巨孝"称号，赐谷千斛。唐代刘祎之数十年如一日侍奉老母，朝廷将其居处改名"孝慈里"以示嘉奖。由于官方的推崇，孝行不断被世人认同，社会孝文化的氛围也日益浓厚。历代正史中多有《孝义传》《孝友传》，收录行孝的典型事例。《颜氏家训》《温公家范》《朱子治家格言》等教育子孙立身处世、孝悌传家的家训著作也陆续出现。基于《孝经》思想而创作的通俗易懂的劝孝歌、劝孝曲等在民间广泛流传。自汉代以来就开始出现的孝子图更是以艺术化的形式，成为古代宣扬孝文化的一道独特风景。

综合来看，曾子的孝道思想立足于人类自然血缘关系，把孝作为一切仁心善德的基础，在我国西汉至近代的两千多年里，在约束和规范个人和社会方面，发挥了举足轻重的作用。从这个意义上说，孝具有某种永恒的价值，承载着中华文明发展的历史轨迹，对中国古代社会产生的深远影响是其他任何观念都不能比拟的。黑格尔在谈到中国"道德"问题的时候，曾经有过一个概括性的评价。他在《历史哲学》中说："中国纯粹建筑在这一种道德的结合上，国家的特性便是客观的'家庭孝敬'。"因此，把中国文化称为"孝的文化"是恰如其分的。

但是我们也应看到，曾子对孝的内涵的延伸导致了孝的极度泛化。孝的泛化旨在强调孝的普遍适用性和重要性，一方面提升了孝的地位，另一方面又为"愚忠愚孝"提供了温床，使得孝道逐渐走向极端化、专制化、愚昧化。正如梁漱溟在《中国文化要义》中所说的那样，为子要孝"从原初亲切自发的行为而言，实为人类极高精神，谁亦不能非议，但后来社会上因其很合需要，就为人所奖励而传播发展，变为一种维持社会秩序的手段了。原初精神意义浸失，而落于机械化形式化，枯无趣味"。因此，我们必须用历史的眼光、辩证的观点去认真分析曾子的孝道思想，唯有如此，才能认识曾子孝道思想的真正价值所在。

三、曾子天人之学的理论创造

天人之学是儒家哲学的重要内容。关于"天"，孔子有一句非常著名的话："天何言哉！四时行焉，百物生焉，天何言哉？"冯友兰在《三松堂自序》中认为，孔子此言是讲人和自然的关系问题。但孔子所说的"天"与宇宙空间意义上的自然之天有所不同，按照蒙培元的说法，它是有生命的并且不断创造生命的自然。孔子所说的"生"不仅指生出万物的形体和生命，而且指生出人的德性。孔子曾说"天生德于予"，人的德性源于天，这就把天的生命意义和道德意义彰显出来。这种天人合一的基本模式确立了人与自然之间的价值关系。《孟子·尽心上》曰："尽其心者，知其性也。知其性，则知天矣。"天通过命的形式赋予人德性，人可以通过"尽心知性"上达天道。曾子作为孔孟之间的中间环节，他对天人关系的探讨为儒家"天人合一"思想的形成做了理论准备。

《曾子天圆》是《大戴礼记》"曾子十篇"中独具特色的篇章。阮元说："此篇言圣人察天地阴阳之道，制礼乐以治民，所言多《周易》《周髀》《礼经》《明堂》《月令》之事。"该篇集中论述了"天道""地道""气""阴阳"等其他儒家文献鲜有涉及的概念，突出反映了曾子的天人观。

中国古代有关天地形状或宇宙的学说主要有三种：盖天说、浑天说、宣夜说。盖天说出现最早，其主要观点是"天圆如张盖，地方如棋局"。《周髀算经》可以说是盖天说的代表，它直观地对天地进行了描述，讲到天顶高出地面八万里，像圆盖一样向四周垂下，大地是平直的，每条边长八十一万里，呈正方形。虽然这些数字都是主观臆测的，但盖天说确实是上古时代的人们所设想的宇宙模式的一种表现。这种"天圆地方"的观念可能很早就已出现，《晋书·天文志上》曰："蔡邕所谓《周髀》者，即盖天之说也。其本庖牺氏立周天历度，其所传则周公受于殷高。"这似乎表明这种观念可以追溯至远古。

到了春秋战国时期，由于人们认识水平的提高和鬼神观念的动摇，天圆地方的观念受到了怀疑。正是在这样的背景下，曾子及其弟子也开始关注宇宙的结构问题。当弟子单居离提出"天圆而地方者，诚有之乎"的问题时，曾子同样察觉到了"天圆地方说"存在的矛盾。因为宇宙的形状果真是天圆地方的话，天与地怎样才能吻合呢？所以曾子借述孔子学说对"天圆地方"做了新的诠释。他说："参尝闻之夫子曰：天道曰圆，地道曰方，方曰幽而圆曰明。明者，吐气者也，是故外景；幽者，含气者也，是故内景。故火日外景，而金水内景。吐气者施，而含气者化，是以阳施而阴化也。"在这里，曾子将宇宙形状之方圆说成宇宙运动的规律——天道、地道，通过概念转换为古代直观的科学认识赋予了哲学的内容。天道为圆、为阳、为明，处于主动地位；地道为方、为阴、为幽，处于被动地位。明者吐气，幽者含气，阳的精气叫"神"，阴的精气叫"灵"，阳施阴化，阴阳精气流动于天地之间，相互交汇便能化生万物。

《论语·公冶长》载子贡曰："夫子之文章，可得而闻也；夫子之言性与天道，不可得而闻也。"单从字面意思来看，好像孔子压根不谈性命与天道。其实，孔子本人并不乏对"性与天道"问题的深邃思考，《易传》《孔子家语》等文献中都有若干相关论述，而且上博简《诗论》中也有孔子对"民性"和"天命"的看法。曾子在这里明确说"参尝闻之夫子曰"，表明他吸收了孔子天人观的思想因素。但孔子谈论天道，很少涉及阴阳因素，而浓厚的阴阳色彩无疑是曾子天人观的特色。

曾子运用阴阳之气相互作用产生万物的宇宙论观点，具体描述了自然界万事万物的产生过程。《大戴礼记·曾子天圆》说：

> 阴阳之气各静其所，则静矣，偏则风，俱则雷，交则电，乱则雾，和则雨。阳气胜则散为雨露，阴气胜则凝为霜雪。阳之专气为雹，阴之专气为霰，霰雹者，一气之化也。

在曾子的观念中，天地之间充满阴阳之气，源于天地的阴阳二气呈现着此消彼长、相互作用的状态。阴阳二气如果各得其所，各自遵循其自然的秩序，天地就会出现平静和谐之象。假若二者不能处于一种平衡状态，就会出现各种自然现象，比如：阴阳二气流动不均就会起风，争强就会成雷，相互激荡就会产生闪电，紊乱交错就会起雾，协和就会有雨。阳胜阴则生雨露，阳极而成雹；阴胜阳生霜雪，阴极而成霰。万事万物都是由阴阳二气化育而成的，阴阳二气本于天地，那么天地就是世间万物的本源。

从生物的化生与阴阳二气的关系出发，曾子提出人是禀承阴阳精气而生，是阴阳二气交感的最高级的结晶。曾子指出：

> 毛虫毛而后生，羽虫羽而后生，毛羽之虫，阳气之所生也。介虫介而后生，鳞虫鳞而后生，介鳞之虫，阴气之所生也。唯人为倮匈而后生也，阴阳之精也。毛虫之精者曰麟，羽虫之精者曰凤，介虫之精者曰龟，鳞虫之精者曰龙，倮虫之精者曰圣人。（《大戴礼记·曾子天圆》）

他把生物分为毛、羽、介、鳞、倮五类，认为兽类的"毛虫"（如麟）和鸟类的"羽虫"（如凤）是阳气化生的结果，而有甲壳的"介虫"（如龟）和长鳞的"鳞虫"（如龙）为阴气所化生。作为倮类的人无羽毛鳞甲，则禀阴阳精气而生，是所有生物中的最高级形式。曾子尤其突出了人在万物中的首要地位，对"人为贵"的原因给予了哲理化的解释。这和曾子"天之所生，地之所养，人为大矣"以及《孝经》"天地之性，人为贵"的思想是相符合的。

在对天地、阴阳认识的基础上，曾子进一步论述了天人关系。他认为天与人、自然与人类社会是相通的，人间君主的一切治政措施都必须效法天地、顺应阴阳。他说：

> 圣人慎守日月之数，以察星辰之行，以序四时之顺逆，谓之历；截十二管，以宗八音之上下清浊，谓之律也。律居阴而治阳，历居阳而治阴，律历迭相治也，其间不容发。（《大戴礼记·曾子天圆》）

曾子倡导圣人应当依照日月运行的规律观测星辰运行的轨迹，用以推演四时天象的变化，作为制定历法的根据；同时通过校正八音的高下、清浊来制定音律，用和谐的音律来引导民众、移风化俗。曾子强调，阴阳二气是构成世间万物的基本物质，天圆地方之道是其运行规律，社会上的善恶、治乱都是由此决定的，"此之谓品物之本，礼乐之祖，善否治乱之所由兴作也"。

曾子以阴阳学说论自然，虽较素朴，但自成系统，是对上古时代阴阳学说和自然观念的进一步发展，丰富了儒家思想。中国古老的阴阳观念可以追溯至《易经》。《易经》大概是在殷到周初积累的丰富卜筮资料的基础上，经过整理加工而编纂的一部书。顾颉刚推定《易经》是西周初年的作品。《易经》的六十四卦是由八卦重叠组合而成，而八卦又是由两个比较特殊的符号"——"和"— —"排列组合而成，并以此来概括自然界和人类社会的种种现象。虽然不能确定"— —"和"——"的原始意义是否是阴和阳，但基本可以肯定阴阳学说于此开端。到西周末年，伯阳父即用阴阳说解释地震，他说："夫天地之气，不失其序；若过其序，民乱之也。阳伏而不能出，阴迫而不能蒸，于是有地震。"他明确提出"阴阳"是"天地之气"。孔子晚而喜《易》，勤于研读，甚至"韦编三绝"。虽然在孔子学说中未见"阴阳"之论，但廖名春认为，从《马王堆汉墓帛书》的《二三子问》《要》等篇的内容来看，孔子之时，儒家已与《易》有了不解之缘。少孔子四十六岁的曾子作为孔子晚年的学生，应当深受孔子易学的影响。《论语·宪问》载："曾子曰：'君子思不出其位。'"此语与《易·艮·象传》所载"君子以思不出其位"近乎一致。这在相当大的程度上给我们透露了曾子善《易》的消息。金德建在《〈曾子天圆〉的述作考》中也指出，《大戴礼记·曾子天圆》的内容多有受易学影响之处。曾子援阴阳学说入儒，把阴阳之气深化为"精气"，赋予"精气"以天地万物本原的意义，形成了极具理论价值的自然观念。

孔子之后，七十子之徒散游诸侯，因他们对孔子思想的取舍不同，儒家逐渐分化。在诸子并起、思潮纷涌的春秋战国之际，因学派分化导致力量分散的儒家在一定程度上面临诸子围攻的困境。如何彰扬儒家学说，论证礼乐仁义在解决现实问题上的正确性，是儒家学派必须要面对的问题。

曾子为了阐发儒家义理,将阴阳学说引入儒家的思想体系。《大戴礼记·曾子天圆》说:

> 圣人立五礼以为民望,制五衰以别亲疏,和五声之乐以导民气,合五味之调以察民情,正五色之位,成五谷之名。序五牲之先后贵贱,诸侯之祭牲,牛,曰太牢;大夫之祭牲,羊,曰少牢;士之祭牲,特豕,曰馈食;无禄者稷馈,稷馈者无尸,无尸者厌也。宗庙曰刍豢,山川曰牺牷,割列禳瘗(yì),是有五牲。

也就是说,圣人设立五种礼仪作为民众共同遵循的制度,规定五种丧服来分别亲疏(亲者服重,疏者服轻),用五种音律来引导人们移风易俗,调和五味来考察分辨各地民众的嗜好,端正五色所指的方位,规定五谷的名称。并且分别五牲的先后贵贱,在祭祀的典礼上按照身份地位的高低来决定使用何种祭牲。那么这种人类社会礼法的根源在哪里呢?曾子认为,天圆地方之道、阴阳变化之理就是礼乐仁义之本。人作为道德价值存在的体现者,其所遵循的道德规范和礼义准则都源于天道,本于天道,在这个意义上,天道与人道是相通的。宇宙间的运动变化、阴阳激荡会对人类社会生活产生影响,而人类行为的善恶同样会引起自然界的变化。

由此出发,曾子提出把孝作为调整社会人伦的大经大法(《大戴礼记·曾子大孝》曰"夫孝者,天下之大经也"),认为孝不仅可以充塞天地,流被四海,而且可以施诸后世,行之久远,孝不仅是一切道德的根本,而且是施行教化的出发点。这样,以自然的天道观为基础,曾子就得出了由圣人制定的礼乐仁义等社会礼法具有不容争辩的合理性和社会价值。曾子基于天人观的视角,阐释儒家学说,使得儒学更易为一般民众所接受。他用阴阳二气解释天地之道、万物化生,从本源上确立了人在宇宙万物中的尊贵地位。他以圣人观念解释人类社会礼乐秩序的形成,更是对孔子天人观的重要突破和发展,在儒学发展史上影响重大。

四、曾子的历史地位

在中国思想史上，曾子是一位关键性的人物。他全面继承孔子学说，以"忠恕"阐释孔子一贯之道，大力弘扬孔子的孝道思想，终身践行，未尝懈怠。他着力阐释《大学》内圣外王之道，下启思孟，对后世影响深远。简而言之，曾子的历史功绩就在于继承并发展了孔子学说，在新的历史条件下，将儒学推进到一个新的阶段。

汉魏以降，儒学衰微，佛老流行。唐代大儒韩愈批佛老，崇儒学，首倡道统说。他认为，儒学之道自古以来就存在着一个传授系统，这个传授系统从尧舜时代就已开始，后经孔子传于孟子，在孟子之后就中断了。韩愈在《原道》中说："斯吾所谓道也，非向所谓老与佛之道也。尧以是传之舜，舜以是传之禹，禹以是传之汤，汤以是传之文、武、周公，文、武、周公传之孔子，孔子传之孟轲，轲之死，不得其传焉。"对于孔孟之间的道统传授情况，韩愈做了这样的阐释："吾常以为孔子之道大而能博，门弟子不能遍观而尽识也，故学焉而皆得其性之所近；其后离散分处诸侯之国，又各以所能授弟子，原远而末益分。……孟轲师子思，子思之学盖出曾子，自孔子没，群弟子莫不有书，独孟轲氏之传得其宗。"（《送王秀才序》）这一说法实际上勾画出了"孔子—曾子—子思—孟子"的道统传授脉络。韩愈的道统说得到了宋明理学家的普遍认可。

宋代以来，儒家学者多认为曾子得孔子真传，为儒学正宗。二程肯定了韩愈的道统说："'参也鲁。'然颜子没后，终得圣人之道者，曾子也。观其启手足之时之言，可以见矣。所传者子思、孟子，皆其学也。"二程又说："孔子没，传孔子之道者，曾子而已。曾子传之子思，子思传之孟子，孟子

死,不得其传,至孟子而圣人之道益尊。"朱熹也认为在孔子三千弟子中,曾子独得其宗:

> 时则有若孔子之圣,而不得君师之位以行其政教,于是独取先王之法,诵而传之以诏后世。……三千之徒,盖莫不闻其说,而曾氏之传独得其宗。(《四书章句集注》)

二程、朱熹从一脉相承的文化精神角度肯定了曾子、子思、孟子的传授系统。这一观点也得到了心学大师陆九渊的赞同。

但也有学者认为,曾子传孔子之道的说法没有事实根据。如宋儒叶适就认为曾子以"忠恕"解"一贯",未必符合孔子原意:"然余尝疑孔子既以一贯语曾子,直唯而止,无所问质,若素知之者;以其告孟敬子者考之,乃有粗细之异,贵贱之别,未知于一贯之指果合否?曾子又自转为忠恕。忠以尽己,恕以及人,虽曰内外合一,而自古圣人经纬天地之妙用固不止于是,疑此语未经孔子是正,恐亦不可便以为准也。"因此叶适指出:"以为曾子自传其所得之道则可,

图 7-11 《道统录》书影

以为得孔子之道而传之,不可也。自尧、舜、禹、汤、文、武、周公、孔子,所传皆一道,孔子以教其徒,而所受各不同。以为虽不同而皆受之于孔子则可,以为尧、舜、禹、汤、文、武、周公、孔子之所以一者,而曾子独受而传之人,大不可也。"近现代学者康有为、梁启超、郭沫若等也对曾子传道说提

出质疑。那么曾子是否得孔子真传？孔子到子思的中间环节是否就是曾子？曾子与思孟之间道统的传授是不是真的可信？要回答这些问题，需要对孔子之后儒家思想的发展线索及传承情况有清晰的认识。

仁学在孔子的思想体系中占据着中心地位。孔子仁者爱人的学说要求人们立于己，从内用力，修身处世。孔子虽然没有倡言性善，但处处教人用心反省，即诉诸理性。孔子之仁立足于个人修养，《论语·宪问》记孔子三答子路问君子，均以"修己"作为君子实现理想的前提条件。不过，孔子所谓"修己"往往是详于"修身"而略于"修心"，在身心关系上存在着显而易见的片面性。但孔子也提出了"仁远乎哉？我欲仁，斯仁至矣"的观点，在一定程度上显示了人的主体意识的觉醒，这表明存在着由他律转化为自律的可能性。后来，孟子在传统儒学的基础上，提出"仁，人心也"的命题，明确肯定"仁"是人的内在德操。所以孟子大谈"修心"问题，着力抬高人的主体性地位。他提出"心之官则思，思则得之"的观点，认为人的善性善端会因此而得到存养。所谓"从其大体为大人，从其小体为小人""先立乎其大者，则其小者不能夺也"，都突出强调了"心"的作用。在孟子看来，"心"是人的为善之本，任何人一旦放佚其心，就会自暴自弃，难以养成君子之德，而易于沦入小人之流。因此，孟子再三强调"修心"的重要性："学问之道无他，求其放心而已矣。"把"修心"看作"修己"的重点所在，认为一个人"其操心也危，其虑患也深"，只有时刻提高警惕，存养本心并随时扩充，才能避免放佚本心。

儒家内省体察的修心论实际上在曾子那里已发其端。曾子以"忠恕"二字概括孔子"一以贯之"之道，已包含有重视心的地位和作用这一层意思。因为"忠恕"的基本精神是推己及人，而推己及人的前提就是设身处地、将心比心。只有先端正自己的内心，把自己的心锤炼成一颗纯粹的君子之心，才能在与他人的交往中直道而行，避免发生各种各样的偏差。这就把"心"的重要性和作用凸显出来。王钧林指出："曾子第一个拈出忠恕为孔子的一贯之道，实际上起到了将由孔子肇开的儒家致思方向引导到心这一路上去的作用。"

修心以追求"仁义"为目标。一般而言,"求仁"有两层含义:一是为学意义上的求仁,求的是"爱之理";二是力行意义上的求仁,求的是"心之德"。曾子认为,一个君子将道德内化于心,才能刚毅、有力量,才能显示出顶天立地、"仁以为己任"的气概和节操。这自然是将关注点落实到"行"上。曾子从多个方面对这一主张进行了阐释:

可以托六尺之孤,可以寄百里之命,临大节而不可夺也——君子人与?君子人也。(《论语·泰伯》)

士不可以不弘毅,任重而道远。仁以为己任,不亦重乎?死而后已,不亦远乎?(《论语·泰伯》)

这些豪言壮语出于曾子之口,正表明他是一个心怀仁德、恢宏刚毅的人。曾子最后得传夫子之道,背后的精神支撑正在于此。

曾子注重仁义的思想显然对子思有着极大影响。《孔丛子》载子思曰:"道申,吾所愿也。今天下王侯,其孰能哉?与屈己以富贵,不若抗志以贫贱。屈己则制于人,抗志则不愧于道。"可以说,子思对君子节操的强调与曾子的思想是一脉相承的。孟子在曾子、子思的基础上,

图7-12 曾思授受图(吕兆祥《宗圣志》)

把对仁义的追求发展为"富贵不能淫，贫贱不能移，威武不能屈"的"大丈夫"精神。《孟子·公孙丑上》记载了曾子与弟子子襄关于"大勇"的讨论：

> 吾尝闻大勇于夫子矣：自反而不缩，虽褐宽博，吾不惴焉；自反而缩，虽千万人，吾往矣。

不问敌之强弱，不计战之胜负，"虽千万人，吾往矣"，这是何等气象！孟子以曾子为榜样，进而提出了"我善养吾浩然之气"的主张。孟子与弟子公孙丑讨论"动心"的问题时，说自己到了四十岁就不动心了，不动心的原因之一就是他善养"浩然之气"：

> 其为气也，至大至刚，以直养而无害，则塞于天地之间。其为气也，配义与道；无是，馁也。是集义所生者，非义袭而取之也。行有不慊于心，则馁矣。

人为什么要养"浩然之气"？因为正义在我并非一成不变，假如"行有不慊于心"，就会疲软无力。关于"浩然之气"，朱熹有一个非常形象的比喻，他说："若见得道理明白，遇事打并净洁，又仰不愧，俯不怍，这气自浩然。如猪胞相似，有许多气在里面，便恁地饱满周遍；若无许多气，便厌了，只有许多筋膜。"朱子明确指出："'养浩然之气'，只在'集义所生'一句上。气，不是平常之气，集义以生之者。义者，宜也。凡日用所为所行，一合于宜，今日合宜，明日合宜，集得宜多，自觉胸中慊足，无不满之意。不然，则馁矣。"由此看来，正义乃心中之物，根于心又长养于心，这也是孟子一再强调"仁义礼智根于心"的出发点。只有于"集义"处用功，方能保证心中正义之气饱满充沛。毫无疑问，孟子大谈仁义、修心等问题，与曾子对"心"的强调有直接关系。

无论是为学还是传道，"勇"都是不可或缺的重要因素。朱熹认为曾子具有的"大勇"品格是担当传道重任的必备条件：

> 只观孔子晚年方得个曾子，曾子得子思，子思得孟子，此诸圣贤都是如此刚果决烈，方能传得这个道理。若慈善柔弱底，终不济事。如曾子之为人，《语》《孟》中诸语可见。子思亦是如此。……孟子亦是如此，所以皆做得成。学圣人之道者，须是有胆志。其决烈勇猛，于世间祸福利害得丧不足以动其心，方能立得脚住。若不如此，都靠不得。况当世衰道微之时，尤用硬着脊梁，无所屈挠方得。(《朱子语类》)

需要进一步指出的是，曾子重视内省和道德自觉工夫的修心论，经过子思的发挥，形成了一套向内求索的心性修养学说，成为思孟学派的一大特色。在修养方法上，曾子提倡"日旦就业，夕而自省"的自我反省之道，他说："十目所视，十手所指，其严乎！"君子无论是独处之时，还是身处众人之中，都必须保持"终日乾乾，夕惕若厉"的自觉精神，致力于道德修养。对于"十目所视，十手所指"，朱熹解释说："不是怕人见。盖人虽不知，而我已自知，自是甚可皇恐了，其与十目十手所视所指，何以异哉？"这样一种修身方法，发展到《大学》《中庸》，就是备受后人推崇的"慎独"理论。《大学》说：

> 所谓诚其意者，毋自欺也。如恶恶臭，如好好色，此之谓自谦。故君子必慎其独也。小人闲居为不善，无所不至，见君子而后厌然，掩其不善，而著其善。人之视己，如见其肺肝然，则何益矣。此谓诚于中，形于外，故君子必慎其独也。

慎独是指人们在修身时，在独处之际尤其应该戒慎戒惧，不能因为没有外在的监督，而做出违背道德和礼法的事情。曾子一生持守慎独之道，在生命行将结束的时候，依然战战兢兢，以终身免于祸患为莫大的幸事。

慎独思想进一步影响了子思。《中庸》曰："天命之谓性，率性之谓道，修道之谓教。道也者，不可须臾离也，可离非道也。是故君子戒慎乎其所不睹，恐惧乎其所不闻。莫见乎隐，莫显乎微，故君子慎其独也。"很明显，子思的"慎独"思想正是沿着曾子的思路，在曾子思想的基础上进一步发挥的。因此，宋儒列出的"孔子—曾子—子思—孟子"的道统传承体系从文化观上来讲，自有其内在依据。

图 7-13　曾庙慎独门

当然，曾子在儒学史上地位的确立也和其孝道思想普遍施行于现实社会有莫大的关系。概括来看，曾子的思想主要包括两个方面，即仁和内省思想、孝道思想。仁和内省思想由子思、孟子所发展，孝道思想则由乐正子春所继承，分别形成以"仁"和"孝"为核心的思想体系。

对于孔子之后儒家学派的分化、流变情况，《韩非子·显学》有"儒分为八"的说法："自孔子之死也，有子张之儒，有子思之儒，有颜氏之儒，有孟氏之儒，有漆雕氏之儒，有仲良氏之儒，有孙氏之儒，有乐正氏之儒。"其中的"子思之儒"指的是曾子弟子中重视道德内省的一派，"乐正氏之儒"指的是曾子弟子中以乐正子春为首的孝道派。

曾子门徒众多，据《孟子·离娄下》记载，曾子有弟子七十余人，单居离、公明仪、阳肤、子襄、沈犹行、乐正子春等都是他的学生。乐正子春是曾子弟子中的佼佼者。《大戴礼记》"曾子十篇"中的《曾子本孝》《曾子立孝》《曾子大孝》《曾子事父母》等篇章可能就出自他手。这四篇当中，尤以《曾子大孝》最为重要。该篇的内容又见于《礼记·祭义》和《吕氏春秋·孝行览》，说明是当时颇有影响的作品。该篇对孝的推崇到了无以复加的高度：孝成为其他一切德行实践的动机、目标和理由，仁义忠信等都围绕孝而展开。这样，曾子—乐正子春一系就建构了以孝为核心的孝道理论框架。这种重视孝道的思想在先秦儒学发展史上无疑具有特殊的地位和意义。

曾子—乐正子春一系构建的孝道论的一个重要特征是重视"全身"，认为"父母全而生之，子全而归之，可谓孝矣"，反映了对个体生命的关注。同时试图将事亲与事君统一起来，把孝扩大到社会、政治领域，贯彻于社会各个阶层之中。乐正子春的孝道思想为《孝经》所吸收，将原本作为对父母责任和义务的孝与作为对君主责任和义务的忠混同起来，使孝进一步政治化、功利化，成为后世"以孝治天下"的理论先导。

曾子之学以修身为本，其孝以守身为要，曾子不仅是践行孝道的典范，更是一个成功的传道者，在儒家的道统谱系中，具有极为重要的地位。宋儒程明道云："颜子默识，曾子笃信，得圣人之道者，二人也。"孔门弟子中，除颜子之外，只有曾子被后世尊为儒学正宗。之所以如此，最为关键的原因就是他继承并发展了由孔子创建的"仁学"，提出了仁为内心之德的理论，为儒学的发展提供了源头活水。

曾子仔肩道统，传之思孟，以广洙泗之脉，复开濂洛关闽之源，使得儒学沿着仁学的发展方向传承递进，生生不息。清儒崔述曰，"圣道之显多由子贡，圣道之传多由曾子。子贡之功在当时，曾子之功在后世"，彰显了曾子的传道之功与历史地位。随着儒学研究的深入发展，以及新出史料的不断发现，曾子在中华传统文化发展中的卓越贡献和历史地位，将会日益充分而全面地为世人所认识。

第八章

曾子封赠与宗圣祀典

自从汉武帝时期儒家学说登上统治阶级意识形态的宝座之后，崇儒重道、孝治天下几乎成为此后历代王朝奉行的基本政策。历代帝王由尊崇孔子而推尊其门人，在不断推崇孔子的同时，给予孔门弟子较高的地位。崇尚之心愈远而愈隆，祀封之典有增而无减，以故"封爵之显赫，章服之焜耀，奠祀之启毖，祠墓之丰隆，有隆无替，礼斯极矣！"曾子为孔门大贤，有功于圣道之传，自唐代受封以来，由太子少保、太子太保而伯而侯而公，由十哲升至四配位，至明代嘉靖年间，定称"宗圣曾子"，臻于极盛。从明代中期开始，曾子嫡裔也承祖先遗泽，得授翰林院五经博士，世世承袭。清沿明制，对曾子嫡裔子孙恩渥倍加，代增隆重。由于统治者的眷顾和优待，曾氏家族与孔、颜、孟三氏家族一起成为中国古代社会具有重要影响的家族。

图 8-1　宗圣庙正门

一、历代对曾子的尊崇与封赠

孔子弟子三千,贤人七十二,但要论对后世有重大影响且得到较高尊崇者,除颜子之外,当数曾子。相传《孝经》成于曾子,《论语》成于曾子之门人,《大学》《中庸》又由曾子传于子思。对于孔子之学,只有曾子与闻"一贯"之道,得其心法,后经子思、孟子接续,浩瀚其流,蔚成大观,被宋儒奉为孔学"正宗"。但隋代之前,人高"四科",罕有推崇曾子者。唐代开元中,曾子被封为"郕伯",跻身于十哲之次。宋代大中祥符二年(1009),晋为"瑕丘侯"(后改"武城侯"),咸淳三年(1267),诏封"郕国公",与颜子、子思、孟子并为四配。元代至顺元年(1330),加封"郕国宗圣公","宗圣"之称自此始。明代嘉靖年间,改称"宗圣曾子",相沿至今。纵观历代对曾子的尊崇与封赠,大致可分为以下三个阶段:

1. 隋代之前,曾子以孔门弟子的身份附祭孔子

曾子以孝著称,自战国中期开始,曾子就以孝子、贤人的典型形象受到世人的赞扬。《孟子》一书记载了两个孝子典型,一个是舜,另一个就是曾子。舜的父亲瞽瞍对他很残暴,但舜依然克尽事亲之道,终身奉养父亲。而曾子的孝亲尤受孟子的推崇:"事亲若曾子者,可也。"荀子认为曾参、闵子骞、殷高宗的太子孝己都有至孝之行,他们之所以能够成全孝子的美名,不是因为上天偏爱他们,而是因为他们能够矫正自身不好的行为,尽力践行礼义。不仅《孟子》《荀子》等儒家著作中有关于曾子孝行的记载,《庄子》《韩非子》《吕氏春秋》等道家、法家、杂家的著作也一再提到曾子其人,把他作为追求仁义的典范。

曾子政治地位的升高,是随着汉代尊孔重儒、强化伦理教化开始的。汉

初，汉高祖刘邦以太牢（牛、猪、羊三牲各一）祭祀儒家创始人孔子，开历代帝王祭孔之先风。自此以后，"诸侯卿相至，常先谒然后从政"，以表示对孔子和儒家学说的重视。汉武帝"罢黜百家，表章六经"，使儒家思想从诸子百家思想中脱颖而出，使儒家学说成为官方学说，也使祭祀孔子成为国家祀典。

图 8-2　汉高祀鲁（《孔子圣迹图》）

《左传》有言："国之大事，在祀与戎。"《礼记·祭统》亦曰："凡治人之道，莫急于礼；礼有五经，莫重于祭。"由此可见祭祀对国家的重要性。就古代的祭祀而言，除了祭祀天神、地祇，中华文明史上的圣贤祭也由来已久。《礼记·祭法》曰："夫圣王之制祭祀也，法施于民则祀之，以死勤事则祀之，以劳定国则祀之，能御大菑则祀之，能捍大患则祀之。"世人以祭祀的形式表达对尧、舜、禹、汤、文、武、周公等伟人的崇敬和怀念，并希望获得神灵的佑护。在这些众多的崇拜对象中，"师"受到人们格外的尊重。祭祀先圣先师是学者立学之礼。《礼记·文王世子》曰："凡学，春官释奠于其先师，秋冬亦如之。凡始立学者，必释奠于先圣先师。"孔子为道统之源、儒者宗师，故孔庙祭祀以孔子为主。这是古代祭祀先圣先师之礼的体现。

不言而喻，祭祀孔子自然是为了尊崇道统。明代程徐说："孔子以道设教，天下祀之，非祀其人，祀其教也，祀其道也。"因此，孔庙的祭祀对象，除了孔子，自然也包括历代儒学道统的传授者。但值得注意的是，古来并没有弟子从祀于师之礼，孔庙从祀制度中的"配享"与"从祀"均带有挪借或转化昔存礼制的痕迹。在官方举行的祭祀天地的活动中，"配享"与"从祀"之典是从汉代开始才形成惯例的。

西汉时期，孔庙逐步由私庙转化为官庙。此后，文献中开始出现孔庙从祀的记录。《后汉书·显宗孝明帝纪》载，东汉永平十五年（72），明帝过鲁，"幸孔子宅，祠仲尼及七十二弟子。亲御讲堂，命皇太子、诸王说经"。明帝祭祀孔子及孔门弟子，不仅开启了弟子从祀于师的先例，而且成为后世帝王之惯例。此后，汉元和二年（85），章帝祠孔子于阙里，及七十二弟子。汉延光三年（124），安帝祠孔子及七十二弟子于阙里。曾子作为孔门弟子之一，自然属于附祭孔子之列，但其地位隐而不显。

七十二弟子之中，颜回德行高超，居门人之首，其重要性不容置疑。因此，颜子在祀孔礼制中居于突出地位，首先从孔门弟子中脱颖而出陪祀孔子。三国魏黄初元年（220）二月初，"以太牢祀孔子于辟雍，以颜渊配"，这是关于颜渊配享孔子的最早记载。但从祢衡（178—198）《颜子庙碑》所言"配圣馈，图辟雍"来看，至迟在东汉末年祢衡所处之时代，颜已经配享孔子。魏晋以后，祀孔均以颜子配享。总而言之，东汉明帝以降，孔庙附祭制度已渐次形成配享（颜子）、从祀（七十二弟子）两大位阶。

2. 唐至元代，曾子封爵，荣膺四配之位

在隋末大乱之后如何实现天下大治，是唐朝统治者首先思考的问题。唐太宗的选择是尊儒崇经，推行仁政。在这种思想的指导下，他极力抬高孔子的地位。贞观二年（628），"诏停周公为先圣，始立孔子庙堂于国学，稽式旧典，以仲尼为先圣，颜子为先师，两边俎豆干戚之容，始备于兹矣"。贞观四年（630），又"诏州县皆立孔子庙"。至唐高宗时，孔子之庙已遍及天下，孔庙祭祀也随之推行于全国。唐初的尊孔建庙活动虽然有利于扩大儒学的影响，但是随着孔子声势的高下，唐初的孔庙从祀制仍是起伏不定的。如唐朝初建之时，唐高祖李渊就下诏，国子学立周公、孔子庙各一所，四时致祭。但武德七年（624）时，唐高祖亲诣国子学释奠，又以周公为先圣，把孔子降为先师，配享周公。

贞观二十一年（647）二月，太宗诏以左丘明、卜子夏、公羊高、穀梁赤、伏胜、高堂生、戴圣、毛苌、孔安国、刘向、郑众、杜子春、马融、卢植、郑康成（玄）、服子慎（虔）、何休、王肃、王辅嗣（弼）、杜元凯（预）、范宁、贾逵二十二人，代用其书，垂于国胄，自今有事于太学，并令配享尼父庙堂。以上诸儒都是唐代以前的经学大师。孔门七十二弟子除了颜回、子夏，都没有进入享祀之列。个中缘由大概是以是否有功于经为标准。子夏之所以得与从祀，是因为其有功于《诗》，而不是因为其孔门弟子的身份和地位。这些经学大师师承有别，流派不同，但都立名孔庭，清楚地反映了当时广采博取、兼收并蓄的学术风向。贞观初年，唐太宗鉴于南北儒学版本不一、注释分歧、章句繁杂等问题，诏命孔颖达等考定五经。贞观十六年（642），《五经正义》撰成，结束了南北经义崩析分裂的局面，开创了中国历史上的经学统一时代。贞观二十一年（647）诏定从祀诸儒，即将《五经正义》的历代注疏名家囊括无遗，其意图自然是着眼于发挥二十二贤规范朝廷官学的作用。

唐高宗永徽中期，朝廷复以周公为先圣，黜孔子为先师，招致了当时一些儒者的激烈反对。高宗显庆二年（657），太尉长孙无忌等主张改正永徽时期黜孔子为先师等不合理政策，回到唐太宗制定的正确轨道上来。最后，朝廷上下就此事达成共识：周公仍依礼配享武王，孔子复为先圣。

唐高宗总章元年（668）二月，皇太子李弘释奠于国学。当年三月，唐高宗下诏赠颜回太子少师，曾参为太子少保。诏书曰："皇太子弘近因释菜，齿胄上庠，祗事先师，驰心近侍，仰崇山而景行，眷曩哲以勤怀，显颜曾之特高，扬仁义之双美。请申褒赠，载甄芳烈。朕嘉其进德，冀以思齐，训诱之方，莫斯为尚。颜回可赠太子少师，曾参可赠太子少保。"

唐高宗并赠颜子、曾子官，为孔子弟子赠官之始，为日后曾子晋升为四配提供了契机。

曾子荣膺封爵与统治者推崇《孝经》有莫大的关系。汉唐统治者均大力提倡儒家伦理道德，有所谓"治身有黄帝之术，治世有孔子之经"的说法。而《孝经》因倡导"孝始于事亲，中于事君，终于立身"，不仅在儒家经典中有着独特而重要的地位，更为历代统治者所推崇。贞观十四年（640），唐太宗观释奠于国子学，诏祭酒孔颖达讲《孝经》，足见其对《孝经》的重视。传统上认为曾子是《孝经》一书的作者，因而连带使得曾氏的地位水涨船高，到了唐睿宗太极元年（712），又加赠曾参为太子太保，皆配享。

图 8-3 圣门四科（《孔子圣迹图》）

贞观从祀以传经之儒为主，而大多数孔门弟子未能列名享祀，以致后人总觉美中不足。开元八年（720），国子监司业李元瓘奏称："曾参孝道可崇，独受经于夫子，望准二十二贤从享。"李元瓘认为，左丘明等二十二经师俱在侑食之列，而孔门高足除颜渊外，反而不得预祀，实为礼制之缺。故唐玄宗从其议，诏曰："颜回等十哲，宜为坐像，悉令从祀。曾参大孝，德冠同列，特为塑像，坐于十哲之次，因图画七十弟子及二十二贤于庙壁上。"诏书所称"十哲",指的是孔门弟子中德行、言语、政事、文学等方面各具所长、俊秀优异者,包括"德行:颜渊,闵子骞,冉伯牛,仲弓。言语:宰我,子贡。政事:冉有,季路。文学:子游,子夏"。十哲深为孔子所器重,为历代朝廷所称誉。此次从祀孔子庙堂,自然是实至名归。尤其值得注意的是,曾子成为孔门"四科"之外唯一得与十哲同列并居于何休等二十二子之上的弟子。

那么,曾参与十哲的具体位次究竟又如何呢?《新唐书》载:"乃诏十哲为坐象,悉豫祀。曾参特为之象,坐亚之。"曾参似乎是位于十哲之次。然而《大唐郊祀录》却载:"以兖公颜子配座于左而西向稍前,以闵子骞等一十一人为素像侍坐于左右。五人居左:兖公颜子渊、赠费侯闵子骞、赠徐侯冉有、赠齐侯宰我、赠吴侯言子游。六人居右:赠成伯曾参、赠卫侯子路、赠黎侯子贡、赠魏侯子夏、赠郓侯冉伯牛、赠薛侯冉仲弓。"曾子之位其实仅次于颜子。曾子从祀地位的跃升应与唐玄宗对《孝经》的推崇有直接关系。正如前述,唐初诸帝都主张"以孝治天下",而唐玄宗对《孝经》的重视尤其突出。他认为孝是政治之本、古代圣王治国之道,故把孝作为政治、教化手段,主张因孝施政。开元七年(719),唐玄宗就诏令群儒讨论《孝经》今文、古文的优劣,开元十年(722),唐玄宗亲自对《孝经》进行注释,系统阐发孝治理论。苏颋奉敕撰写的《先师曾参字子舆赞》曰:"百行之极,三才以教。圣人叙经,曾氏知孝。全谓手足,动称容貌。事君事亲,是则是效。"由此可见,曾子从祀孔庙的政治意涵是极为突出的。

开元二十七年(739)八月,唐玄宗再次下诏,追赠曾子为"郕伯"。与开元八年(720)诏令从祀诸儒相比,此次从祀封爵的范围已扩大到孔子所有弟子,但封爵等级与从祀位阶高下不同。从封爵等级上看,颜子爵秩最优,赠"兖国公",十哲中的其他人赠为"侯",曾参以下门人及二十二贤则赠为"伯"。在从祀位阶方面,则是夫子南面坐,十哲等东西行列侍,可谓"阶级森严,尊卑立判"。但唐玄宗在诏令中对曾子之位做了特别说明:"又夫子格言,参也称鲁,虽居七十之数,不载四科之目。顷虽异于十哲，终或殊于等伦，允稽先旨，俾循旧位。庶乎礼得其序，人焉式瞻。"又诏曰：

> 道可褒崇，岂限今古？追赠之典，旌德存焉。夫子十哲之外，曾参六十七人同升孔门，传习经术。子之四教，尔实行之，亲授微言，式扬大义。是称达者，不其盛欤！钦若古风，载崇元圣。至于十哲，皆被宠章，而曾子之伦，未有称谓。宜亚四科之士，以疏五等之封。俾与先师，咸膺盛礼。

在唐玄宗看来，曾子不在孔门"四科"之目，开元八年（720）虽然诏列十哲之次，但毕竟与十哲不同。尽管如此，唐玄宗仍坚持给予曾子列于十哲之次的褒遇，因为和其他孔门弟子相比，曾子显然更具有道德典范的意义。唐人皮日休的理解与唐玄宗可谓心有戚戚焉。皮日休云：

> 故孔子之封赏，自汉至隋，其爵不过乎公侯，至于吾唐，乃策王号。七十子之爵命，自汉至隋，或卿大夫，至于吾唐，乃封公侯。曾参之孝道，动天地，感鬼神。自汉至隋，不过乎诸子，至于吾唐，乃旌入十哲。（《请韩文公配飨太学书》）

皮氏一方面揭示了唐代孔庙从祀诸儒封爵背后的历史渊源，另一方面也说出了曾参"旌入十哲"、备受褒遇的缘由。此后，孔庙从祀人选与名额虽因各种原因而屡有变迁，但开元二十七年（739）确立的以孔门弟子和传经之儒为主体的从祀制度，则被后世严格遵守并奉行。

北宋建立后，统治者尤其看重儒家的纲常伦理在维护社会秩序、巩固统治方面的作用，大力推行尊孔崇儒的文教政策。建隆元年（960），宋太祖赵匡胤刚刚登上帝位，就下令增修国子监学舍，"塑先圣、亚圣、十哲像，画七十二贤及先儒二十一人像于东西庑之木壁"，并拜谒文宣王庙，给予孔子以及孔门弟子最高殊荣。宋真宗大中祥符元年（1008），封禅泰山，为表严师崇儒之意，又率大臣到曲阜朝圣，亲制《文宣王赞》，歌颂孔子为"人伦之表"，儒学是"帝道之纲"；并追谥孔子为"玄圣文宣王"，后因国讳改谥"至圣文宣王"。次年五月，诏追封十哲为公，七十二弟子为侯，先儒为伯或赠官。对于这次封赠的详细情况，《文献通考》有所记载："诏追封孔子弟子兖公颜回兖国公，费侯闵损琅琊公，郓侯冉耕东平公，薛侯冉雍下邳公，齐侯宰予临淄公，黎侯端木赐黎阳公，徐侯冉求彭城公，卫侯仲由河内公，吴侯言偃丹阳公，魏侯卜商河东公，郕伯曾参瑕丘侯。"廷臣尚书右仆射张齐贤撰《宗圣赞》，曰："孝乎惟孝，曾子称焉。唐虞比德，洙泗惟贤。服膺受旨，终身拳拳。封峦饬赠，永耀青编。"

图 8-4 真宗祀鲁（《孔子圣迹图》）

与开元二十七年（739）相比，宋真宗大中祥符二年（1009）的封爵提升了十哲和曾参等孔门弟子的地位，十哲晋封为"公"，曾参等其他孔门弟子晋封为"侯"，而左丘明等二十二人仍然追封为"伯"。宋徽宗政和元年

(1111)六月，又因曾参封爵"瑕丘侯"中的"丘"字与孔子名相同，有失弟子尊师之礼，故改封曾参为"武城侯"。

宋代从祀制的一大变化发生在元丰七年（1084）。晋州州学陆长愈奏请：春秋释奠，孟子宜与颜子并配。宋神宗令礼部会议，礼官以为："孟子于孔门当在颜子之列……请自今春秋释奠，以孟子配食……自国子监及天下学庙，皆塑邹国公像，冠服同兖国公。"礼部的意见为朝廷所采纳，神宗下诏孟子配享孔庙。

孟子政治地位的变化与宋儒对孟子的特别推崇有关。中唐以后，韩愈大倡道统说，认为孟子是直接传承孔子之道的第一人，也是最后一人。韩愈的"道统说"被宋儒普遍接受。二程对孟子大加赞扬，认为"孟子有功于道，为万世之师""孟子有功于圣门不可言"。朱熹虽然在孔子之后，续上了颜子、曾子和子思，但他明确指出，孔子之后，承先圣之"统"者为孟子，子思作《中庸》后，"再传以得孟氏，为能推明是书，以承先圣之统，及其没而遂失其传焉"。因孟子有传道之功，所以《孟子》一书被朱子收入"四书"，正式成为儒家经典，而尊孟则成为当时学术思想界的重要思潮。另一方面，孟子学说也深受范仲淹、王安石的推崇，成为北宋"庆历新政"和"熙宁变法"等政治改革的重要精神力量。因此孟子的地位在宋代得到了全面提升，孟子超越了十哲和曾子，与颜子并肩配享于孔庙。

孟子荣登孔庭，但是其师子思乃至于子思之师曾子皆在其下，当时的学者认为礼有未安。孝宗淳熙三年（1176），洪迈上疏朝廷称，孟子配食与颜子并，而其师子思、子思之师曾子亦在下，此两者于礼于义实为未然，乞改正。洪迈之议虽然当时未获朝廷同意，但已引起朝廷的重视。理宗端平二年（1235），诏升子思为十哲。宋度宗咸淳三年（1267）春，帝将临太学，诏曰："孔子独称颜回好学，固非三千之徒所同也，而其学不传；得圣传者，独曾子。曾子传子思，子思传孟轲。忠恕两语，深契一贯之旨，《中庸》一书，丕阐前世之蕴，而孔子之道益著。向非颜曾思孟相继演绎，著书垂训，中更管商杨墨佛老，几何其不遂泯哉！今大成惟颜、孟侑食，曾、思不预，尚为缺典。"二月，宋度宗就下诏封曾参为郕国公、子思为沂国公，配享先圣，位在孟子上。其配享位次是颜、思居左，曾、孟居右。将曾子晋升为四配，一方面是解决洪迈等学者所说的礼有未安的问题，另一方面也体现了对曾子传道之功的认可与肯定。正如宋度宗在《加封郕国宗圣公制》中所说的那样："朕惟孔子之道，曾氏独得其宗，盖本于诚身而然也。观其始于三省之功，卒闻一贯之道，是以友于颜渊而无愧，授之思孟而不湮者欤？"既然曾子之功不亚于颜回，那么配享孔庙自然是顺理成章之事。所以，在颜子配享千年、孟子配享一百八十余年之后，儒者最为辉煌的一刻终于降临到曾子身上。自此，"国无异论，士无异习"，曾子作为儒家"传道之儒"，正式确立了从祀孔子的四配之位。

颜、曾、思、孟配享孔庙，在一定程度上显示了从祀孔子之诸儒的选取标准，即传道之儒高于传经之儒。正如朱熹所说："配享只当论传道，合以颜子、曾子、子思、孟子配。"由此可见，以颜、曾、思、孟配享孔庭，本意即在尊崇道统。

元朝统治者为巩固统治，把尊孔崇儒的教化之道推向一个新的高度。元成宗在至元三十一年（1294）七月发布的诏书中说："孔子之道，垂宪万世，有国家者，所当崇奉。"大德十一年（1307），元武宗的继位诏更体现出对孔子的高度尊崇："盖闻先孔子而圣者，非孔子无以明；后孔子而圣者，非孔子无以法。所谓祖述尧舜，宪章文武，仪范百王，师表万世者也。……加号大成至圣文宣王。"但因为与南宋政权的隔阂，元初袭用的是亡金之制，以颜、孟配享，没有采用咸淳从祀之制，以致南北之礼各异。一直到延祐三年（1316），元仁宗才接受御史中丞赵世延的建议，"诏春秋释奠于先圣，以颜子、曾子、子思、孟子配享"，遂使南北一制，天下尽同。至顺元年（1330）闰七月，元文宗又加封曾子为"郕国宗圣公"。其制曰："朕惟孔子之道，曾氏独得其宗，盖本于诚身而然也。观其始于三省之功，卒闻一贯之妙，是以友于颜渊而无愧，授之思孟而不湮者欤？朕仰慕休风，景行先哲，爰因旧爵，崇以新称。於乎！神圣继天立极以来，道统之传远矣！国家化民成俗之功,《大学》之书具焉。其相予之修齐,兹式彰于褒显。可加封郕国宗圣公。"曾参的"宗圣"之称,即自此而来。

图 8-5　孔庙大成殿四配像(颜子、曾子、子思子、孟子)

3. 明清时期，定称"宗圣曾子"，褒遇优隆

明太祖把尊孔作为维护专制统治的重要手段，力图用孔子之道来规范臣民的思想和行为。因此，他大力提倡儒术，带头尊崇孔子。洪武元年（1368），登基典礼刚过，他就下令以太牢祀孔子于国学，制定春秋释奠礼，配祀诸儒悉如旧制。其后，虽有罢孟子配享的事件，但到洪武十五年（1382），朱元璋再次下诏，令天下儒学每岁春秋仲月通祀孔子，并颁布释奠仪注，以颜曾思孟配享，以表明自己对孔子之道的尊崇。

正统九年（1444），明英宗特敕天下有司修治应祀神庙，嘉祥教谕温良以曾子庙倾圮，奏请修葺。明英宗便下诏命山东地方督工重建。此后于弘治十八年（1505）、正德九年（1514）又多次重修曾子庙。

图 8-6 宗圣殿

明代，和从祀相关的最大事件是嘉靖九年（1530）厘正孔庙祀典。大学士张璁奏称："先师祀典，有当更正者。叔梁纥乃孔子之父，颜路、曾晳、孔鲤乃颜子、曾子、子思之父，三子配享庙庭，纥及诸父从祀两庑，

原圣贤之心岂安？请于大成殿后，别立室祀叔梁纥，而以颜路、曾皙、孔鲤配之。"张璁所言孔庙从祀"子尊父卑"的现象，其实早就受到儒者的关注，南宋洪迈、元熊禾、明宋濂等都对此事有所议论，如洪迈曾说："自唐以来，相传以孔门高弟颜渊至子夏为十哲，故坐祀于庙堂上。其后升颜子配享，则进曾子于堂，居子夏之次以补其阙。然颜子之父路、曾子之父点，乃在庑下从祀之列，子处父上，神灵有知，何以自安。所谓子虽齐圣，不先父食，正谓是也。……特相承既久，莫之敢议耳。"颜子之父颜路、颜子、曾子之父曾点、曾子都是孔子弟子，子思则是孔子之孙，颜子、曾子、子思配享，位居殿堂之上，而颜路、曾点、孔鲤却卑处两庑。虽然历代都有学者指责这种"子尊父卑"的现象有违人伦，但由于此制相沿已久，未尝深究。明正统三年（1438），孔颜孟三氏子孙教授裴侃提出了一个解决矛盾的办法，他说："天下文庙惟论传道，以列位次。阙里家庙，宜正父子，以叙彝伦。"故在阙里孔庙大成殿西别创启圣王殿，以四配（颜子、曾子、子思、孟子）之父配享孔子之父——启圣王叔梁纥。此时，以藩子入嗣帝统的嘉靖帝正因为追崇本生父兴献王的事情而与朝臣相持不下，所以对张璁所提"崇人伦"之议深以为然。嘉靖帝于是把正统三年（1438）四配之父配享启圣王的家庙模式，推广至天下孔庙。

张璁再疏曰："孔子宜称先圣先师，不称王。祀宇宜称庙，不称殿。祀宜用木主，其塑像宜毁。笾豆用十，乐用六佾。配位公侯伯之号宜削，止称先贤先儒。"嘉靖帝命礼部会同翰林院速议更正。虽然翰林院编修徐阶、御史黎贯、给事中王汝梅等提出激烈的反对意见，但都遭到嘉靖帝的严厉斥责和惩处。在这种情况下，礼部与诸臣商议后，提出了初步意见：

> 人以圣人为至，圣人以孔子为至。宋真宗称孔子为至圣，其意已备。今宜于孔子神位题"至圣先师孔子"，去其王号及大成、文宣之称。……其四配称复圣颜子、宗圣曾子、述圣子思子、亚圣孟子。

嘉靖九年（1530）十一月，礼部将讨论结果上奏朝廷。嘉靖帝下诏悉如议行。制曰："朕少读子书，长行其道，无非仰往古以佐治也。自昔以来，达而在上，三代传列圣洪模；舍之则藏，六经仰前贤雅范。溯渊源于泗水，绵道脉于武城。《大学》篇章，载百世治平之要；《孝经》问答，具万民感化之机。省身严于日三，慎其独也；传道捷于唯一，妙乃贯之。故超赐'非也'而有余，即并颜'庶乎'而无愧。精英自乾坤钟毓，赫然为含灵秉曜之宗，神爽与日月光辉炜矣。称神明普照之圣，兹尊为宗圣曾子。钦承荣封，以昭师表。"从此，曾子与其他圣人一起被削去封爵，改称"宗圣曾子"。

清代沿袭明制，仍尊称曾子为"宗圣"，配享孔庙。清太宗崇德元年（1636），建庙盛京，遣大学士范文程致祭于孔子庙，以颜子、曾子、子思、孟子配享。清代帝王对曾子褒崇有加，多次派遣官员到嘉祥曾子庙致祭，敕修庙墓，钦赐祭田户役，并给予曾子嫡裔较高的政治待遇。

二、释奠礼制与曾子祭祀

祖先祭祀是我国重要的祭祀活动之一。据《周礼·王制》记载，天子七庙，诸侯五庙，大夫三庙，士一庙，庶人祭于寝。《韩诗外传》载曾子自言"吾尝仕齐为吏"，又载"曾子仕于莒，得粟三秉"，官职虽微，但也与庶民不同。从曾子临终易箦一事推测，既然曾子以用大夫之箦为越礼，那么以"士"待之似无不可。因此，曾子身后自有立庙的资格。王定安《宗圣志》云："宗圣庙在嘉祥县南四十五里，南武山之阳，创建无考。"这说明曾子故里嘉祥建有祭祀曾子的庙堂。西汉末年曾据率曾氏族人南迁之后，即于播迁之地建庙祭祀，而嘉祥曾庙则因历岁滋久，风雨震陵，逐渐荒废。汉代以来，曾子主要是作为孔子的附祭弟子享受官方祭祀。至明嘉靖年间，嘉祥重修曾庙后，才由曾氏宗子主持祀事。

释奠原为古代学校的祭祀典礼。周代官学有释奠先圣先师之礼,《礼记·文王世子》载:"凡学,春官释奠于其先师,秋冬亦如之。凡始立学者,必释奠于先圣先师。"究竟何为先圣先师?《礼记》没有明指。汉郑玄对"先师"的解释是:"若汉,《礼》有高堂生,《乐》有制氏,《诗》有毛公,《书》有伏生,亿可以为之也。"又注"先圣"为"周公若孔子",认为"先圣"指周公或孔子。汉以来,释奠之礼始见于三国魏正始二年(241),帝讲《论语》,使太常释奠,以太牢祀孔子于辟雍,以颜渊配。这是国学释奠以弟子配享的开端。此后,释奠孔子成为常典。随着孔子释奠礼制的详备和曾子从祀地位的不断升高,与曾子相关的祭祀礼仪也呈现出日渐优隆的面貌。

图 8-7 宗圣庙图(王定安《宗圣志》)

宋神宗熙宁八年(1075),国子监新庙落成。朝臣对孔子及七十二贤等从祀诸儒神像的冕服问题进行了讨论。国子监常秩上疏称:"宣圣神像,旧用冕服九旒(liú)。七十二贤、二十一先儒并用朝服。检会,唐开元中,尊孔子为文宣王，内出王者衮冕之服以衣之。详此，则孔子之冕，宜用天子之制十二旒。孔子既用冕旒，则七十二贤、二十一先儒当各依本爵用冕服。"曾子于大中祥符二年（1009）被封为"瑕丘侯"，按照常秩所言，当服七旒七章。太常寺、礼部官员对宋太祖建隆三年（962）和宋真宗大中祥符二年（1009）的庙制进行了梳理，他们发现，建隆三年（962）庙门准议制令立戟十六枝，采用的是正一品之礼。大中祥符二年（1009）赐曲阜文宣王庙桓圭一，采用的是上公之制。春秋释奠，则用中祀。而兖国公颜子、瑕丘侯曾子等都是以宋代郡国县封爵。所以，礼部官员提出："缘古今礼制不一，难以追周之冕服。宜如旧制，依官品衣服。今文宣王冕用九旒。颜子已下各依郡国县侯伯正一品至正四品冠服制度，庶合礼令。"礼部的意见为朝廷所采纳。

宋徽宗崇宁三年（1104），国子监丞赵子栎对文宣王庙的章服制度提出批评，他说："唐封孔子为文宣王，其庙像，内出王者衮冕衣之。今乃循五代故制，服上公之服。七十二子皆周人，而衣冠率用汉制，非是。"我们从赵子栎的奏疏中不难看出，熙宁八年（1075）议定的采用宋朝冠服的制度似乎并没有真正实行。根据赵子栎的建议，朝廷议定"孔子仍旧，七十二子易以周之冕服"。因为朝廷没有把孔子的冕服问题一同解决，所以上述定议并没有得到普遍认同。次年八月，国子司业蒋静上疏请求"考正先圣冕服"："先圣与门人通被冕服，无别。配享、从祀之人，当从所封之爵，服周之服，公之衮冕九章，侯伯之鷩冕七章。……今既考正配享、从祀之服，亦宜考正先圣之冕服。"于是，增文宣王冕为十二旒，服十二章，如王者之制。曾子之冕服即据崇宁年间所议而定。吕兆祥《宗圣志》云："崇宁五年，考正文宣王冕十二旒，服九章。瑕丘侯曾子，依《五礼新仪》，合用七旒七章。"

第八章　曾子封赠与宗圣祀典　215

图 8-8　宗圣殿曾子像

明嘉靖九年（1530），孔庙祀典更制，其中的重要一项内容是毁塑像，用木主。孔子图像在汉末时已流行，汉灵帝光和元年（178），置"鸿都门学"，画孔子及七十二弟子像。东晋孝武帝太元十年（385），国子学之西立"夫子堂"，画有夫子及十弟子像。至于塑像，据东魏孝静帝兴和三年（541）十二月所立《李仲璇修孔子庙碑》中的"乃命工人，修建容像……雕素十子，侍于其侧"之语可知，至迟在东魏时期，已在孔庙塑像纪念孔子。但一直到唐代，为孔子塑像才得到官方的支持，推行于天下孔庙祭祀的实践中。明嘉靖九年（1530），将塑像撤去，改立木主。四配神位木主，各高一尺五寸，阔三寸二分，厚五分；座高四寸，长六寸，厚二寸八分。王定安说，对于毁塑像、易木主的改革，当时只有山东未奉诏，像祀如故。其实，这一祀典改革在其他地方也没有得到切实执行。顾炎武《日知录》载："嘉靖九年，诏革先师孔子封爵塑像，有司依违，多于殿内添砌一墙，置像于中，以塞明诏。甚矣，愚俗之难晓也。宋文恪（讷）《国子监碑》言：'夫子而下，像不土绘，祀以神主，数百年陋习乃革。'是则太祖已先定此制,独未通行天下尔。"由此可见,顾炎武认为孔庙祭祀当以木主。然而地方官之所以依违从事,大概是因为出于对圣贤的尊重,不忍毁掷其像。而朝廷对此似乎也没有严加追究,以致塑像改易木主的规定至明末已形同虚设。万历七年(1579),宗圣六十二代孙、翰林院五经博士曾承业在宗圣庙大殿增塑孟子像,偕子思子像,配享殿上,我们由增塑孟子、子思像可以猜想,曾庙大殿奉祀之曾子像应当也是塑像或者塑像、木主兼有。

在祭祀仪节方面,主要有释奠仪、释菜仪、上香仪等。宋大中祥符二年(1009)诏太常礼院定州县释奠器数:先圣先师每坐酒尊二、笾豆八、簋(guǐ)二、簠(fǔ)二、俎三、罍一、洗一、篚(fěi)一,尊皆加勺、幂各置于坫(diàn),巾共二,烛二,爵共四。有从祀之处,诸坐各笾二、豆二、簋一、簠一、俎一、烛一、爵一。明太祖洪武十五年(1382)曾专门颁布《释奠仪节》,据《明会典·释奠仪》所记,四配位前,每位羊一、豕一、登一、铏一、笾豆各十、簠簋各一、爵三、帛一、篚一。《大清通礼》记载了清代春秋释奠先师孔子之礼,四配位前,各羊一、豕一、铏二、簠二、簋二、笾八、豆八、炉一、灯二。四配释奠仪与孔子相同。明清皇帝临雍释奠或者亲诣阙里致祭,释奠曾子的分献官等级都比较高,如明熹宗天启四年(1624)、崇祯十四年(1641),由太子太保袭封衍圣公孔允植任分献官;崇祯三年(1630),由少保尚书大学士李标芬分奠宗圣曾子。清顺治九年(1652),清世祖视学释奠,由太子太保袭封衍圣公孔兴燮(xiè)分奠曾子;康熙二十三年(1684),康熙帝到阙里祭先师孔子,由翰林学士常书分献宗圣曾子。

清顺治二年(1645),定每月初一圣庙行释菜礼,设酒、芹、枣、栗,于先师位及四配位前,奠帛献爵。十哲、两庑位前,由监丞、博士等官分献。

在祭器、祭品等具体事项上,也给予四配较高的待遇。如雍正二年(1724),议准大成殿四配、十一哲每位一案,两庑二位共一案。乾隆四年

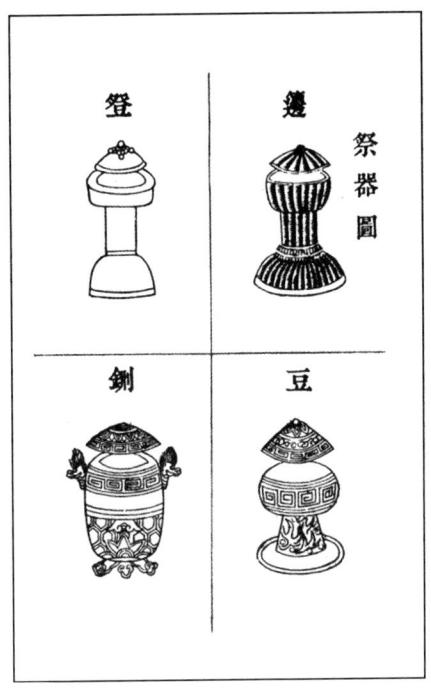

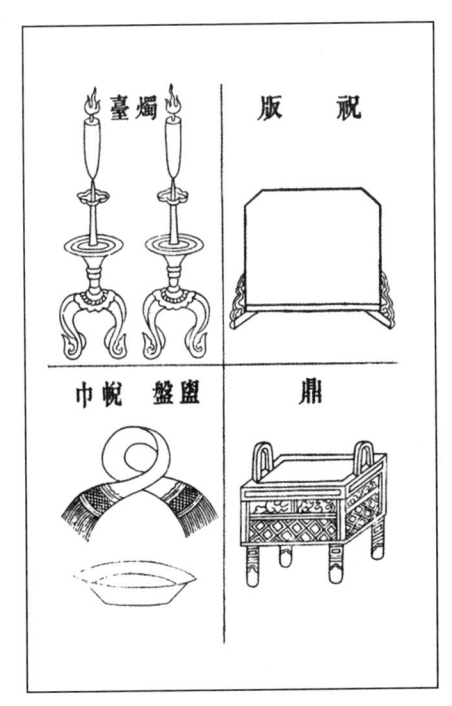

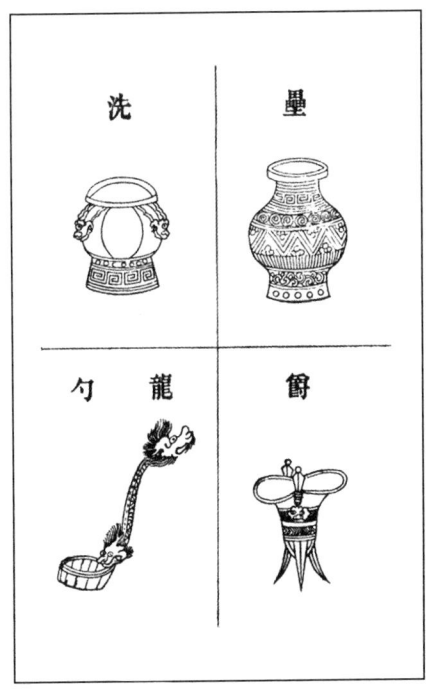

图 8-9　祭器图（王定安《宗圣志》）

(1739)，四配祭品增添一铏等。后来，乾隆皇帝到曲阜祭孔时，四配位的祭器、祭品已经采用新制。其祭器有：筐一、爵并坫三、铏二、簠二、簋二、笾八、豆八、俎三、香炉并几一、烛台大小八、东西樽并案各一。其品有：帛一端、檀香一盒、烛二、酒东西各一樽、羊一、豕一、和羹二铏、黍饭一簋、稷饭一簋、稻饭一簠、粱饭一簠、榛一笾、菱一笾、芡一笾、枣一笾、栗一笾、鹿脯一笾、形盐一笾、槁鱼一笾、韭菹一豆、菁菹一豆、笋菹一豆、醓醢一豆、鹿醢一豆、兔醢一豆、鱼醢一豆、芹菹一豆，各一坛。曾子除了以四配身份在孔庙附祭孔子，随着曾子地位的突显，还享有国家公祭的优遇。

一般意义上讲，曾庙的祭祀分为公祭和家祭两种。公祭又可分为国家派员致祭、曾氏家族举行的春秋二丁祭和地方州县官员举行的次丁祭。遣官致祭就是朝廷专门派遣官员祭祀曾子，一切费用由国家开支。皇帝遣官致祭曾子，历代多有。如宋代有《遣官致祭通用文》，其祭曾子文曰："维某年月日，大宋皇帝御名遣官致祭于先贤郕国公曰：惟公以鲁而得，以唯而悟。传得其宗，一贯忠恕。谨以制币牲齐，粢盛庶品，式陈明荐，从祀配贤。尚飨。"元至正二十一年（1361），元惠宗也曾派遣银青光禄大夫、中书平章政事、知河南山东等处行枢密院事兼陕西诸道行御史中丞察罕帖木儿致祭郕国宗圣公。

明代，朝廷对曾子祭祀更为重视。弘治四年（1491），明孝宗曾下诏书，以春秋次丁有司永远致祭曾子专庙，并颁祭文，勒石曾庙。明孝宗颁示春秋祭文曰："维某年某月某日，某官某敢昭告于郕国宗圣公，曰：孔门道学，公得其宗。庙庭配享，海宇攸同。矧兹乡邦，钟灵所自。时维仲（春、秋），特申专祀，伏惟尚克飨之。"正德元年（1506），山东巡抚赵璜、巡按李玑又奏请照弘治四年例，春秋次丁有司永远致祭曾子专庙。有明一朝，遣官致祭非常频繁。自弘治至嘉靖年间，载于史志者就有七次，但其详细过程皆不可考。

第八章　曾子封赠与宗圣祀典　219

图 8-10　曾庙万历御碑亭

清代前期，遣官致祭曾子更为频繁。据王定安《宗圣志》记载，仅乾隆一朝，遣官致祭或拈香就达六次之多。如：

乾隆十三年（1748），乾隆帝亲诣阙里祭孔，听说颜曾思孟四贤故里各有专庙，特意派遣大臣前往致祭，并亲制祭文，以表达崇重先贤之意。其御制祭文曰："维乾隆十三年岁次戊辰二月乙卯朔越二十八日壬午，皇帝遣日讲起居注官詹事府詹事兼翰林院侍读学士裘日修，致祭于宗圣曾子神位前，曰：'惟宗圣曾子，秀毓武城，业宗泗水。三省勤于夙夜，允称笃实之功。一贯悟于须臾，弥征真积之久。独受《孝经》之训，用迪临深履薄之修。永绵《大学》之规，式启明德新民之要。衍薪传于勿替，以鲁得之，开绝学于无穷，其功大矣。追崇允合，昭报攸宜。朕稽古东巡，至于东鲁。念先型之未远，心切溯洄。瞻故里之非遥，情深仰止。虔修祀事，敬遣专官，惟冀神灵，尚其歆格。'"

乾隆二十一年（1756）三月，乾隆帝到曲阜，先赴孔庙拈香，次日正式行释奠礼。乾隆帝又遣刑部左侍郎觉罗勒尔森致祭宗圣，其御制祭文曰：

"维乾隆二十一年岁次丙子三月己巳朔越四日壬申,皇帝遣刑部左侍郎镶红旗满洲副都统兼管钦天监监正事务觉罗勒尔森致祭于宗圣曾子神位前,曰:'惟宗圣曾子,秀毓武城,学宗泗水。懋媺修于笃实,三省勤夙夜之功;崇真积于躬行,一贯悟精微之旨。端治国齐家之本,大人之学昭垂;示至德要道之原,教孝之经永著。衍孔门之圣脉,以鲁得之;启孟氏之师传,其功大矣。尊崇允协,报享攸宜。朕以礼时巡,遄临鲁甸,情深仰止。瞻故里之非遥,心慕典型;念德辉之如在,虔申禋祀。敬遣专官,惟冀神灵,庶其歆格。'"

图 8-11 曾庙乾隆帝御制祭文碑及碑文

皇帝遣官致祭,不仅祭祀规格高,而且祭仪非常隆重。《大清通礼》详细记载了乾隆帝东巡释奠颜曾思孟之礼,主祭官员赍(jī)祝文、香帛,分别到所在专庙行礼。具体到曾子庙的祭祀,可分为祭前准备和正式祭祀两个阶段。祭前,曾氏族人以及地方官员均要做好祭祀的各项准备工作,如曾氏子孙率礼生洁扫殿庑内外，地方官员戒办牲牢、器物，备执事人，司祝、司香、司帛、司爵、通赞、引赞均由曾氏家族奉祀生及弟子员充任。先一日，遣官抵达嘉祥，乃斋。当天晚上，嘉祥县令着公服视割牲如仪，祭器陈设与京师太学四配每位器数相同。

正式祭祀的仪程为：祭日，有司供具，质明遣官，朝服，诣庙。引赞二人，引正献官入；二人引分献官随入。诣东阶下，盥手，升东阶，至阶中，前后序立，均北面。通赞赞："就位！"引赞分引遣官就拜位立。通赞赞："迎神！"司香二人各奉香盘进至正位、配位前立。引赞引正献官入，自闑（niè）东诣正位前，引分献官随入，诣配位前。赞："跪！"遣官跪。赞："上香！"遣官上炷香三，上瓣香，兴。赞："复位！"遣官均复位立。赞："跪叩，兴。"遣官均行二跪六叩礼，兴。通赞赞："行初献礼！"司帛各奉篚跪奠于案，三叩，兴。司爵各奉爵献于案正中，皆退。通赞赞："读祝！"引赞赞："跪！"遣官皆跪。司祝至祝案前跪，三叩。奉祝文跪案左。读讫，复于案，三叩，兴，退。引赞赞："叩，兴。"遣官三叩，兴。亚献各奠爵于左，终献各奠爵于右，如初仪。通赞赞："送神！"引赞赞："跪叩，兴。"遣官均行二跪六叩礼，兴。执事官各奉祝帛、香由中道送燎如仪。遣官避立拜位东竢过。引赞引遣官视燎礼毕，引遣官出。执事官皆退。

除了遣官致祭，有时又遣官拈香。拈香又称"行香"，是一种仪式较为简单的祭祀礼，只上香、行礼，不设供品。乾隆四十九年（1784），乾隆帝南巡，道经曲阜，第七次驾临阙里朝拜孔子，行释奠礼；特遣内阁学士兼礼部侍郎尹壮图，前往嘉祥曾子庙拈香。

对曾子祭祀的重视，不仅体现在遣官致祭上，也表现在御赐礼器上。礼器就是祭祀所用的器具。历代皇帝祭孔，自汉代至清代，曾多次御赐孔庙礼器。其中最为著名的是乾隆三十六年（1771）钦颁礼器——商周十供，被孔府视为参天恩泽，一般只在四大丁祭和孔子诞辰等重要祭祀典礼上才使用。为表示对曾子的崇敬，乾隆十五年（1750）御赐宗圣曾子庙礼器一宗，计有：铏一件、簠十件、簋十件、笾四十件、豆四十件、爵十一支、帛匣五件。宗圣爵三、铏一、簠二、簋二、笾八、豆八、帛匣一。曾子庙两配各爵一、簠一、簋一、笾四、豆四、帛匣一。两庑各三坛，爵三、簠三、簋三、笾十二、豆十二、帛匣一。

无论是遣官致祭、拈香还是御赐礼器，无不向世人显示了朝廷对宗圣曾子的优待与尊崇，也给曾氏家族带来了无上荣耀。

相比并非常态的朝廷遣官致祭而言，曾子庙祭祀的主要形式是春秋二丁祭。这是在每年春秋二仲月（夏历二月、八月）的上丁日，由曾氏宗子、世袭翰林院五经博士主祭的祭祀活动。据吕兆祥《宗圣志》记载，明代，曾庙祭祀宗圣公曾子的祭品为：羊一、豕一、爵三、登一、铏一、簠二、簋二、笾八、豆八、樽一、篚一、帛一、香案一、香炉一、烛台二。东配沂国述圣公子思子、西配邹国亚圣公孟子的祭品为：羊一（分作二份，每位一份）、豕一（分作二份，每位一份）、爵六（每位三爵）、登二（每位一）、铏二（每位一）、簠簋八（每位四）、笾豆十六（每位八）、篚二（每位一）、帛二（每位一）、香案二（每位一）、香炉二（每位一）、烛台四（每位二）。两庑从祀的祭品为：每位肉一份，爵一、簠一、簋一、笾四、豆四、樽一、香案一、香炉一、烛台二。《武城家乘》详细记载了明代春秋二丁祭的祭祀过程。其祭仪为：祭礼举行前一日，宗子翰博公服视牲。祭祀当天，具朝服。鸣赞唱："主祭官就位，陪祭者各就位，瘗毛血，迎神，行二跪

图8-12 曾庙乾隆御碑亭

六叩头礼,兴。"鸣赞唱:"奠帛,行初献礼!"引赞赞:"升坛!"诣盥洗所,酌水净巾;诣酒樽所,司樽者举幂酌酒。诣宗圣神位前,跪,上香,献爵、帛,行一叩头礼,兴。鸣赞唱:"行分献礼!"引赞赞:"诣述圣子思子、亚圣孟子神位前,上香,献爵、帛。"如正位仪。奉祀生各诣寝殿、两庑行礼。鸣赞唱:"读祝文。"引赞赞:"诣读祝位,跪。"引赞赞:"读祝文。"宗子翰林院五经博士宣读祝文,其文曰:"维某年某月某日,某官敢诏告于郕国宗圣公,曰:惟公凤钟间气,毓秀兹土,道学宗传,昭示万古。惟兹仲(春、秋),谨以牲帛醴齐,粢盛庶品,用伸常祭。以门人沂国述圣公、阳肤、子襄、沈犹行、乐正子春、公明仪、公明高、公明宣配,尚飨。"祝毕,鸣赞唱:"彻馔、送神,跪,行二跪六叩头礼,兴。"鸣赞唱:"读祝者捧祝,进帛者捧帛,恭诣燎位。"引赞赞:"诣望燎位!"望燎、祝、帛焚毕,引赞赞:"复位!"鸣赞唱:"礼毕!"至此,整个祭祀程序才圆满结束。

举行丁祭典礼的同日,启圣殿先贤曾氏及宗圣书院,俱以曾氏族中职员及奉祀生致祭,祭仪相同。

属于公祭层面的曾子祭祀,还有地方州县对曾子的祭祀活动。明代弘治、正德年间,朝廷曾专门下诏,定于春秋次丁致祭曾子专庙。次丁祭即在每年春秋二仲月的次丁日,由兖州府嘉祥县知县主祭。宗圣曾子教职主祭先贤曾氏,两庑俱以县学生员分献。翰林院五经博士及奉祝生陪祭。祭仪与上丁祭祀相同。次丁祭祀曾子祝文曰:"维某年某月某日,兖州府嘉祥县知县某人敢昭告于宗圣曾子神位前,曰:

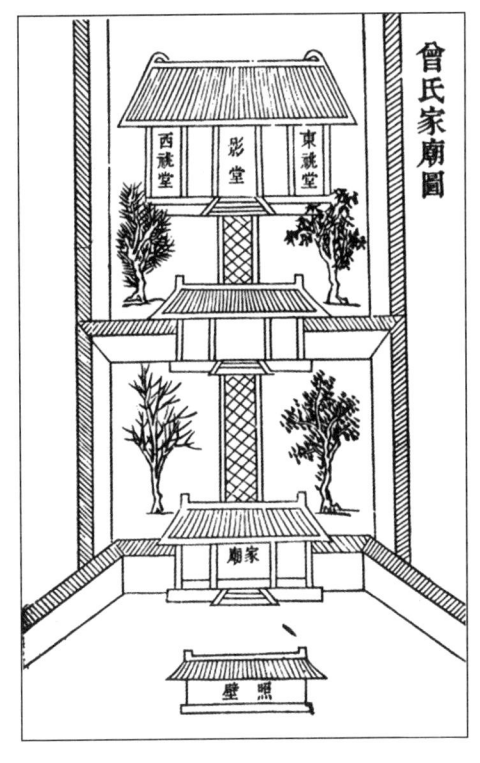

图 8-13 曾氏家庙图(王定安《宗圣志》)

惟神夙钟间气，毓秀兹土。宗传圣道，昭示万古。兹逢仲（春、秋），谨以牲帛醴齐，粢盛庶品，用伸常祭。述圣子思子、亚圣孟子暨从祀先儒，伏惟配飨。"

　　曾氏家族对曾子的祭祀，除了在曾子专庙举行的春秋二丁祭，还有墓祭和岁时祭祀。在每年的清明节、七月望、十月朔，曾氏族人都要祭扫宗庙、祖墓。墓祭由曾氏宗子、世袭翰林院五经博士主祭。岁时祭祀则是在每年的元旦、冬至日，由宗子、翰林院五经博士率领族人以牲醴致祭宗圣曾子、先贤曾氏及两寝殿。另外，岁时祭祀还包括每月朔望日，由嘉祥知县、教官在嘉祥宗圣书院举行的曾子祭祀活动。

第九章 曾子故里史迹

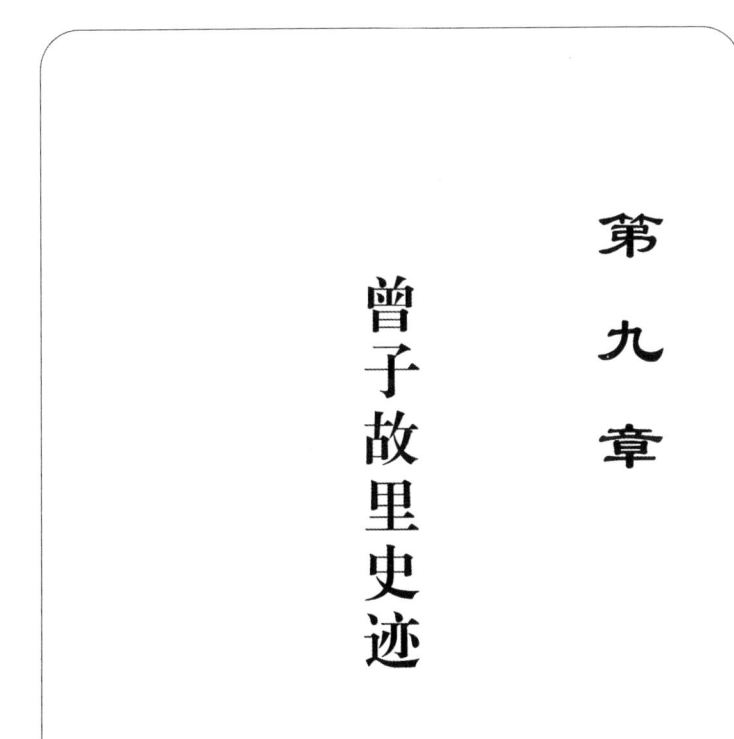

清乾隆《兖州府志》载:"邹鲁滕薛之间,古帝王圣贤之墟也。左史之所载,图经之所传,三代而上,汉唐而下,故国旧邑何地无之!故虽颓稚荒堞,残丘废苑,奥显殊状,洪纤异迹,莫非神明之遗绪,侯王之永图,会遇之坛场,著作之林薮也。"曾子故里南武城为鲁国旧地,当地丰富的物质文化遗存承载着深厚的文化内涵,曾子庙、曾子墓、曾子书院等无不散发着浓郁的儒家文化气息。曾子作为孔子之后儒学发展史上的重要人物,与曾子有关的文化遗存无疑是曾子故里文化遗存中最集中、最核心的内容,也是历代曾氏族人心灵的归依。

一、南武城与南武山

1. 南武城

司马迁《史记·仲尼弟子列传》载:"曾参,南武城人。"南武城为春秋鲁国下邑。吕兆祥《宗圣志》曰:"武城,古兖州之域。《禹贡》'大野既潴',则在徐州,今巨野即其地。唐宋以来,皆为任城县地。金大定末,置嘉祥县,属济州,盖取获麟之义。元属东平路,至元属济州,后属单州。明兴,改属济宁州。武城,即嘉祥所统之地也,故名曰'宗圣里'。"明人东野武有诗赞曰:"曾子居武城,经以孝而行。晨昏常晤对,城喜同其名。"南武城故址在今嘉祥县满硐乡阿城村北500米,呈方形,面积约25万平方米。现存城东墙,南北长约100多米,宽约8米,残高近3米。山东省文物部门经过考察,从残存的城墙夯土层中发现了具有春秋时代特征的棍夯窝，并在夯土层中发现了少量西周晚期和春秋早期的陶片。从时代风格上看，残存城墙与曲阜鲁国故城等同期城墙极为相似，故筑造时间应不晚于春秋中晚期。

当地群众呼嘉祥南武城为"阿城"。明万历《兖州府志·古迹志》载："南武城，世传曾子故里也。在县南四十里，以在南武山下，故名。其后改为阿城。"《康熙字典》引《韵会小补》曰："阿，又音屋。"古时"阿""武"音相近，阿城就是武城。嘉善人丁镤有《南武城》诗曰："昔闻南武旧，今说是阿城。贮有圣门弟，人高天下名。颓阛孝云古，委巷道风清。何当卜居此，通吾梦寤诚。"

2. 南武山

明万历《兖州府志·山水志》载："南武山，在县南四十五里，与黄路山连脉，相传即古南武城地也。"南武山，汉代简称南山（见汉武梁碑），东西走向，东有黄路山，西连水牛山，由四座山头组成，主峰海拔210米，面积3.8平方千米。因为此山在附近最大，所以也被群众呼为"大山"。山阳有曾子庙和南武山村。相传曾参曾在此山打柴。北宋昭文馆大学士曾公亮所作《曾氏族谱序》中有"曾西祷于南武山"之语。明人吕元美有《南武山》诗曰："我来寻故实，击眼晓山新。怪此一拳碧，能生百世人。细知书剩草，高忆孝留椿。近把尼岩翠，逾看灵气真。"

二、曾庙与曾子墓

1. 曾庙

曾庙又称"曾子庙""宗圣庙"，是祭祀宗圣曾子的专庙，位于嘉祥县城南18千米南武山之阳，北临玄武山，东抚青龙山，西依白虎山，南边是广阔的平原，山环水绕，松柏参天。人们置身其中，睹物崇圣，如沐春风。

曾庙始建年代不详。明正统九年（1444），经嘉祥县教谕温良奏请重建，于次年建成，称宗圣公庙。重建后的曾庙规模尚小，仅有正殿三间、寝殿三间、东西两庑各三间、戟门三间。后又于曾庙右侧增建莱芜侯祠。明弘治十八年（1505）至正德九年（1514）年间，经陆续奏请扩修，曾庙宏敞壮丽，已具有颜庙、孟庙的规模。明嘉靖、隆庆年间，曾庙两次毁于兵火，至万历七年（1579），曾子六十二代孙、世袭翰林院五经博士曾承业奏请重修，由时任山东巡抚赵贤、巡按钱岱等督修，当年九月动工，年底竣工。这次重修大扩旧制，奠定了曾庙现在的布局和规模。此后，清康熙、乾隆、光绪年间又曾进行过多次修缮。

曾庙是一处规模宏伟、巍峨壮观的古建筑群，具有鲜明的明代建筑风格。曾庙坐北朝南，四周围以红墙，平面呈长方形，南北通长230米，东西宽120米，占地27600平方米。主建筑布局在中轴线上，以中轴线为基准，分中、东、西三路，共三进院落。其主要建筑有：

三坊：位于曾庙大门外，均为四柱三楹的石坊，中坊与曾庙第一道垣墙平行，正对宗圣门（曾庙大门），上镌"宗圣庙"三个楷书大字。坊前为照壁，绿瓦覆顶，上饰吻首，朴实无华。其他两坊东西相对，东石坊上镌"三省自治"，西石坊上刻"一贯心传"，皆为楷书。

宗圣门：为曾庙大门，是一座三开间悬山式建筑，长12.8米，宽8.1米，高7.5米。绿色琉璃瓦覆顶，上饰嗤吻、吻首、仙人，门扉六扇，楣饰阀阅。在照壁的映衬下，宗圣门庄严肃穆。宗圣门内为第一进院落。院内两侧有二门东西相对，东为"景圣门"，西为"育英门"，均为三开间悬山式建筑，灰瓦覆顶，上饰吻首，门扉两扇，门阀四只。在古代，前来拜谒曾子的一般官员都从景圣门和育英门进入。门内北侧各有厢房三间，为曾庙执事人住宿和拜谒曾庙者休息之处。

戟门：为曾庙二门，建筑形式与宗圣门相同，门内为曾庙第二进院落。门侧有对联："述格致诚正修齐治平之传万世咸承厥训，超德行言语政事文学而外一人独得其宗。"一般在皇帝遣官致祭曾子或举行春秋丁祭等重大祭祀活动时，宗圣门和戟门才会打开，平时拜谒曾庙的官员都只能从景圣门、育英门和戟门两侧的角门出入。

慎独门：与戟门平行，在戟门东侧，通向三省堂院内，为曾庙东路。"慎独"取《大学》"诚于中，形于外，故君子必慎其独也"之意，赞美曾子的道德修养工夫。

咏归门：与戟门平行，在戟门西侧，通向莱芜侯殿院内，为曾庙西路。"咏归"取《论语》"浴乎沂，风乎舞雩，咏而归"之意，赞扬曾点之志向。

宗圣殿：曾庙主体建筑，位于第二进院落的后部。大殿立于石砌台阶上，七楹五间，面阔 34 米，进深 18.85 米，高 15.35 米。大殿为歇山式结构，重檐，绿琉璃瓦，彩绘斗拱，脊上浮龙曲折蜿蜒，顶角吻首千姿百态，栩栩如生。大殿四周回廊有 22 根水磨石柱擎托架梁，大殿正面两根石柱上雕云龙戏水，其余平雕莲花牡丹花卉，雕刻技艺精湛，形象生动。前后门窗均透镂梅花，殿门上方高悬"道传一贯"巨匾，为清雍正皇帝御书，意在颂扬曾子传道之功。门侧有对联："扩宏毅之襟期积久能通直拔群贤而入圣，具见知之学识迎机立化允师万代以称宗。"大殿天花板中央雕有八角盘龙藻井，龙口含珠，与孔庙形制略同。殿内正中置神龛一座，内塑曾子彩色坐像，冠冕衮服，神态庄严。神龛两侧红漆圆柱上刻有对联："执中精允列圣渊源约言之统于一贯故从往者法绍唐虞，止善明德诸贤授受广推之衍作十章则开来者道传思孟。"东、西两侧塑有子思、孟子像，皆冠冕衮服。殿前有月台，位于九层台阶之上，高约 1.5 米，东西长 18 米，宽 13.8 米，围以雕工精致的石栏，是举行曾子祭祀大典的地方。

寝殿：位于宗圣殿后的第三进院落，为五脊歇山式建筑，原祀有曾子及夫人公羊氏的塑像，毁于 20 世纪 60 年代。2003 年重建，又刻《曾子圣迹图》于殿内墙壁四周，详尽介绍曾子生平事迹。

两庑：位于宗圣殿两侧，东西相对，皆为五间单檐硬山式建筑，各长 18 米、宽 9 米、高 6.8 米。东庑从祀 9 人：先儒阳肤、先贤公明仪、先儒公明高、公明宣、孟仪、曾元、曾华、宋儒曾巩、清儒曾侗庵；西庑从祀 9 人：

先儒乐正子春、沈犹行、单居离、公孟子高、子襄、曾申、曾西、明儒顾鼎臣、清儒曾国藩。两庑共从祀 18 人，皆木主。

乾隆御碑亭：位于宗圣殿正前方，亭内置《宗圣曾子赞碑》一座，碑文为乾隆皇帝御撰《宗圣曾子赞》。该亭建于乾隆二十五年（1760），为四角攒尖式建筑，黄色琉璃瓦，七彩斗拱，堂皇富丽。原碑亭在 20 世纪 60 年代遭破坏，于 2003 年重建。

万历碑亭：位于中轴线东侧，戟门左前方，四角攒尖式建筑，有 12 根石柱擎托，黄色琉璃瓦。亭内置《万历重修南武山宗圣公庙记碑》，碑文为明吏科都给事中刘不息撰，记述了万历七年（1579）重修曾庙的经过。为保护此碑，万历年间曾子六十二代孙曾承业修建碑亭。20 世纪 60 年代，原碑亭遭破坏，1981 年将碑修复，2003 年重建碑亭。

涌泉井：相传曾子的父亲曾点去世时，曾子哀痛不已，泪如泉涌，水浆不入于口者七日，以后每读《丧礼》，就泪下沾襟，所以曾子六十九代孙、世袭翰林院五经博士曾毓塼于乾隆四十九年（1784）在曾庙内建涌泉井，以此作为对曾子"事亲至孝"的纪念。涌泉井位于万历碑亭前方，口径约一米，井水清澈见底，久旱不干，井右侧立有石碑一座，上刻"涌泉井"三个隶书大字。

三省堂：曾庙东路主建筑，取曾子"三省吾身"之意，清末倒圮，于 2003 年重建。

莱芜侯祠：曾庙西路主建筑，是供奉曾子之父曾晳的祠堂。顶覆绿瓦，五间歇山式建筑，东西长 20 米，进深 10 米，高 8 米，殿前有月台。始建于明正统十年（1445），明万历七年（1579）扩修。祠中有曾晳彩塑像。祠门匾额题"沂水春风"，门两侧有对联："磊落天资志异三子之撰，渊源家学道启一贯之传。"莱芜侯祠前有报功祠、崇德祠，两祠东西相对，均为三开间硬山式建筑，各长 11 米、宽 6.5 米、高 6 米。报功祠主要是奉祀"历来长官之有功林庙者"，崇德祠主要是奉祀"曾氏故宗子之有德者"。

曾庙共有主要建筑物 30 多座，殿、庑、亭、堂 70 余楹。庙内古柏参天，肃穆壮观。1992年，曾庙被山东省人民政府公布为省级重点文物保护单位；2006年5月，被国务院公布为第六批全国重点文物保护单位。

2. 曾子墓

曾子墓位于曾庙西南、南武城故址之西的元寨山东麓。明天顺四年（1460）礼部侍郎许彬所撰《正统重建宗圣公庙记》中有庙"西南有曾子墓"的记载。成化初年，山东守臣上言："嘉祥县南武山西南，元寨山之东麓，有渔者陷入一穴中，得悬棺，其前有石碣，镌'曾参之墓'。"明宪宗下诏加以修建，"奏诏封树丘陵，筑建享堂、神路，旁树松柏，缭以周垣。墓在嘉祥，始此"。弘治十八年（1505），山东抚按金洪又奏请重修，新建享堂三间、东西斋房各三间、中门一座、左右角门二座、大门一座、石坊一座。曾子墓在此后又多次得到重修。

曾子墓林垣南北长117米，东西宽60米，占地10余亩。林门题"宗圣公之墓"，林门前有石人、石马、石猪、石羊等石仪。林内中门一座，额曰"宗圣林"。曾子墓高3米，墓前双碑，前碑为清康熙十九年（1680）立，题曰"宗圣曾子墓"，后碑为明嘉靖三十五年（1556）立，题曰"宗圣公墓"。墓碑前飨堂三间，东配斋房三间，西配更衣所三间。1985年，曾子墓被济宁市人民政府公布为市级重点文物保护单位；2006年12月，被山东省人民政府公布为第三批省级重点文物保护单位。

三、耘瓜台与曾子琴堂

1. 耘瓜台

耘瓜台位于嘉祥南武山曾子墓东边，相传为曾子耘瓜处。明万历《兖州府志·山水志》"南武山"条下载："山南有曾子墓，墓前有祠，其左有二丘相对，世谓之耘瓜台，曰曾子耘瓜处也。"又《古迹志》"耘瓜台"条下载:"在南武山之阳,相传即曾子耘瓜误断其根处也。后人因名其地曰'耘瓜台'。"《曾子书》载:"其台有二,高仞许,南北相峙,南者约五亩,北者约三亩。"吕大器《莱芜侯小像赞》中有"耘绿台边,浴春沂上",其中的"绿台"即指耘瓜台。明人吴矶有《耘瓜台》诗:"当年受杖不含哀,千古道旁瓜满台。试探绿阴青蔓底,孝孙应有负锄来。"20世纪70年代,村民在平整土地时,将耘瓜台夷为平地。

2. 曾子琴堂

曾子琴堂位于嘉祥县城东北隅、萌山之阳,相传为曾子鼓琴处,始建年代不详。琴堂后有篆文石刻铭记,金章宗太和七年(1207),苏思忠重建。穴地三尺余,铺以大石,上砌石台,南面砌九级石阶,台上建堂,上圆下方,形制如亭。堂前有甘泉清池,名琴台坑。嘉靖九年(1530),知县王时佐取琴堂石为泮宫桥,其堂遂毁。

四、曾子书院与曾子故里坊

1. 曾子书院

曾子书院位于嘉祥县南武山之阳、曾庙之东,相传原为曾子读书处,始建年代不详。明万历《兖州府志·学校志》载:"曾子书院,在县南武山下,相传曾子读书处。考元时吴氏墓碑有'东至曾子书院'之文,岁久遗址不存。"万历二十六年(1598),曾子六十二代孙、世袭翰林院五经博士曾承业以距县城较远瞻仰不便为由,将曾子书院移建于距县城较近的萌山之阳。万历三十年(1602),书院落成,名曰"大学书院",也称"宗圣书院",建有正殿五间,内奉曾子像,两侧子思、孟子配享,四周围以院墙。曾子书院在清康熙、雍正、乾隆年间历经多次重修,为嘉祥县城一大景观,现已不存。

2. 曾子故里坊

清乾隆三十九年（1774），分巡山东兖沂曹兵备道松龄在倡导捐资修曾子庙林及大学书院后，以余项在南武城遗址之右建石坊一座，上镌"曾子故里"四个大字。据《圣门十六子书》记载，嘉祥有"曾子故里石坊一座，在嘉祥、金乡南北道之西"。1977 年，嘉金公路修好后，石坊被移于公路西、南武山村东。

五、曾府与曾氏中兴祠

1. 曾府

曾府即御赐曾氏世袭翰林院五经博士府第，又称"曾翰博府"，坐落在县城内南隅，北面隔街与原嘉祥县衙相对，占地 10 余亩。明嘉靖十八年（1539），明世宗特旨拨公款，比照颜、孟二氏例，由山东巡按蔡经监修，后又经多次重修、续修。曾府坐北朝南，门悬"翰博府"匾额，门外有照壁一座。大门里为前院，东西厢房各三间。二门三间，左右二角门。二门里为中院，建有大堂五间（中悬清世宗御赐世袭翰林院五经博士曾尚溶"省身念祖"匾额）、影壁一座、东西配房各三间、抱厦三间、前坊一座。大堂东书房名"近圣居"，西书房名"墨轩"，左穿廊，右暖房。大堂后为内宅。曾府今已不存。

2. 曾氏中兴祠

曾氏中兴祠位于嘉祥县城曾府西侧，为曾氏大宗家庙，始建于明万历四十年（1612），重修于清乾隆年间。曾氏中兴祠有正殿五间，名"影堂"，内祀始受封曾子五十九代孙曾质粹及现任翰林院五经博士的高、曾、祖、父四代神主。大门三间，影壁一座。二门三间，东便门一座。曾氏中兴祠今被改建他所。

参考文献

一、古籍

包大燿编辑：《圣门通考》，明万历十五年刻本。

吕元善纂辑：《圣门志》，明天启年间刻本。

夏洪基编辑：《孔门弟子传略》，明崇祯年间刻本。

吕兆祥重修：《宗圣志》，明崇祯年间刻，清康熙年间增修本。

毛奇龄：《曾子问讲录》，清康熙年间刻本。

阮元：《曾子注释》，清道光十二年刻本。

冯云鹓：《圣门十六子书》，清道光十二年刻本。

吕维祺：《圣贤像赞》，清光绪四年重刻本。

曾国荃重修，王定安编辑：《宗圣志》，清光绪十六年刻本。

曾国荃审订，王定安编辑：《曾子家语》，清光绪十六年刻本。

王溥：《唐会要》，中华书局1955年版。

宋衷注，秦嘉谟等辑：《世本八种》，商务印书馆1957年版。

郭庆藩撰，王孝鱼点校：《庄子集释》，中华书局1961年版。

司马迁撰，裴骃集解，司马贞索隐，张守节正义：《史记》，中华书局1963年版。

班固：《汉书》，中华书局1964年版。

陈寿撰，裴松之注，陈乃乾校点：《三国志》，中华书局1964年版。

范晔撰，李贤等注：《后汉书》，中华书局1973年版。

张廷玉等：《明史》，中华书局1974年版。

欧阳修、宋祁：《新唐书》，中华书局1975年版。

宋濂等：《元史》，中华书局1976年版。

脱脱等：《宋史》，中华书局1977年版。

杨伯峻译注：《孟子译注》，中华书局1980年版。

韩婴撰，许维遹校释：《韩诗外传集释》，中华书局1980年版。

陆九渊著，钟哲点校：《陆九渊集》，中华书局1980年版。

杨伯峻编著：《春秋左传注》，中华书局1981年版。

皮日休著，萧涤非、郑庆笃整理：《皮子文薮》，上海古籍出版社1981年版。

陆德明撰，黄焯断句：《经典释文》，中华书局1983年版。

朱熹：《四书章句集注》，中华书局1983年版。

崔述撰著，顾颉刚编订：《崔东壁遗书》，上海古籍出版社1983年版。

董浩等编：《全唐文》，中华书局1983年版。

马端临：《文献通考》，中华书局1986年版。

王利器：《新语校注》，中华书局1986年版。

黎靖德编，王星贤点校：《朱子语类》，中华书局1986年版。

刘向撰，向宗鲁校证：《说苑校证》，中华书局1987年版。

王先谦撰，沈啸寰、王星贤点校：《荀子集解》，中华书局1988年版。

孙希旦撰，沈啸寰、王星贤点校：《礼记集解》，中华书局1989年版。

钱大昕撰，吕友仁校点：《潜研堂集》，上海古籍出版社1989年版。

阮元撰，邓经元点校：《揅经室集》，中华书局1993年版。

王利器：《颜氏家训集解》（增补本），中华书局1993年版。

林宝撰，岑仲勉校记：《元和姓纂》（附四校记），中华书局1994年版。

郑樵：《通志二十略》，中华书局1995年版。

胡平生译注：《孝经译注》，中华书局1996年版。

韩愈著，钱仲联、马茂元校点：《韩愈全集》，上海古籍出版社1997年版。

何宁：《淮南子集释》，中华书局1998年版。

韩非著，陈奇猷校注：《韩非子新校注》，上海古籍出版社2000年版。

程颢、程颐撰，潘富恩导读：《二程遗书》，上海古籍出版社2000年版。

杨天宇：《礼记译注》，上海古籍出版社2004年版。

汪受宽：《孝经译注》，上海古籍出版社2004年版。

黄怀信主撰，孔德立、周海生参撰：《大戴礼记汇校集注》，三秦出版社2005年版。

黄怀信校释，庞素琴通检：《论语新校释》（附通检），三秦出版社2006年版。

刘向集录，范祥雍笺证，范邦瑾协校：《战国策笺证》，上海古籍出版社2006年版。

顾炎武著，黄汝成集释，栾保群、吕宗力校点：《日知录集释》（全校本），上海古籍出版社2006年版。

王钧林、周海生译注：《孔丛子》，中华书局2009年版。

杨朝明、宋立林主编：《孔子家语通解》，齐鲁书社2009年版。

王充著，张宗祥校注，郑绍昌标点：《论衡校注》，上海古籍出版社2010年版。

王云五主编，王梦鸥注译：《礼记今注今译》，新世界出版社2011年版。

杨朝明主编：《论语诠解》，山东友谊出版社2013年版。

王永辉、高尚举辑校：《曾子辑校》，中华书局2017年版。

孔继汾撰，周海生点校：《阙里文献考》，上海古籍出版社2019年版。

二、今人论著

冯友兰：《中国哲学史》，中华书局1961年版。

蔡仁厚：《孔门弟子志行考述》，台湾商务印书馆1985年版。

李启谦：《孔门弟子研究》，齐鲁书社1987年版。

高专诚著，张岱年审定：《孔子和他的弟子们》，新华出版社1993年版。

牟宗三：《中国哲学的特质》，上海古籍出版社1997年版。

王钧林：《中国儒学史　先秦卷》，广东教育出版社1998年版。

林存光、郭沂：《旷世大儒——孔子》，河北人民出版社2000年版。

姜广辉：《郭店楚简与道统攸系——儒学传统重新诠释论纲》，见《郭店简与儒学研究》（《中国哲学》第21辑），辽宁教育出版社2000年版。

钱穆：《先秦诸子系年》，商务印书馆2001年版。

郭沂：《郭店竹简与先秦学术思想》，上海教育出版社2001年版。

肖群忠：《孝与中国文化》，人民出版社2001年版。

李学勤：《重写学术史》，河北教育出版社2002年版。

修建军：《孔门弟子》，山东文艺出版社2004年版。

黄进兴：《圣贤与圣徒》，北京大学出版社2005年版。

颜炳罡：《"儒分为八"的再审视》，见庞朴主编《儒林》第一辑，山东大学出版社2005年版。

梁涛：《"仁"与"孝"——思孟学派的一个诠释向度》，见庞朴主编《儒林》第一辑，山东大学出版社2005年版。

牟宗三：《政道与治道》，广西师范大学出版社2006年版。

李学勤：《文物中的古文明》，商务印书馆2008年版。

李维武编：《徐复观文集》（修订本），湖北人民出版社2009年版。

梁漱溟：《中国文化要义》，上海人民出版社2011年版。

梁涛、斯云龙编：《出土文献与君子慎独——慎独问题讨论集》，漓江出版社2012年版。

罗新慧：《曾子研究——附〈大戴礼记〉"曾子"十篇注译》，商务印书馆2013年版。

刘光胜：《出土文献与〈曾子〉十篇比较研究》，上海古籍出版社2016年版。

蒙培元：《孔子》，北京大学出版社2019年版。

黄怀信：《〈论语〉与孔子之道再认识》，上海古籍出版社2021年版。

宋立林：《孔门后学与儒学的早期诠释研究》，人民出版社2021年版。

郭沂：《先秦文献探源》，中华书局2022年版。

三、论文

钟肇鹏：《曾子学派的孝治思想》，《孔子研究》1987年第2期。

王铁：《〈曾子〉著作时代考》，《中国哲学史研究》1987年第1期。

曾振宇：《曾子思想体系论纲》，《辽宁师范大学学报（社科版）》1993年第3期。

王钧林：《从孔子到孟子的儒家"修己"思想——兼论曾子承先启后的中介性作用》，《孔子研究》1994年第4期。

罗新慧：《试论曾子对于儒家伦理思想的发展及其意义》，《陕西师范大学学报（哲学社会科学版）》1996年第3期。

张涛：《〈孝经〉作者与成书年代考》，《中国史研究》1996年第1期。

罗新慧：《曾子与〈大学〉》，《济南大学学报》1999年第6期。

林安梧：《儒家道德哲学的两个向度——以〈论语〉中"曾子"与"有子"为对比的展开》，《学术研究》2000年第6期。

彭林：《子思作〈孝经〉说新论》，《中国哲学史》2000年第3期。

梁涛：《〈大学〉早出新证》，《中国哲学史》2000年第3期。

杨朝明：《新出竹书与〈论语〉成书问题再认识》，《中国哲学史》2003年第3期。

舒大刚：《〈孝经〉名义考——兼及〈孝经〉的成书时代》，《西华大学学报（哲学社会科学版）》2004年第1期。

曾振宇：《论先秦儒家思想中的"孝本论"与"仁本论"》，《哲学研究》2019年第11期。

杨国荣：《曾子思想探微》，《中国哲学史》2021年第5期。